現代中國語研究

第 25 期　　2023 年 10 月

目　录

JN100528

Contemporary Research in Modern Chinese

No. 25   October 2023

Contents

Contemporary Research in Modern Chinese No.25 (October 2023). pp.1-15

聲もこえのみにはあらずして 音もおとのみにはあらず

杉村博文

日本　大阪大学名誉教授

提要: 日语区分 "おと" 与 "こえ": "おと" 表示各种物体——生物的发声器官除外——所发出的声响,以物体撞击声为典型事例;"こえ" 表示生物的发声器官所发出的声响,以人类声音为典型事例。日语将 "声" 训读为 "こえ","音" 训读为 "おと",但这种训读与汉语的实际情况并不相符。在汉语中,无论 "声" 和 "音" 都既表示 "おと" 也表示 "こえ"。不仅如此,由 "声" 和 "音" 并列而成的 "声音" 也既是 "おと" 又是 "こえ"。也就是说,存在于 "おと" 与 "こえ" 之间的语义对立在汉语中并没有引起词汇的分化。因此,我们必须找出一个不同于 "おと" 与 "こえ" 的语义标准,才能讲清汉语 "声" 和 "音" 在语义上的对立情况。

关键词: "声" 和 "音";"おと" 和 "こえ";语言接触;汉日对比;历史语言学

1. はじめに

日本語は「おと」と「こえ」を区別する。「おと」は生物の発音器官を除くさまざまな物体に由来する音響を言い,物体相互の打撃音を典型とする。「こえ」は生物の発音器官が発する音響を言い,人間の喉が産出する振動音を典型とする。「足おと」対「話しごえ」,「羽おと」対「鳴きごえ」という対立である。「晴天より欅若葉の緑の聲」(相馬遷子)のように「おと」——欅の若葉が春風にそよぐ音——を「こえ」と呼ぶのは文学言語であり,「おと」が人の話しごえのようになんらかの消息を訴えようとしていると聞く場合である。「こえ」を「おと」と表現する現象は観察されない。

日本語に「おと」と「こえ」があり,英語に sound と voice があり,ロシア語に звук [zvuk](おと)と голос [gólos](こえ)があるように,世界の言語の多くは「おと」と「こえ」を区別する。一方,スワヒリ語や韓国語さらには中国語のような言語は「おと」と「こえ」を区別せず,一つの語あるいは形態素で「おと」と「こえ」を表す。スワヒリ語では「おと」も「こえ」も sauti [sau:ti] 一語であり,韓国語では소리 [soli] 一語である。ただし,韓国語の소리は,単独では「おと」でしかなく,「こえ」に対し

ては목소리[moʔsoli]という複合語を用いる。목[mok]は「くび（のど）」を表す名詞で，목소리という構成は발소리[pal soli]（足音）や빗소리[piʔsoli]（雨音）などと平行する。Voice of America は미국 의 목소리[miguʔ ge moʔsoli]と（美国のくびおと）と表現される。この韓国語に見られるように，「おと」と「こえ」を区別しない言語においては，本来「おと」を表す語あるいは形態素が「こえ」を表す成分としても用いられるのが一般的であると思われる。しかし，中国語の状況は，残念ながら，それほどクリアカットではない。

中国語が「おと」と「こえ」を区別しないのは古今を通じて一貫している。現代中国語に関しては贅言を避け，古代中国語から「聲」と「音」の例をいくつか引く。

(1) 孔子窮於陳蔡之間，七日不火食。左據槁木，右撃槁枝，而歌焱氏之風。有其具而無其數，有其聲而無宮角。木聲與人聲，犁然有當於人心。（孔子，陳と蔡の間に窮し，七日火食せず。左[手]は槁木に據り，右[手]は槁枝を撃ち，而して焱氏の風を歌う。其の具有りて其の數無く，其の聲ありて宮角無し。木聲と人聲，犁然たりて人の心に當たる有り；「數」と「宮角」はそれぞれ正しい音律と音階を指す；「犁然」は「慄然」に同じ；「當於人心」は人の心を激しく打つ；莊子外篇「山木」）

ここで「木聲」は枯れ木を枯れ枝で叩く「おと」であり，「人聲」は「焱氏の風」を歌う孔子の「こえ」である。また，同じく鶏鳴狗吠に對し，『老子』は「鄰國相望，雞犬之聲相聞」と記し，『莊子』は「鄰邑相望，雞狗之音相聞」と記す（外篇「胠篋」）。

許慎の『說文解字』は字音を「聲」と呼び「音」とは呼ばない。例えば，

(2) 苦：大苦，苓也。从艸古聲。
枯：槀也。从木古聲。（槀は槁に同じ）

文字学が「苦」や「枯」のような文字を「形聲字」と呼び「形音字」と呼ばない所以である。しかし，後漢の王符の『潛夫論』には次のような記述が見られ，文中「其音」は「枯」の発音を指す。

(3) 苦城，城名也。在鹽池東北。後人書之或為枯。齊人聞其音則書之曰車。（苦城，城の名なり。鹽池の北東に在り。後の人，之を書してあるいは「枯」と為す。齊の人，其の音を聞き則ち之を書して「車」と曰う；志氏姓）

また，『山海經』は妖怪変化の出す「こえ」を基本的に「音」と呼ぶが，「聲」と呼んだ例も一例だけだが見つかった。

(4) 其中多鳴蛇。其狀如蛇而四翼，其音如磬。見則其邑大旱。（其の中に鳴蛇多し。其の狀は蛇の如くして四翼，其の音は磬の如し。見れば則ち其の邑大いに旱く；中山經）

(5) 東海中有流波山。……其上有獸，狀如牛，蒼身而無角。……其聲如雷，其名曰夔。（東海の中に流波山有り。……其の上に獸有り，狀は牛の如く，蒼身た

2

りて角無し。……其の聲は雷の如し，其の名は夔と曰う；大荒東經)

　日本語では「聲」を「こえ」と訓じ，「音」を「おと」と訓じる。しかし，以上見てきたように，この訓は中国語の実際と合致しない。「聲」も「音」も中国語ではともに「おと」であり，また「こえ」である。この状況は両者を並列して構成された「聲音」でも変わらない。「聲」と「音」の間には「おと」と「こえ」の間に見られる意味的対立が存在しないのである。「聲」と「音」の意味的対立を説明するには「おと」と「こえ」の対立とは異なる意味基準が見出されなければならない。

　本稿は日本語の「おと」「こえ」と対照しつつ中国語の「聲」と「音」の意味および用法を考察し，それに付随して両者から構成された複合語「聲音」についても言及する。なお，先秦から清朝までの文献──『水滸傳』と『兒女英雄傳』は除く──の用例検索には中國哲學書電子化計劃（https://ctext.org/zh）を利用した。特に記して感謝する。

2.「話しごえ」「鳴きごえ」「ものおと」その他

　人の発する「こえ」を「話しごえ」と呼ぶときは常に「話す」が明確に意識されている。一方，鳥獣や虫の発する「こえ」は，たとえ特に「鳴く」を意識しなくても「鳴きごえ」と言ったほうが自然に聞こえる場合がある。中国語でも鳥獣や虫の「こえ」に対しては「叫聲」の使用頻度が「聲音」よりはるかに高い。この辺りの事情は動詞の「叫」が人であるか鳥獣や虫であるかを問わず用いられることも含め，中国語教育において細やかな対応が求められる。

(6) 他爷爷会口技，既能学猪马牛羊的叫声，也能模仿鸟儿的歌唱，他等于是在动物乐园长大的。(彼の祖父はものまねが巧みで，ウマやウシなど家畜の鳴き声をまねることも鳥の歌声をまねることもできたため，彼は動物園で大きくなったに等しかった)

(7) 敲了半天，不见老梁来开门，倒是听见了猫的叫声，就是老梁经常抱在怀里的那只猫的叫声。(いくらノックしても梁さんが出てくる気配はなく，その代わりにネコの鳴き声が聞こえた。梁さんがしょっちゅう抱いているあのネコの鳴き声である)

　「おと」に対しても現代中国語では「聲音」に加えて「響聲」と「聲響」が準備され──「聲兒」「響兒」等「兒化詞」は後述──，文脈に合わせて三者の間で選択が行われる。

(8) 朦胧中她听到了开大门的声音，姑夫从外面回来了。(朦朧とした意識の中で彼女は表門を開ける音を聞いた。出かけていた伯父が帰って来たのだ)

(9) 听见关大门的响声，双林才想起还没跟冯继伍算账。(表門の閉まる音を聞いて，双林はようやくまだ馮継伍と片を付けていないことを思い出した)

　　(10)　"嘭！嘭！"门口两声<u>关汽车门子</u>的声响过后，徐伯贤和吴老板走进店里来。

　　　　（「バタン！バタン！」戸口で車のドアを閉める音がして，徐伯賢と呉店長が

　　　　店に入って来た）

　日本語には「ひとごえ」に対立する語として「ものおと」がある。中国語には「人聲」はあるが，造語法的に「ものおと」に対応する語は存在しない。日本語にはまた一部の慣用表現に見られる「ね」がある。「ね」は「美感を伴うおと」と説明されるが，人間に対して用いると，「ねをあげる」「よわねを吐く」「ぐうのねも出ない」など，すべてマイナス評価の表現となる。「ほんね」も一見中性的であるが，「口に出しては言わない（言うことがはばかられる）本心」とマイナス評価的に解釈される――「ね」と「ほんね」の釈義は『新明解国語辞典（第四版）』に拠る――。なお，「こわいろ」や「こわだか」の「こわ」は「こえ」の音便であるとされ，人の話しごえに限って用いる。

3.「聲」と「音」の意味

　まず，『古代汉语词典（第二版）』と『古汉语常用字字典（第四版）』が「聲」と「音」の意味をどのように説明しているかを見てみよう。『古代汉语词典』は「聲」の第一義を「声音、声响」とし，第二義に「音乐」を置く。「音」の第一義も「声音」で，第二義が「音乐」である。一方，『古汉语常用字字典』は「聲」の第一義に「声音」と「音乐」を並列し，「汉字的平、上、去、入四种声调」を第二義とする。そして，「音」については，第一義を「乐音」とし，さらにその拡張義として「音乐」を挙げる。「声音」は「音」の第二義である。どうやら，「聲」と「音」の意味の理解において「音樂」が一つのキーである可能性が高い。

　ここで一気に後漢の『説文解字』にまで遡り，許慎の「聲」と「音」に対する解釈を見てみよう。

　　聲：音也。从耳殸聲。殸，籀文磬。（音なり。耳に从い，殸の聲。殸は籀文の磬）

　　音：聲也。生於心，有節於外，謂之音。宮商角徵羽，聲；絲竹金石匏土革木，音也。从言含一。（聲なり。心に於いて生じ，外に於いて節有り，之を音と謂う。

　　　　宮商角徵羽は聲，絲竹金石匏土革木は音なり。言の一を含むに从う）[1]

　「聲」と「音」が「聲，音なり」「音，聲なり」と互釈されており，後漢の時代，すでに両者が類義語であった証拠であるが，「音」に対する釈義を見れば，「聲」と「音」の表す概念に一定の対立が存在していたことも否定できない。それは果たしてどういう対立であったか。

　「音」に対する「生於心，有節於外，謂之音」という解釈は『禮記』に含まれた「樂記」に則ったものと思われる。「樂記」は前漢の作であるが先秦の思想を受け継ぎ，「樂」による「治」を説く[2]。「樂記」は次のように説き起こす。「心」「聲」「音」が

4

構成する関係に注意されたい。

> 凡音之起，由人心生也。人心之動，物使之然也。感於物而動，故形於聲。聲相應，故生變；變成方，謂之音。（凡そ音の起こるは，人心由り生ずるなり。人心の動くは，物の之を然らしむるなり。物に於いて感じて動き，故に聲に於いて形る。聲，相應じ，故に變を生ず。變，方を成さば，之を音と謂う；「生變」はさまざまな旋律が生まれる；「變成方」は許慎の「有節於外」に対応し，「方」は一定の規律を指す）

杜甫の心は戦乱に荒れ果てた国の惨状を目の当たりにしては「感時花濺涙，恨別鳥驚心」と打ち震え（春望），薄暮に聳え立つ泰山の雄姿を望んでは「盪胸生曾雲，決眥入歸鳥」と昂ぶった（曾雲の生ずるに胸を盪わせ，歸鳥の入るに眥を決す；望嶽）。「觸景生情」である。心が外界の情景状況に反応してさまざまに揺れ動く。「聲」とはその一つ一つの動揺が物理的音響として実現したものであり，それが交わり合い，人の情意を伝える正しい旋律として実現したもの「音」である──「音」を編み「舞」を足すと「樂」となる──。

『樂記』の論述と同様の展開は漢代のさまざまな文件に見られるが，『呂氏春秋』の「季夏紀・音初」の論述は「心」「聲」「音」の織り成す関係をより端的に表現している。

> 凡音者，產乎人心者也。感於心則蕩乎音。音成於外而化乎內。是故，聞其聲而知其風，察其風而知其志，觀其志而知其德。（凡そ音なる者は，人心に產する者なり。心に於いて感ずれば則ち音に蕩う。音は外に於いて成りて內に化す。是の故に，其の聲を聞きて其の風を知り，其の風を察して其の志を知り，其の志を觀て其の德を知る）

下線部に見られる「音」の二面性に注意されたい。「音」は「成於外」で「聲」となり，「化乎內」で「風」となるが，「風」とは個人的な「感於心則蕩乎音」を社会の習俗に反映する価値観へと昇華させたものである。

『説文解字』の説明に戻る。「有節於外」の「節」は文字通り「節奏」（リズム）と理解してよいであろう[3]。「宮商角徴羽」は古代音楽の五つの基本音階を指し，「絲竹金石匏土革木」は楽器を造る八種の素材を指す。「金」は青銅，「匏」は瓢箪である。「宮商角徴羽」と「絲竹金石匏土革木」を合わせて「五聲八音」と言い，前者が「聲」であり後者が「音」であるのは，前者は音響の属性にすぎないが，後者は「生於心，有節於外」である「音」を実現する手段だからであろう──ただし，楽器の奏でる「おと」自体は通常「聲」と表現され，「音」である場合は少ない──[4]。「從言含一」は「音」が「言」と「曰」に従う会意文字であることを言うが──「立」は「言」の省略形──，「音」は西周金文の時代に「言」から派生した字形であるとされる。なお，「聲」の説明に見られる「籀文」は「大篆」とも呼ばれ，『史籀篇』に収められた先秦時代の字体を指す[5]。

　さて，許慎の当時，上掲例および以下に示す例が示すように，「聲」も「音」もともに楽音や言語音を含むすべての音響を一般的に指す意味機能を具えていた。加えて，「樂記」の展開する儒教哲学に基づいた解釈が字書の用途にふさわしいとも思えない。では，許慎はなぜ「音」の釈義に——ひいては「聲」の釈義に——「樂記」の主張を援用したのであろうか。おそらくそれは許慎が言語音の二面性，即ち伝えるべき内容としての側面と内容を載せるべき形式としての側面を認め，それが「樂記」の論理とたまたま照応していたからであろう。言語音の二面性は「聲」と「音」の字体からも見て取ることができる。

　許慎の分析に従えば，「聲」は「殸」と「耳」からなる形声文字であり[6]，音符の「殸」は玉や石で造る打楽器，意符の「耳」は音響を感知する器官である。もし「殸」が「聲」の意味にも関わる「亦声」であるとすれば——単語家族的視点で考えればその可能性は十分にありえる——，「殸」と「耳」は「音」の送受信装置であると見なせる。一方，「音」は「言」と「曰」からなる会意文字であり，「言」も「曰」もともに話者が自らの「意」を伝えんと主体的に行なう発話行為である。「音」に「心」を合わせれば「意」となる。

　「聲」も「音」も音響であることに違いはない。異なるのは，物理的現象として捉えた音響を言うか，人の意識情動の発現として捉えた音響を言うかである。現代の言語学に引き当てれば，「聲」は能記（表現形式）として見た音響であり，「音」は所記（表現意図）としてみた音響である。この相違は我々が「聲樂」と「音樂」という二つの語を聞いて受ける感覚に近い。おそらく「聲」と「音」をこのように解釈してはじめて以下のような使い分けを理解することが可能になる。

(11)孔子晨立堂上，聞哭者聲。音甚悲。孔子援琴而鼓之。其音同也。（孔子，晨，堂上に立ち，哭者の聲を聞く。音，甚しく悲し。孔子，琴を援りて之を鼓す。其の音，同じなり；二つの「音」は悲哀の音調を言う；説苑「辨物」）

(12)孔子適齊。中路聞哭者之聲。其音甚哀。（孔子，齊に適く。中路，哭者の聲を聞く。其の音，甚しく哀し；孔子家語「致思」）

　これはまさしく「審聲以知音」（聲を審らかにし以て音を知る）の謂であり，聖人孔子に託すにふさわしいエピソードである。また，「聲色」という複合語がある。「聲」と「色」を並列し，「音楽と女色」「発話時のこわいろとかおいろ」を表すが，両者が聴覚と視覚を通してともに外部から観察されるものであることに注意したい。「音色」という並列複合語は存在しないようである。

　能記は意味上具格に通じる。そのため「聲」は容易に手段に転じて，「聲辯」「聲稱」「聲明」「聲討」「聲言」「聲援」など「聲を以て…する」という意味を表す複合動詞を構成する。また，同じく能記であることによって「聲」は古代漢語では「声に出して言う」という動詞用法を持っていた。

(13) 高帝顧謂信曰：「若毋聲！而反，明矣！」（高帝顧みて信に謂いて曰く，「若，聲す毋かれ！而の反するは，明らかなり」；史記「陳丞相世家」）

(14) 今宋人弒其君。罪莫大焉！明聲之，猶恐其不聞也。（今，宋の人其の君を弒す。罪焉より大なる莫し！明らかに之を聲すも，猶ほ其の聞かざるを恐るなり；國語「晉語五」）

　「音」に具格や動詞に転じる現象は見られない。唯一「音譯」があるが，「音譯」は「譯音」とも言うことから考えて，意味的には「音で（そのまま）訳す」と理解するより「音を（そのまま）訳す」と理解するほうが優るのだろう。

　「音」は「聲音」から「音樂」「知音」「福音」「音信」「方音（方言音）」「口音（個人の言語における地方の訛り）」のような意味的広がりを見せる——既述の如く，『古汉语常用字字典』は「音樂」を「音」の第一義に置く——。このうち「音」の所記的特徴を最もよく物語るのは「知音」であろう。「知音」は次の故事を典故とする。

(15) 伯牙善鼓琴，鍾子期善聽。……伯牙所念，鍾子期必得之。（伯牙，善く琴を鼓し，鍾子期，善く聽く。……伯牙の念ずる所，鍾子期必ず之を得る；列子「湯問」）

　伯牙の思いが琴の音に宿り，鍾子期がその思いをしっかりと受けとめる。この故事にもとづき「知音」の「音」は「人の念ずる所」を意味し，そこから「知音」と「知己」が同義語となる。また，「福音」という翻訳語は『詩經』に見られる「德音」を下敷きにしている可能性が高い。「德音」は複数の意味を持つが，『古代汉语词典（第二版)』は「善言，有德者之言」を筆頭に挙げる。「音」が「言」に通じているのである。以下の詩句における「無聲」と「無音」，「哀聲」と「哀音」を比較されたい。

(16) 別有幽愁暗恨生，此時無聲勝有聲。（別に幽愁暗恨の生ずる有り，此の時聲無きは聲有るに勝る；白居易「琵琶行」）

(17) 欲語口無音，欲視眼無光。（語らんと欲すれど口に音無く，視んと欲すれど眼に光無し；陶淵明「擬挽歌辭三首」）

(18) 烏前再拜淚如雨，烏作哀聲妻暗語。（烏前に再拜し淚雨の如く，烏は哀聲を作し妻は暗語［を作す］；元積「聽庾及之彈烏夜啼引」）

(19) 慈烏失其母，啞啞吐哀音。（慈烏其の母を失い，啞啞として哀音を吐く；白居易「慈烏夜啼」）

　例(16)の「無聲」は読みようによっては奏者の言葉と理解することも可能であるが，一般的には琵琶の音と解釈されており，また続く「有聲」との対比から修辞上「無音」とすることもできない。例(17)の「欲語口無音」は同じく陶淵明の「此中有真意，欲辨已忘言」（此の中に真意有り，辨ぜんと欲して已に言を忘る；飲酒二十首之五）と異曲同工である。上述の通り，「言」との親近性は「音」のほうが「聲」よりずっと強い。『老子』に「大器晚成」「大象無形」などと並んで「大音希聲」（大いなる音は聲希な

り）という言葉がある。(16)と(17)の詩句は『老子』のこの言葉を体現したものであると言えよう。なお，例(17)で「音」は押韻字ではないため，同じく平声の「聲」に置き換えても詩律上の問題は生じない。例(19)でカラスの鳴き声が「哀音」となっているのは直接的には押韻の制約に因るが，うまい具合に擬人化にもあずかっており，それは「慈烏」という表現にも現れている。中国において「烏」は古来より人格の賦与された鳥であった。『説文解字』には「烏，孝鳥也」とある。以下の二例における「聲」か「音」かの選択は単純に押韻の問題である。

> (20)春來猶賴鄰僧樹，時引流鶯送<u>好聲</u>。（春來たりて猶お賴る鄰僧の樹，時に流鶯を引きて好聲を送る；七絶「庭，情，聲」で押韻；齊己「幽齋偶作」）

> (21)映階碧草自春色，隔葉黃鸝空<u>好音</u>。（階に映ずる碧草自ずから春色，葉を隔つる黃鸝空しく好音；七律「尋，森，音，心」で押韻；杜甫「蜀相」）

歴史的に見ると，中国語では「おと」も「こえ」も基本的には能記的な音響として，すなわち「聲」として表現される傾向が見られ，「音」として表現される場合には，時代が降るに連れ，所記的音響としての解釈や押韻の制約といった特殊な条件の存在が顕著になる。そして，何よりも重要な変化は，「音」の用途における主役が楽音から言語音へと推移したことである（後述）。

以上，『説文解字』に見られる釈義から出発し，「聲」と「音」の意味的対立を述べてきたが，言語の実際の状況を見ると両者の重なりは予想外に大きく，先秦の文献からしてすでに「鶏狗之聲」「鐘鼓之聲」と「鶏狗之音」「鐘鼓之音」の共存が見られる。日本語の「こえ」と「おと」の単純明快な対立とは異なり，中国語の「聲」と「音」の対立はあまりに観念的にすぎ，両者の境界が模糊としてしまったのかもしれない。参考までに，物理的音響として捉えられた人の「こえ」を「音」と表現している例を紹介する。

> (22)豫讓欲殺趙襄子，滅鬚去眉，自刑以變其容，為乞人而往乞於其妻之所。其妻曰：「狀貌無似吾夫者，其<u>音</u>何類吾夫之甚也？」又吞炭以變其音。（豫讓，趙襄子を殺さんと欲す。鬚を滅し眉を去り，自ら刑し以て其の容を變え，乞人と為りて其の妻の所に往き乞う。其の妻曰く，「狀貌，吾が夫に似る者無し。其の音，何ぞ吾が夫に類するの甚しや」と。又炭を呑み以て其の音を變ゆ；呂氏春秋「恃君」）

> (23)今將軍兼此三者，身長八尺二寸，面目有光，脣如激丹，齒如齊貝，<u>音中黃鐘</u>，而名曰盜跖，丘竊為將軍恥不取焉。（今，將軍は此の三者を兼ぬ。身長八尺二寸，面目は光り有り，脣は激丹の如く，齒は齊貝の如く，音は黃鐘に中る。而も名づけて盜跖と曰うは，丘，竊かに將軍の為に恥じ，焉を取らず；「音中黃鐘」は声量の豊かさを形容する。「黃鐘」は音律名；莊子雜篇「盜跖」；森三樹三郎訳注『莊子雜篇』，中公文庫）

上例(23)と次の例を比較されたい。この二例は同じく『荘子』の例である。先秦文献の中で『荘子』は「音」の使用が目立つ[7]。

(24) 盜跖大怒，兩展其足，案劍瞋目，<u>聲如乳虎</u>，曰：「丘來前！若所言，順吾意則生，逆吾心則死。」(盜跖は大怒し，兩ながら其の足を展べ，劍を案じ目を瞋らせ，聲は乳虎の如し。曰わく「丘よ，來たり前め！若の言う所，吾が意に順えば則ち生き，吾が心に逆えば則ち死せん」と；「乳虎」は子連れの虎；同上)

このような「音」は後に「音聲」「聲音」と複音節化し，両者の共存を経て，速やかに「聲音」に落ち着いた。清代の『紅樓夢』を待つまでもなく，明代の『水滸傳』や『三國演義』にもう「音聲」は見られない。

(25) 會厭者，<u>聲音</u>之戶也。口唇者，<u>聲音</u>之扇也。舌者，<u>聲音</u>之機也。懸壅垂者，<u>聲音</u>之關者。(會厭［口頭蓋］は，聲音の戶なり。口唇は，聲音の扇なり。舌は，聲音の機なり。懸壅垂［口蓋垂］は，聲音の關なり；黃帝內經；戰國／西漢)

(26) 盧植字子幹，涿郡涿人也。身長八尺二寸，<u>音聲如鐘</u>。(盧植，字は子幹，涿郡の涿人なり。身長八尺二寸，音聲鐘の如し；後漢書「袁張韓周列傳」；南北朝)

「聲」と「音」の重なりは拡張義においても見られ，「音樂」や「消息」などは両者に共通する拡張義である。例えば，「亡國之聲」と「亡國之音」はともに国を滅亡へと誘う音楽を言う。

しかし使用頻度という視点から見ると，一貫して「聲」のほうが「音」より高く，その傾向は時代が下るにつれて強くなっていく。「……之聲」と「……之音」で比較すると，『三國志』では 32 例対 14 例，『三國演義』では 24 例対 0 例，『水滸傳』（71 回本）では 11 例対 1 例，『紅樓夢』（120 回本）では 32 例対 6 例[8]，『兒女英雄傳』では 3 例対 0 例である。「聲」と「音」の使用頻度の懸隔は両者を並列させた複合語が「音聲」ではなく「聲音」に落ち着いたことの理由でもあろう。「紹介」と「介紹」においても「紹介」は消え「介紹」が残ったが，「介」が「紹」より意味的に明確であり，且つ使用頻度も高いことに注意されたい――「波濤」「島嶼」「次第」「灌漑」なども参照――。

もし「聲」が「おと」に対応し，「音」が「こえ」に対応するものであるならば，概念的に「聲」が「音」を含みうること，すなわち「こえ」は「おと」であるが，「おと」は「こえ」ではないことを，両者の使用頻度に大きな差が生じた意味論的根拠として提出することができるかもしれない。因みに，英語は We heard *the sound of voices.* と言うことができる。しかし，「聲」と「音」はともに「おと」でもあり「こえ」でもあった。日本語が「おと」と「こえ」を区別する動機づけは有生性 animacy の有無にあり，「ある」と「いる」の区別とも平行する現象である。しかし中国語の「聲」と「音」

の対立を有生性の有無に求めることはできず，また人の属性 human であるか否かにまで絞り込んでもやはり問題は解決しない。おそらく「聲」と「音」の区別にとって関与度の最も高い動機づけは意味を成す言語音であるか否かであり，意識情動の有無もそこに絡んでこよう。例えば，『紅樓夢』では「音」が「語」および「話」と結合して人の話し声を表す「語音」「話音」という複合語が用いられているが，「聲」はこのような複合語を構成することができない。

(27) 只聽一個說道：“看他狖上來不狖上來。”好似李紋的語音。（そのとき一人が言った。「あの魚が上がってくるかどうかみてみましょう。」李紋の話し声によく似ていた；紅樓夢）

(28) 只聽外面一個人說道：“二爺為什麼不喝酒吃果子就睡了？”這句話仍是寶蟾的話音，薛蝌只不作聲裝睡。（そのとき外で誰かが言った。「二爺，どうしてお酒も軽食も召し上がらず寝てしまわれたのですか。」そう言うのはやはり寶蟾の［話し］声であったが，薛蝌は声を立てず寝ているふりをしていた；同上）

現代語では「話音」のみが同じ用法を受け継いでおり，「語音」はすでにこのような用法を失っている。

以上の考察を「聲」と「音」の使用頻度と関連づければ，とりあえずは，相対的により物理的で客観性の強い「聲」が，より人文的で一定の主観性を帯びた「音」を大きく取り込んだということになろう。

4．現代中国語における「聲」と「音」

現代中国語の「聲」と「音」は，文法機能から言うと，基本的には拘束形式であり，文言語法を踏襲した「……之聲」や「……之音」を除けば単独で一語として用いることはできない。ただ，例えば「把這個字的音讀准」（この文字の音を正確に読む）のように，「音」が言語学的概念を表す場合に限って自由形式となり，単独でも一語となる。小説に見られた例を挙げる。

(29) 頭一回出國時，他不懂英文的“也斯”可以壓縮為一个“呀”的音。（初めて外国に行ったとき，彼は英語の「イエス」が「ヤ」という音につづめられることを知らなかった）

(30) 旅客们来自祖国四面八方，相同的站名会念出十几种不同的音。（旅客は国の津々浦々からやって来て，同じ駅名でも十種類を超える異なる音で発音する）

一般的な「おと」や「こえ」を表す「聲音」を「聲」あるいは「音」で置き換えることは許されない。例えば，「汽車的聲音」や「把聲音都叫啞了」（大声をあげて声をすっかり枯らしてしまった）のような場合である。言語学的概念を表す場合は，日本語でも「音」を訓読せず，音読することがある。『新明解国語辞典（第四版）』は「お

ん」の意味の一つに「言語に使う、口から発するおと。声」を設け，「l の音と r の音の区別」という例を挙げている。「聲」の音読「せい」が単独で使用されることはない。

　単独での使用に大きな制約を受けるため，「聲」と「音」の意味のずれを知るには両者を含む複合語，四字句，現代語に見られる文言語法，なかでも複合語の状況を調べることが主たる作業になるが，一部の方言では「兒化」という造語手段も絡んでくる。例えば，北京語のような「兒化」という造語手段を持つ方言では「聲」も「音」も「兒化」すると自由形式となって単独使用が可能となる。『現代汉语词典（第 7 版）』の釈義によると，「聲兒」は単純に「聲音」の口語形であり，「おと」に対しても「こえ」に対しても用いることができ，拡張義は持たない。一方，「音兒」は人の話しごえに対する口語形であり，さらに「言葉の端々に見え隠れする含意」という拡張義――「弦外之音」――を持つ[9]。

> (31) 大家好像都已睡了，全院中一点<u>声儿</u>也没有。（みんなもう寝てしまったようだ。屋敷中少しの物音もしない）

> (32) 电话里的人突然没了<u>声儿</u>。（電話の相手は突如声をなくした）

> (33) 他急得连说话的<u>音儿</u>都变了。（彼は気が急いて話し声まで変わってしまった）

> (34) 听话听<u>音儿</u>，几十岁的人，什么话听不出来。（話を聞くとは本音を聞くこと。いい歳をした大人だ，聞いて分からない話などあるもんか）

「音兒」は「話音」とも言う。「兒化」して「話音兒」とすると意味は拡張義に傾くようである。清朝末期の『兒女英雄傳』から例を引いておく。文中「話音兒」は発話の音声ではなく意味を指している。

> (35) 那女子原是個聰明絕頂的，他就借著那婦人方才的<u>話音兒</u>說道：「我是你們大師傅請我來的。你不容我進去，我就走。」（その娘はもともと目から鼻へ抜けるように聡明であった。娘はその女の今しがたの受け答えを捉えて言った。「私はあなた方の座主の招きでやって来た者です。あなた方が中に入れないと言うのなら，帰らせていただきます」）

「聲」は「おと」や「こえ」を数える類別詞（量詞）として用いられ（北方方言では「兒化」することが多い），「口口聲聲」（口を開けば［…と言う］）という四字句も造る。いずれも「音」には見られない機能である。

> (36) 这时，吴丰的肚子里咕哝响了<u>一声</u>。（おと；そのとき，呉豊の腹がグーと鳴った）

> (37) "哎呀！这是什么？"孙定邦突然惊问了<u>一声</u>。（こえ；「えー！これはなんだ？」孫定邦が突然びっくりして尋ねた）

> (38) 他<u>口口声声</u>说不活了。（彼は口を開けば死んでやると言う）

日本語の「こえ」と同じく，中国語の「聲」には「第三者の考えや、生活者としての意見」（新明解国語辞典第四版）を表す用法があり，「市井之聲」「不滿之聲」「非議

之聲」「附和之聲」「喧嘩、爭議之聲」「遺憾、掃興之聲」（残念だ，興覚めだというこ
え）のような用例が見られ，この意味はさらに「名聲」や「聲望」へと拡張する。この
伝で行けば，Voice of America などは「美國之聲」と訳されて然るべきであるが——
英語の voice も「表明された意見，判断」のような拡張義を持つ——，実際には「美國
之音」と訳されている。ただし，Voice of America に相当するドイツの国際放送事業体
Deutsche Welle（ドイツの波）の中国語による呼称は「德國之聲」である。

　「音」を用いた複合語は「聲」に比べて語彙化の程度が高い。例えば，「哭聲」「嘆
息聲」「叫罵聲」はいずれも存在するが，「嘆息音」や「叫罵音」は存在せず，「哭聲」
に対する「哭音（兒）」のみが存在する。そして，「哭音（兒）」はすでに語彙化してお
り，泣きそうになって鼻に掛かった「涙声」を表し，文法上も常に「帶」に伴われて
現れる。

(39) 哭声，叹息声，叫骂声，响成一片。（泣き声，ため息，叫び罵しる声が一面に
　　　響き渡った）

(40) 梁子略带哭音地叫了一声"妈——"。（梁君は少し涙声になって「母さん」と
　　　一声叫んだ）

　音声学は「語音學」と言い，「語音」は speech sound に対応する。発音 pronunciation
は日本語と同じく「發音」と言い，人が「發聲」すると「物理的音響としてこえを出す
——声楽の訓練など——」「公に提言を行う」という意味になる。台詞の吹き替えも「配
音」と言い，「配聲」ではない。楽音 musical sound とその反義語の噪音は中国語でも
「樂音」と「噪音」と言い——騒音や雑音に対しては「噪聲」「噪音」「雜音」が混用
されている——，「忙音」は電話の話し中を表すブザー音を指す。問いかけに対する返
答や物理的なエコーは「回音」とも「回聲」とも言うが，返答に対しては「回音」が
優勢であり，エコーに対しては「回聲」が優勢である——ただし，北京の天壇に設け
られた木霊する壁は「回音壁」と呼ばれている——。もし返答が通信メディアを用い
た要請や照会に対するものである場合は「回音」を用いる。「敬候佳音」は「ご返事を
お待ち申し上げます」に相当する常套表現である。さらに，「耳音」は聞き取り能力を
指し，「跑音」は音程が外れることを言う。「音」を含む複合語は「語音」「音樂」「音
信」という三つの意味領域でほぼ網羅可能である[10]。

　現代語の「音」は音響としては言語音に偏するため，外界の非言語音を模倣する擬
音語 onomatopoeia に対しては「聲」を用いて「擬聲詞」あるいは「象聲詞」と言う。
ただし，不思議なことに，映画や演劇などで用いる効果音 sound effects に対しては「音」
が使われ「擬音」と表現される。

　「音容笑貌」や「音容宛在」は故人の思い出を語るときに用いられる四字句である。
「音容笑貌」の場合，「音容」にさらに「笑貌」が続くことから，「音容」の意味の重
点は「音」の側にあると言ってよく，「音」は単なる「こえ」を通り越し，人となりを

彷彿させる口ぶりとまで読み込んでよいであろう。「音容」が単独で用いられることもある。

　(41) 老支书死得甚早，三十年了，连我都记不得他的<u>音容</u>。（支部書記さんはずいぶん早くに亡くなった，もう三十年になる，私でさえ彼の声や顔を覚えていない）

　「聲情并茂」という四字句は，朗誦や演説などにおいて，声の出し方も感情の出し方も優れていること言うが，「情」が別に含まれている以上，「聲」は音響面に偏したものと考えてよい。「聲情」が単独で使われることはないようである。

　古代中国語には「異口同聲」も「異口同音」も見られる。そして，現代中国語は「異口同聲」を選択し，日本語は「異口同音」を選択した[11]。中国語に関しては，とりあえず可能な解釈の一つとして，「聲」の使用範囲の拡大と使用頻度の増大が「音」を駆逐したという見方を提出することができる。『紅樓夢』や『兒女英雄傳』には「異口同聲」と同じ意味で「一口同音」が用いられているが，現代語における用例は未見である。日本語の選択に関しては説得力を持つ理由が見つからない。あるいは出典の権威が言語外の理由として「異口同音」の選択に影響した可能性も考えられるが，根拠としてはやはり薄弱である。中華民國教育部編「重編國語辭典修訂本」は「異口同聲」の用例を晋代の『抱朴子』と明代の『醒世恆言』から取り，「異口同音」の用例は『宋書』と清代の『全唐文』所収の白居易「論制科人狀」から取っている。(https://dict.revised.moe.edu.tw/dictView.jsp?ID=151316) なお，同時通訳（simultaneous interpreting）も中国語では「同聲傳譯」「同聲翻譯」「同步口譯」などと訳されるが，この場合の「同聲」は「同步」と同義である。

附註

[1] 清の段玉裁の『說文解字注』は「聲也」の「也」を後世に加えられたものとみなし，『說文解字』の「聲也。生於心，有節於外，謂之音」を「十一字一句」として「聲生於心有節於外謂之音」と読む。『說文解字注』の「音」に対する注解は以下の通りである。

　　　音の下に曰く，「聲なり」と。二篆（聲と音）は轉注を為す。此れ，之を渾言するなり。之を析言すれば，則ち曰く，「<u>心に於いて生じ外に於いて節有り（て）之を音と謂う</u>」と。宮商角徵羽，聲なり。絲竹金石匏土革木，音なり。樂記に曰く，「聲を知りて音を知らざる者，禽獸是なり」と。

[2] 「政」における「樂」の位置づけについて、『史記』の「晉世家」に次のような言及が見られる。

　　　文中、史佚は「佚という名の史官（記録官）」で，事の発端は晋の成王が軽率に弟と交わした口約束である。

　　　成王曰：「吾與之戲耳。」史佚曰：「天子無戲言。言則史書之，禮成之，樂歌之。」（成王曰く、「吾，之と 戲 しのみ」と。史佚曰く、「天子に戲言無し。言わば則ち史，之を書き，

禮もて之を成し，樂もて之を歌う」と。）

　なお，『史記』巻二十四「樂書」は「樂記」の記述を膨らませて書いた文章であるが，許慎の当時，原文はすでに失われ，現在目にするものは後世の補作であると言われる。

[3] 三省堂から出ている『全訳漢辞海』の「全訳」は『説文解字』の釈義に対する全訳である。参考までに「音」の釈義の訳文を示す（第四版）。

　　声。心から生まれて，外部へは一定のけじめをもって現れるのを「音」という。宮・商・角・徴・羽〔の音階〕は「声」であり，絲・竹・金・石・匏（＝ヒョウタン類）・土・革・木〔の各素材の楽器の音色〕は「音」である。「言」の中に「一」を含むようすから構成される。

[4] 鐘――「鍾」も含む――，琴，笛に限って，「中國哲學書電子化計劃」における用例数（単位は段落）を示す。

　　鐘聲 225 例，鐘音 16 例；琴聲 81 例，琴音 13 例；笛聲 50 例，笛音 6 例

　参考までに，楽器の奏でる「おと」に対し「聲」と「音」がなんら変わりなく用いられた例を引いておく。出典は『史記』の「樂書」である。

　　而衛靈公之時，將之晉，至於濮水之上舍。夜半時聞鼓琴聲，問左右。皆對曰「不聞」。乃召師涓曰：「吾聞鼓琴音，問左右。皆不聞。其狀似鬼神。為我聽而寫之。」（而して衛の靈公の時，將に晉に之かんとし，濮水の上に至り舍る。夜半の時，琴を鼓す聲を聞き，左右に問う。皆對えて曰く「聞かず」と。乃ち師涓を召して曰く，「吾，琴を鼓す音を聞き，左右に問う。皆聞かず。其の狀，鬼神に似る。我が為に聽きて之を寫せ」と；師涓の「師」は「樂官」）

　この後，靈公は師涓を従えて晉に出向き平公にまみえる。歓迎の宴席で靈公は師涓に濮水で得た曲を演奏させるが，平公の楽官である師曠が「此亡國之聲也，不可遂」（此，亡國の聲なり，遂げるべからず）と演奏を中途で遮る。しかし，平公は「寡人所好者音也，願遂聞之」（寡人の好む所の者は音なり，遂げて之を聞かんと願う）と一休のような言葉遊びで師曠の忠告を聞き入れず，最後まで演奏させた。

[5] 『史籀篇』の「史籀」は籀という名の史官を指す。史実として確認されてはいないが，周の宣王の時代（前 827 年 - 前 780 年）の人であると言われる。

[6] 中国と日本を問わず，従来の研究は基本的に許慎の分析を是とし，「聲」を形声文字とみなしている。その中で，落合淳思著『甲骨文字小字典』（筑摩書房，2011 年）は「聲」を会意文字に分類する。確かに「殸，qìng」を声符としながら shēng と読むのは急には理解しがたいところがある。『説文解字』に収録され「殸声」とされる文字は以下の通りである。

　　磬 qìng，漀 qìng，罄 qìng，聲 kēng，馨 xīn，聲 shēng

　一つの字符で声母 k, q, x, sh をすべてカバーする例は見つからないが，k と q，q と x，q と sh などは見つかる。例えば，「硜，kēng」と「輕，qīng」，「漆，qī」と「膝，xī」，「鰭，qí」と「嗜，shì」など。一つの字符が韻母 ing と eng をカバーする例は多い。例えば，「性，xìng」と

「生，shēng」，「靜，jìng」と「爭，zhēng」など。「殸（磬）」と「聲」は上古再構音において同じ韻部に属すが，声母はすでに異なっている。また，「馨」は韻尾が前鼻音の n であるが，韻尾で後鼻音 ng と前鼻音 n が「通轉」することもよくある現象である。例えば，「并，bìng」と「拼，pīn」，「娉，pīng」と「聘，pìn」など。

　　注意すべきは，許慎が「磬，qìng」を「殸聲」の形声文字に含めず，「石」と「殸」に従う会意文字だとしていることである。「殸」と「磬」は音義ともに等しく，「磬」は単に後発の異体字であるにすぎない。よって，「殸」が会意文字であるなら「磬」も会意文字となるべきである。おそらく許慎はそう考えたのであろう。

[7]　『莊子』には人の話しごえや咳払いのこえ，足おと，包丁で牛を解体するおと等が「音」で表現されている。例えば，「空谷足音」という四字成語の出典は『莊子』の「徐無鬼篇」で，『現代汉语词典（第 7 版）』の釈義は「在空寂的山谷里听到人的脚步声……。比喩难得的音信、言论或事物」となっている。

[8]　『紅樓夢』の 6 例は「樂記」からの引用を 1 例含むため実際には 5 例で，「裂石之音」「笙簫鼓樂之音」「嗳笑之音」——この三例は現代語では「聲」を用いる——および以下の二例である。

　　　紫鵑答應了一聲，這一聲更比頭裡淒惨，竟是鼻中酸楚之音。（紫鵑は「はい！」と答えたが，その声はさらに先ほどより悲しみを湛え，鼻の奥がツンとする涙声であった）

　　　這是人心自然之音，做到那裡就到那裡，原沒有一定的。（それは人の心の本能の叫びみたいなものよ，やれるところまでやるだけのこと，もともと決まったものなんてないんだから）

　　『水滸傳』に見られる「音」は「男子之音」「聲音」「喉音」「音律」「音信」「佳音」「好音」「觀音」ですべてである。このうち「音信」「佳音」「好音」はいずれも「たより」に属す。「男子之音」は『水滸傳』の言語から見て「男子聲音」と言ってなんら問題はなく，「男子之音」は当時における擬古文とみなすべきであろう。

[9]　小説の用例を見ると，「音兒」は漢字音や楽器の奏でる音に対しても用いられている。また，動詞「響」が「兒化」すると「おと」を表す名詞になる。「響兒」が「こえ」を表した例は未見である。

[10]　「音波」や「音速」などはこの三つの意味領域に収まらないが，『現代汉语词典（第 7 版）』では，「音波」「音速」は「声波」「声速」の旧称という位置づけである。「超音速」と「超声速」の関係も同様である。「超音波」は未収録で，「超声波」のみ収録されている。「音」を用いた一連の旧称の存在には明治以来の日本語との接触が考えられてよい。

[11]　韓国語は이구동성（異口同聲，i gu doŋ sɔŋ）を選択している。韓国語の中国語に対する密着度の高さを物語る一例かもしれない。しかしまたその一方で，韓国語は現代中国語では使われていない음성（音聲，ɯm sɔŋ）を使っている——「おと」「こえ」の意味ではなく，日本語の「おんせい」に対応する意味で——。これには日本語から科学技術用語として入った可能性が考えられる。

（SUGIMURA Hirofumi　sugimura1623@gmail.com）

Contemporary Research in Modern Chinese No.25 (October 2023). pp.17-37

姿勢動詞再考

——中日対照を中心に*

彭広陸

中国　北京理工大学

提要：　姿态动词是表示人的整个身体存在方式的变化或维持的动词，但汉语的姿态动词与日语的姿态动词之间存在明显的差异，而古汉语中的姿态动词与现代汉语中的姿态动词（包括动词短语）又有着明显的不同。通过对比《史记》"鸿门宴"中的姿态动词的用法和现代汉语的译文不难发现，古汉语的姿态动词既可以表示姿态的变化，也可以表示姿态的维持；而在现代汉语中，姿态的变化主要通过"动词+趋向补语"这样的动词短语来表达。古代日语和现代日语则都可使用单纯动词表示姿态的变化。从语义来看，现代汉语的姿态动词（光杆动词）具有"状态性"，而日语的姿态动词则具有"变化性"，这一差异使得汉语的姿态动词一般不能单独表示姿态的变化，而日语的姿态动词则可以。汉语姿态动词的历时变化与"动补结构"的出现有关。与姿态动词组合的趋向补语的功能是赋予其《方向性》（亦即《变化性》），其中"下""起"表示客观的"方向性"，而复合趋向补语"下来 / 下去""起来"则表示主观的"方向性"。Talmy 的运动事件类型学认为日语属于动词框架语言，现代汉语属于卫星框架语言，但从姿态动词来看，汉语书面语或书面语表达又具有（或保留了）动词框架语言的特征。本文还从"视点"的角度论及了这个问题。

关键词：　姿势动词；状態性；变化性；方向性；類型論；中日对照

1.　はじめに

　　《姿勢動詞（姿态动词）》（「振舞い動詞」とも）は、姿勢——人間（動物も含む）の日常的な生活における基本的動作を名付ける動詞の一種類であり、典型的なものとして、"站" /「立つ」と "坐" /「座る」などを挙げることができる。しかし、現代中国語においては、多くの場合、姿勢動詞だけでは（いわゆる《光杆动词（裸の動詞）》の場合）、姿勢の変更（変化）を表すことができないのに対し、日本語の姿勢動詞はそれ

---

* 本稿は、筆者が 2023 年 1 月 22 日に開催された第 57 回中日理論言語学研究会で口頭発表した同じ題名の論文を加筆修正したものである。

が可能となる。中国語の姿勢動詞は、姿勢の変更を表すのに、"站起来""坐下"のように、いわゆる≪方向補語（趋向补语）≫を後接成分としてくっつけなければならないのが通常である。このような文法的な振る舞いの違いは、中国語における単純動詞としての姿勢動詞の語彙的な意味に≪状態性≫という意味特徴が含まれ、日本語のそれには≪変化性≫という意味特徴が含まれているという相違に起因していると考えられる（彭広陸2000）。

　本稿は、彭广陆(1998、2020)、彭広陸(2000)を踏まえ、中国語の姿勢動詞に見られる歴史的な変化を確認し、中日両語における姿勢動詞の諸相を究明した上で、類型論的に両者の本質的特徴及びその相違を見直そうとするものである。

2.　姿勢動詞について

2.1　姿勢動詞とは何か

　具体的な考察に入る前に、まず概念規定を確認しておく必要がある。≪姿勢動詞≫とは、<≪姿勢≫——人間の体全体の一時的な状態及びその変化を名付ける動詞>を指すが、本稿ではそれを広義で使う場合もある。その場合は、≪姿勢動詞≫と類義関係にある動詞句（例えば、名詞と動詞との組み合わせや姿勢動詞と移動動詞（方向補語）との組み合わせなど）をも指すことになる。

　赤ちゃんや寝たきりの病人、植物人間などの場合を除けば、人間は、起きてから寝るまでに、何回も姿勢を変えるのが普通である。換言すれば、姿勢の変更や維持は、人間が正常な日常生活を営む上で必要不可欠な動作となる。それを名付ける姿勢動詞及び姿勢動詞句は、次のような特徴を持っていると考えられる。

① 姿勢動詞は、自動詞である単純動詞が基本となっているのだが、複合動詞も動詞句（名詞と動詞との組み合わせなど）も姿勢の変更や維持を表す上で重要な役割を果たしている。
中国語：站、立、坐、躺、站立、起身、弯腰、坐下、站起来、站起身　など
日本語：立つ、坐る、立ち上がる、横になる、腰を下ろす、身を起こす　など
② 姿勢動詞及び姿勢動詞句は意味特徴として、≪意志性（自主性、可控性）≫と≪再帰性（反身性）≫を有している。即ち、動作主としての人間が自分の意志で自分自身に働きかけて自らの≪姿勢≫を変更したり維持したりするということである。したがって、"摔倒"/「転ぶ」などのような無意志動詞（非自主動詞）は考察対象から除外されることになる。
③ 「人間の体全体の一時的な状態及びその変化」と規定したのは、"点头"/「頷く」、"抬腿"/「足をあげる」などが、人間の再帰的な動作であることは間違いないが、

人間の体全体のあり方とはほとんど無関係であるため、典型的な≪姿勢動詞（句）≫から区別しなければならないからである。

2.2　中国語における姿勢動詞（句）のリスト

　中国語では、主に次のような動詞や動詞句が姿勢表現として使用されている。単音節の姿勢動詞（単純動詞）が少ないのに対し、二音節以上の複合動詞や動詞句が多く使用されているところに特徴がある。更にその中では、特に"下（来/去）"などのいわゆる≪趨向补语（方向補語）≫を従えているものが目立っているため、ここに挙げておく。ただし詳細は後述する。

- ・起、立、起立、起来、起身、站、站起来、站起身、站起身来
- ・坐、坐下、坐下来、坐下去、坐起来、坐起身、坐起身来
- ・蹲、蹲下、蹲下来、蹲下去
- ・跪、下跪、跪下、跪下去、跪下来
- ・俯身、弯腰、弯下腰、弯下腰来、弯下腰去、鞠躬
- ・躺、躺下、躺下来、躺下去、趴、趴下、趴下来、趴下去、卧、卧下、卧下来、卧下去、仰卧、卧倒

　ちなみに、"站姿、立姿、坐姿、跪姿、蹲姿、卧姿"など、"–姿"を後部要素とする複合語も姿勢動詞を判断する目安となるであろう。

2.3　日本語における姿勢動詞（句）のリスト

　日本語の姿勢動詞（句）としては、次のようなものを挙げることができる。単純動詞と複合動詞のほかに、名詞と動詞との組み合わせも多数存在し、その中には、ヲ格の名詞と他動詞との組み合わせもあれば、ニ格の名詞と動詞（「なる」）との組み合わせもある。更に、語種から言えば、圧倒的に多いのは和語である。

- ・起きる、立つ、起き上がる、起立する、立ち上げる、身を起こす、腰を上げる、半身を起こす、上体を上げる、上半身を上げる
- ・座る、掛ける、腰掛ける、着席する、腰を下ろす、腰を掛ける、腰を据える、腰を落ち着ける
- ・しゃがむ、かがむ、前かがみになる、腰をかがめる、跪く、土下座する
- ・寝転ぶ、横たわる、横になる、身を横たえる、仰向けになる、腹ばいになる

3.　古代中国語と現代中国語に見られる姿勢動詞の相違

　中国語における姿勢動詞（句）は、古代語と現代語に大きな相違が見られる。以下では、《中华经典指掌文库　史记・项羽本纪》（司马迁著、文天译注，中华书局，2017，pp.37-42）における"鸿门宴（鴻門の会）"の用例とその現代語訳を比較していく。現代語訳の①は、前掲書によるもので、②は許嘉璐主編《二十四史全譯　史記（全二册）　第一册　第七巻》（世紀出版集團・汉语大詞典出版社、2004；pp.108-109）によるものである。参考として日本語訳（吉田賢抗著『新釈漢文大系　第 39 巻 史記　二（本紀二）』、明治書院、1988。20 版 pp.455-459）も挙げておく。

(1)　項王即日因留沛公与饮。項王、项伯东向坐，亚父南向坐。亚父者，范增也。沛公北向坐，张良西向侍。范增数目項王，举所佩玉玦以示之者三，项王默然不应。范增起，出召项庄。

　　（①于是项王这天就把沛公留下来一起喝酒。项羽和项伯朝东坐，亚父朝南坐。亚父就是范增。沛公朝北坐，张良朝西陪侍。酒会开始后，范增连连地给项羽使眼色，又几次拨弄着所佩玉玦向项羽示意，但项羽总是默默地不加理睬。范增于是站起来出去找项庄。②項王當天就留下沛公同他飲酒。項王、項伯向東坐，亞父向南坐。亞父，就是范增。沛公向北坐，張良向西坐。范增多次給項王使顏色，舉起佩戴的玉玦多次暗示項王，項王默然不應。范增起身，出來召來項莊，）

　　項王、卽日因つて沛公を留めて與に飲す。項王・項伯は東に嚮つて坐し、亜父は南に嚮つて坐す。亜父とは范増なり、沛公は北に嚮つて坐し、張良は西に嚮つて侍す。范増、数々項王に目し、佩ぶる所の玉玦を舉げて以て之に示す者三たび。項王、默然として應ぜず。范増起つて出で、項荘を召して

　　（項王は、その日、沛公を留めて和解の酒宴を開いた。項王と項伯が東に向かって坐り、亜父が南に向かって坐った。亜父とは范増である。沛公は北に向かって坐り、張良は西に向かって侍坐した。范増は沛公を除く絶好の機会であると思って、項王に目くばせし、また、身に佩びている玉玦を舉げて決意の合図をすること三度に及んだが、項王は默然として応じない。范増は堪えかね、坐を立って外に出て、項羽の従弟の項荘をよびよせて）

(2)　哙遂入。披帷西向立，瞋目视項王，

　　（①于是樊哙进了军门，来到帐前。他猛然拨开帐帘，对着项羽一站，瞪眼怒视着他，②樊噲於是入内，掀開帷帳向西站立，瞪眼看著項王，）

　　噲、遂に入り、帷を披きて西に嚮つて立ち、目を瞋らして項王を視る。
　　（樊噲はついに宴席へはいり、とばりを掻きあげ、西に向かって立ち、目をいか

らせて項王をにらみつけた。）

(3) 哙拜谢，<u>起</u>，<u>立</u>而饮之。

　　（①樊哙俯身叩谢后，<u>站起来</u>接过酒一饮而尽。②樊噲拜謝，<u>起身</u>，<u>站著</u>喝了酒。）

噲拜謝して<u>起ち</u>、<u>立ち</u>ながらにして之を飲む。

（樊噲は一礼して<u>起ちあがり</u>、<u>立ったまま</u>で飲みほしました。）

(4) 项王未有以应，曰："<u>坐</u>。"樊哙从良<u>坐</u>。坐须臾，沛公<u>起</u>如厕，

　　（①项羽无言以对，只是说："请<u>坐</u>。"于是樊哙就挨着张良<u>坐下来</u>。过了一会儿，刘邦<u>站起来</u>去厕所，②項王無言以對，說："<u>坐</u>。"樊噲挨着張良<u>坐下</u>。坐了一會兒，<u>沛公起身</u>去廁所，）

項王未だ以て應ふる有らず。曰く、<u>坐せよ</u>、と。樊噲、良に従つて<u>坐す</u>。<u>坐すること</u>須臾にして、沛公<u>起ちて</u>厠に如く。

（項王はなんの返答もせずに、「まあ、<u>すわれ</u>」といった。樊噲は良の次へ<u>坐った</u>。<u>坐って</u>しばらくすると、沛公は<u>立ち上がって</u>便所へいき、）

　このように見ると、古代中国語では、単音節（一字）の単純動詞だけでも姿勢の変更と維持を表すことができた（例えば、"起"は姿勢の変化、"立"は姿勢の維持を表し、"坐"の場合は姿勢の変化も姿勢の維持も表すことができた）のに対し、現代語では、複合動詞（例えば、"站立"）や動補構造（例えば、"站起来""坐下"）、動詞と動詞と名詞との組み合わせ＝動詞句（例えば、"起身"）を使わなければならなくなっているという大きな変化を見せている。

　一方、日本語の場合は、読み下し文と現代語訳からも分かるように、時代とは関係なく、単純動詞（例えば「坐する」「すわる（坐る・座る）」「立つ（起つ）」）だけで姿勢の変化を表すことができるのだが、現代語では、動詞句（例えば、「坐を立つ」）や方向性を明示する複合動詞（例えば、「立ち上がる（立ちあがる）」）なども使われるようになっているという変化も読み取れる。

4. 動補構造と補語の分類及び姿勢動詞とのかかわり

4.1　動補構造の成立及びその影響

　上述したように、≪姿勢動詞≫は、姿勢の変更（変化）を表さなければならないことが多いのだが、姿勢の変化というのは、＜上下に体を動かす＞いう意味特徴なる≪方向性≫を持っているという特徴が見られる。そういった≪方向性≫が古代中国語の姿勢動詞（単純動詞）の語彙的な意味に含まれていたことは、上掲の"鴻門宴"の例から

も分かった。

　ところが、石毓智（2003：12）によれば、中古の中国語において大きな変化が生じ、12世紀ごろに《动补结构（動補構造）》という新しい単文の構造が定着したという。つまり、次のように、文法化によってもともと異なる文の成分だった動詞述語（主動詞）Vと補語Rがひとまとまりに融合して目的語Oがその間に挿入できなくなってV-Rの後ろに配置されることになったということである。

　　（5）S＋V＋O＋R　→　S＋V-R＋O
　　　　唤江郎觉（世说新语）　→　三翁唤觉知远（刘知远诸宫调）

　《動補構造》の成立は、語構成・形態・構文など中国語の文法に大きな影響を及ぼしてきたとされている（石毓智　李讷 2001：80）。中国語の姿勢動詞の多くが姿勢の変更を表す場合、上述したように方向補語を後接しなければならないことも動補構造の成立とは無関係ではない。詳細は後述する。

4.2　中国語における補語の分類

　いわゆる《补语（補語）》を文の成分として捉えることをめぐっては、いろいろな見方がある。例えば、金立鑫（2009）は、中国語文法論における《补语》が西洋文法の《complement》とは構文的機能においてかなりかけ離れていることから、それを《补语》と訳すのは妥当ではないとして、従来の《补语》を二つに分割して、その一方を《次级谓语（副次的述語、secondary predication）》と、もう一方を《后置状语（後置状況語）》と見なしている。

　本稿は、記述上の便宜を図って、伝統的な文法用語を援用することとする。刘月华等（2001：533-643）では、《补语》は次のように分類されている（用例も前掲書からの引用である）。

　①　结果补语（結果補語）
　　（6）衣服湿透了。
　　（7）你看完这本杂志了？
　②　趋向补语（方向補語）
　　（8）小明从图书馆借来一本书。
　　（9）我们很快地走下山。
　③　可能补语（可能補語）
　　（10）他的话你听得懂吗？
　　（11）这件事我总也忘不了。

④ 情态补语（様態補語）

　(12) 为了备课，李老师每天睡得<u>很晚</u>。

　(13) 听了这句话，他的脸胀得<u>通红</u>。

⑤ 程度补语（程度補語）

　(14) 这本书我喜欢<u>极</u>了。

　(15) 外边热得<u>要死</u>，别出去了。

⑥ 数量补语（数量補語）

　(16) 这本书你看过<u>几遍</u>了？

　(17) 他在路上<u>走</u>了整整<u>三天</u>。

⑦ 介词短语补语（介詞フレーズ補語）

　(18) 鲁迅生<u>于一八八一年</u>。

　(19) 我们要从胜利走<u>向胜利</u>。

4.3　方向補語の分類

　≪趋向补语（方向補語）≫は、≪趋向动词（移動動詞）≫に由来するものであり、刘月华等（2001：546-581）では、次のように≪简单趋向补语（単純方向補語）≫と≪复合趋向补语（複合方向補語）≫に二分されている。

表 1　≪趋向补语≫の種類

简单 趋向补语	来	去	上	下	进	出	回	过	起	开	到
复合 趋向补语			上来	下来	进来	出来	回来	过来	起来	开来	到…来
			上去	下去	进去	出去	回去	过去		开去	到…去

　上記の≪趋向补语≫の中で姿勢動詞と共起しやすいのは"下（下来／下去）"や"起（起来）"などである。

4.4　方向補語による方向性の標示

　動補構造の定着により姿勢動詞の用法にも影響を及ぼすに至ったというのは上述した通りである。具体的に言うと、もともと姿勢動詞の語彙的な意味に≪方向性≫が含みこまれていた、換言すれば、姿勢動詞だけでも表現できた姿勢の変更を動補構造によって言い表さなければならなくなったのである。姿勢動詞が動作を、補語（方向補語）が≪方向性≫をそれぞれ表現するようになったとも言える。つまり姿勢動詞にとって補語という文の成分が≪方向性≫を明示するマーカーとなっているということである。もちろん、姿勢の変更を言い表すには、動補構造のみならず、動詞と名詞との組

み合わせによって表現することも可能である。この場合は主に≪変化性≫が表現され、
更に再帰的な動作をも取り立てることになるだろう。

5. 姿勢動詞の位置づけ

5.1　中国語の場合
5.1.1　马庆株による分類
　马庆株（1981）は、≪时量宾语（時間的量を表す目的語）≫との関係に基づいて、次
のような動詞分類を提示している。

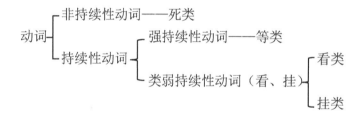

　"坐""站""躺"などの姿勢動詞は、"等"と同じように≪強持続性動詞（強持続的
動詞）≫とされており、その特徴としては、"了""着""过"などの助詞が従えられ、そ
れと共起する≪时量宾语≫が動作の持続する時間を表すことになっているという。

5.1.2　荒川清秀による分類
　荒川清秀（1985）は、姿勢動詞を、動作動詞の下位分類の一つである≪静態動詞≫と
考えて、≪状態動詞≫から区別している。その理由は、≪静態動詞≫はアスペクトのマ
ーカーである"了""着""过"の形を取ることができるだけでなく、重ねて使うことも
でき、更には命令文にも使うことができるからであるという。その上で、姿勢動詞のカ
テゴリカルな意味を≪静態性≫としている。

5.1.3　李临定による分類
　李临定（1990：96）は、いわゆる姿勢動詞を、静止の、持続的な状態を表す≪状態動
詞≫と見なしていながら、それと対応する動作動詞も存在すると主張している。つま

り、下の例では、A グループにおける姿勢動詞は状態動詞であり、B グループにおける
姿勢動詞は動作動詞であるということである。

	A	B
（20）	他在床上躺着呢	他正往下躺呢
（21）	他在外边站着呢	他正往上边站呢
（22）	他们都在雪地里趴着呢	你快趴下吧
（23）	大家都靠墙蹲着	我们都蹲下来
（24）	几个人在地上跪着	他正往下跪呢
（25）	一个人在沙发上坐着	他正往下坐呢

　しかし、このような捉え方には問題がないわけではない。≪光杆动词（原形動詞・裸
の動詞）≫の有する語彙的な意味と、動詞にくっついているマーカー、または動詞と共
起する文の成分によって表現されるところの文法的な意味とを混同している嫌いがあ
ると言わねばなるまい。

5.1.4　郭鋭による分類

　郭鋭（1997）は、動作の表す内的な≪过程结构（時間構造）≫に基づいて、中国語の
動詞を次のように分類している。その分類においては、姿勢動詞は、動作動詞の下位分
類の一つとされている。このような捉え方は、後に触れる奥田（1994）に通ずるところ
があるゆえ、類型論的な普遍性を持っていると言ってよいのかもしれない。

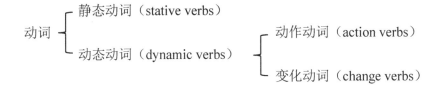

5.2　日本語の場合
5.2.1　奥田靖雄による分類

　奥田（1994）は、動詞の語彙・文法的な系列として日本語の動詞を、≪動作動詞≫≪
変化動詞≫≪状態動詞≫という三つの下位類に分けている。≪動作動詞≫は、対象に
対する人間の意図的な、物理的な働きかけをとらえているのに対して、≪変化動詞≫
は、同じ一つの物のあり方の更新をとらえているという。一方、≪状態動詞≫は、人間
の生理・心理的な現象、つまり「一時的におこってくる≪ただの状態≫をさしだしてい
るにすぎない」のであって、「≪動作≫をも≪変化≫をもいいあらわしてはいない」。し
たがって、「状態動詞では、完成相と継続相との、アスペクト的な対立は見られないの

である」という。

　奥田の分類は、動詞のアスペクトと密接に関係しているが、日本語動詞のアスペクト・テンスの体系については、奥田（1993）では、次のような形で示されている。

表2　奥田におけるアスペクトとテンス

テンス　　アスペクト	非過去	過去
完成相	する	した
継続相	している	していた

5.2.2　工藤真由美による分類

　工藤（1995：74）では、「かがむ・こしかける・しゃがむ・すわる・たつ・ねころぶ（おきる・ねる）」などの姿勢動詞が≪主体変化動詞（内的限界動詞）≫とされている。つまり、日本語における姿勢動詞は姿勢の変更を表す変化動詞なのである。

6.　中日両語の姿勢動詞の比較

　中日両語における姿勢動詞（句）の用法の相違は、図1（彭広陸2000。一部改変）のようにまとめることができるだろう[1]。横線は姿勢の維持、斜線は姿勢の変更、「→」は姿勢変更の方向を示すものである。

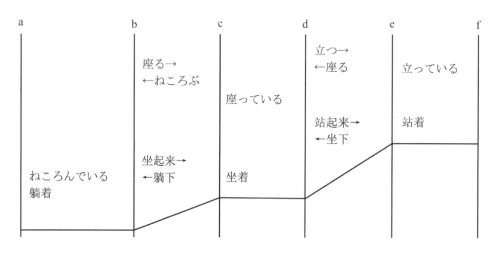

図1　中日両語における姿勢動詞（句）の比較

　すでに述べたように、姿勢の変更を表すには、現代中国語では通常、姿勢動詞と、移

動動詞による方向補語との組み合わせ（いわゆる≪动趋式≫）、または動詞と名詞との組み合わせといった動詞句によって表現しなければならない。それに対して、日本語では、姿勢動詞（単純動詞・複合動詞）によって表現されることが多いが、名詞と動詞との組み合わせによっても表現することができる。一方、姿勢の維持を表現するには、中国語では≪状態性≫を取り立てるために姿勢動詞に助詞“着”[2]を後接することになっているのに対し、日本語では姿勢動詞が継続相の形を取って（変化の）結果の状態を言い表すことになっている。

　以下では、それぞれの用例をいくつか挙げてみよう。

(26) 人们纷纷<u>起立</u>，哦啊啊打哈欠，骂街骂娘。（相会在最后的岛屿 p）

(27) 卢小波一走，站长<u>起来</u>整整衣衫，…（相会在最后的岛屿）

(28) 她说着<u>站起身</u>，轻盈地离开了卧室。（大鸟）

(29) 桑平原唰的<u>立起身</u>，挤回蔡干事的铺位。（不宜重逢）

(30) 方微<u>起身</u>要走，卜松明挡住她，…（作家文摘 19971010）

(31) ……她咬了咬牙，<u>跪下来</u>匆匆磕了个头，<u>直起腰</u>一动不动，直勾勾的眼睛闪跳着火星子。（野婚）

(32) 曾惠心<u>站了起来</u>，又<u>坐下了</u>……（人到老年）

(33) 一切复归平静，那两个人在斜坡上<u>躺下</u>。（相会在最后的岛屿）

(34) 他真的<u>跪下去</u>，<u>伏在</u>卧室的门上哀哀哭泣。（大鸟）

(35) 她<u>跪坐起来</u>，用手按了按我的腹肌，……（相会在最后的）

(36) 在中国队的休息室内，球员们三三两两<u>坐着</u>，<u>站着</u>，议论着刚才那场比赛，……（足球 19971110）

(37) “我叫你<u>坐着</u>等！”陶兴本还是没好气的。（太阳雪）

　中国語における、“久坐成疾”“蹲监狱”“坐大牢”“跪搓（衣）板”などのような慣用的な表現（イディオム）からも姿勢動詞の≪状態性≫が読み取れる。

(38)「おい、もう止めえ。おい<u>坐れえ</u>、坐らんか」と友達甲斐のある学生が、不意に<u>立った</u>かと思うと、<u>立っている</u>学生に抱きついて、共倒れのようにして<u>腰をかけさせました</u>。（駅前旅館）

(39) 勇次が右手を上げて合図を送ると深田喜代子はためらわずに近づいてきて、いきなり正面の椅子に<u>座った</u>。（若者たちの悲歌 p.283）

(40) 彼はすぐ出よう、とせっかちにいうので、美沙子はつられて<u>腰を上げた</u>。（女の日時計）

(41) 倒れた人のそばに、再び鐘平が<u>屈んだ</u>。（Ｗの悲劇）

　（42）美那子も<u>立ち上がった</u>。小坂だけが<u>腰を下ろしている</u>。（氷壁）

　（43）ハンバーガーのチェーン店の裏口の所に、一郎は<u>立っていた</u>のだった。（踊る男）

　（44）僕がバーへ入っていくと、彼はいつもの席に<u>座っていた</u>。（踊る男）

　（45）そして自分から先に<u>立って</u>歩き出した。（氷壁）

　（46）彼は相変わらず同じ席に<u>座って</u>、僕の方へ笑いかけた。（踊る男）

　（47）おかみは、…お燗がつく間に、スタンドのかげに<u>しゃがんで</u>手早くお化粧をなおす。（駅前旅館）

　日本語の動詞は、文法機能や文法的意味にしたがって活用（語形変化を）することになっているが、姿勢動詞も例外ではない。ただし、姿勢動詞が単純動詞の場合は、≪終止形≫の≪完成相≫という形を取って姿勢の変更を表すケースはさほど多くないようである。姿勢の変更を表現するには、複合動詞か名詞と動詞との組み合わせを使用して、明示的に姿勢の変更を表現することになっている。それに対して、単純動詞たる姿勢動詞は、第二連用形の形（いわゆる「テ形」）を取って文中に使われることが多い。その場合は、先行する姿勢変更の動作を、または、「あの先生はいつも立って講義をしている」というふうに主動詞（述語動詞）によって指し示されている動作が行われる時の状態（姿勢）を表している。このような機能的使い分けについては、更なる考察が必要となるだろう。

7. 類型論的観点からの見直し
7.1　タルミの類型論の場合
7.1.1　タルミの類型論とは

　レナード・タルミ（Leonard Talmy）（1991、2000）は、類型論の観点から移動表現に基づいて世界の言語を≪動詞枠づけ言語（verb-framed language）≫と≪衛星枠づけ言語（satellite-framed language）≫に二分している。分類の決め手は、移動の≪経路（Path）≫がどのように語彙化されているかということであるが、具体的に言うと、動詞によって枠付けされているのか、それとも≪付随要素（satellite）≫によって枠付けされているかという相違によるものである。

　①　≪衛星枠づけ言語≫（＝V言語）——スペイン語・フランス語・イタリア語・アラビア語・ヘブライ語・ギリシア語・日本語など

　（48）La botella Sali (de la Cueva) flotando.

　②　≪衛星枠づけ言語≫（＝S言語）——英語・ドイツ語・オランダ語・中国語など

（49）The bottle floated out (of the cave).

　上記の分類では、中国語は≪衛星枠づけ言語≫の言語とされているのだが、それについては、いろいろな意見が見られる。紙幅の都合で、詳しい紹介は割愛する。

7.1.2　Christine LAMARRE の主張
　ここで注目したいのは、LAMARRE（2017）の主張である。その主張の要点は以下のように抜粋したりまとめたりしておく。

・中国語の移動表現は、移動事象表現のタイプによって経路の表示手段が異なる。
・中国語は経路動詞を多く使う言語であり、典型的な衛星枠づけ言語ではない。
・経路補語を後項とする複合動詞は、客体移動表現を含む移動表現のすべてのタイプに使えるという点においても、そして音声面で弱化している経路補語が閉じた類をなすという点においても、衛星枠づけ言語の特徴も備わっている。

更に、LAMARRE（2017）における姿勢動詞についての言及も注目されるべきである。

　　以上紹介した単音節動詞のグループに、自動詞で姿勢を表す動詞群を加えるべきである。たとえば、"坐 zuò"〈座る，乗る〉，"躺 tǎng"〈横たわる〉，"跪 guì"〈ひざまずく〉，"蹲 dūn"〈しゃがむ〉，"摔 shuāi，跌 diē"〈ころぶ〉（以上 "下" と共起），"站 zhàn"〈立つ〉（"起来" と共起）を含む。"坐" は "下" 以外の経路補語と共起できる，たとえば "坐起来"（寝ている状態から座る状態への移動），"坐进来"〈乗り込む〉など。

7.1.3　曾传禄の見方
　中国語が≪動詞枠づけ言語≫かそれとも≪衛星枠づけ言語≫かという議論については、曾传禄（2014：10）で次のような見方が提示されており、傾聴に値する。

　　但是，对于汉语动补结构的核心是动词还是补语，学界的意见并不统一。如果认为动词是核心，补语是附加成分，那么汉语属于卫星框架语言；反之，如果认为补语是核心，动词是起修饰补语作用的，那么汉语属于动词框架语言。也有学者认为汉语是一种混合类型的语言，因为充当补语的形式仍然能作为动词短语的主要动词，如"出去"、"回来"等。

7.1.4　筆者の考え

　LAMARRE（2017）のように移動表現を広く捉え、姿勢動詞も視野に入れるとすれば、中国語の場合は、一口に≪動詞枠づけ言語≫と≪衛星枠づけ言語≫のいずれのタイプに属する言語であるかということは言えなくなってしまう。

　例（50）によって示されているように、同じ客観的事実（次の例では、姿勢の変更）に対して、中国語では幾通りかの表現が可能なわけであるが、姿勢動詞たる動詞を使うだけでも表現できるのに対して、いわゆる方向補語を従えて表現することもできる。一方、補語だけで表現すると、命題的な意味が変わってしまうため、この場合の補語は述語のメインとは言えまい。

（50）　a. 他跪了
　　　　b. 他跪下了≠*他下了
　　　　c. 他跪下来了≠他下来了
　　　　d. 他跪下去了≠他下去了

次に幾つかの実例（ネット小説によるもの）を挙げてみよう。

（51）"啊，别起了，老书记，你就坐着吧！"（全王之术）
（52）"咳，行。你先起来。""不起，这长夜漫漫的，咱们先把正事做了再说吧。"（无极神医）
（53）叶风云闻言，点了点头，便忙扶住了靠近自己的一个小老头，说道："四位，请起。"这四人站了起来，都是眼中含泪，满脸带着感激之色。（无极神医）
（54）陈泽楷将报告厅的大门推开，叶辰迈步进入，万破军便立刻条件反射的站起身来。紧接着，剩下近百名将士也都纷纷起立，敬畏的看着大步走入的叶辰。（上门龙婿）
（55）叶风云上台，和三长老对立而站。（无极神医）
（56）叶风背负双手，傲然而立。（无极神医）
（57）"新民同志来了，坐。"郑国鸿笑眯眯起身。关新民点了点头，在另一旁的沙发坐下。（逆袭人生）
（58）李老示意了一下座位，微笑道。叶风云不是傻子，李老没坐，他怎么敢坐啊？他见李老坐了下来，却才半边屁股坐在了椅子上，显得一片局促不安。（无极神医）
（59）山童姥微微笑道："按拜师之礼，跪下吧。""好，我跪！"　（无极神医）
（60）"你蹲地上干什么？"沈小峰的奇怪举动终于让杨淑芬忍不住开口。（沈小峰李甜）

これらの用例からも分かるように、同じ姿勢の変更・維持の表現には、単音節の単純

動詞も複合動詞も動詞句（動詞と名詞との組み合わせ・動詞と補語との組み合わせ）も
使用できる。ただし、ある程度の使い分けも見られる。つまり、単音節の姿勢動詞が使
用可能なのは、文章語的なテキスト・表現か文語的な表現といった特別な文体、または
特別なタイプの文（働きかけ文や意志表現）においてである。一方、複合動詞と動詞句
はどちらかといえば、平叙文に使われることが多いようである。

　要するに、言語事実を重視するならば、≪動詞枠づけ言語≫か≪衛星枠づけ言語≫
か簡単に割り切れるものではなく、むしろ、現代中国語は両方の特徴を持ち合わせて
いる混合型の言語であると見たほうが妥当であろう[3]。なお、類型論的に見て現代中国
語は語順において混合型の言語という特徴を備えていることも、すでに指摘されてい
る[4]。

7.2　視点論の場合

7.2.1　視点とは何か

　言語学における用語としての≪視点≫については、いろいろな規定が見られるが、
筆者は次のように定義づけている。

　　≪視点≫とは、単語・連語・文・談話（テキスト）それぞれの言語的単位のレベ
　ルにおける言語主体（命名者・話者・書き手・語り手を含む）の事象へのとらえ方で
　ある。具体的に言うと、事象を、誰が見ているのか、どの部分を見ているのか、どこ
　から見ているのか、どのように見ているのか、という言語主体の心理的操作であり、
　そして何らかの形で言語化されたものである。（彭广陆 2008、2014、2020。彭広陸
　2016a、2016b）

7.2.2　類型論から見た「視点」の分類

　言語の≪視点≫を、類型論的に見れば、≪視点固定型≫と≪視点移動型≫に二分す
ることができよう。これについて、日本語と英語は表 3 のように≪視点≫のタイプが
異なる言語と見なされている。

表 3　視点類型論に見られる対立の観点

	日本語	英語
金谷武洋（2004）	視点移動型	視点固定型
諏訪春雄（2006）	視点移動型	視点固定型
甘露統子（2004）	視点固定型	視点移動型
森山　新（2006）	視点固定型	視点移動型

　≪視点≫における日本語と中国語の類型上の相違については、次のように捉えたい。

　　　　日本語　　　　　　　中国語　　　英語
　　　視点固定型←------------------→視点移動型

　日本語が典型的な≪視点固定型≫の言語であるとすれば、英語は典型的な≪視点移動型≫の言語になる。中国語は英語寄りの≪視点移動型≫の言語ではあるものの、後述するように、部分的には≪視点固定型≫の特徴も見られる混合型の言語である。なお、言うまでもなく、視点の固定が相対的なものとなるのに対し、視点の移動は絶対的なものとなる。それゆえ、上記のような分類は、あくまでも全体的な傾向としての捉え方によるものであり、≪視点移動型≫の言語は≪視点固定型≫の言語に比べて視点移動の頻度が高いということを意味するものである[5]。
　このような視点論の研究は早くも1970年代から日本人の研究者によって進められてきたが、これまでに膨大な蓄積があることをここに指摘しておきたい[6]。

7.2.3　視点論から見た姿勢動詞

　人間の動作としての姿勢の変更が上下の運動であるため、それを言語化する際には、姿勢動詞にしろ、姿勢動詞句にしろ、意味特徴としての≪方向性≫を帯びてくるのは当然のことである。日本語の場合は、姿勢動詞の語彙的な意味にはそれが含意されているので、姿勢動詞だけで姿勢の変更を表すことができることになっている。それに対して、現代中国語における姿勢動詞の場合は、一部の例外を除けば、基本的に、語彙的・文法的手段によって明示的に≪方向性≫（≪変化性）の一種とも考えられる）を表わさなければならなくなっている。

　・起身　站起身　起立　起来　站起来　坐起来　坐起身　仰卧起坐　坐下
　　蹲下　下蹲　跪下　下跪　趴下　躺下

　具体的に言うと、"起"という動詞が使われていれば、「下から上への体の動き」を表すことになるのに対し、"下"が使われていると、「上から下への体の動き」を表すことになる。
　"起"や"下"によって付与される姿勢の≪方向性≫が姿勢の変更という運動に条件づけられており、客観的なものであるとすれば、"来"や"去"によって付与される≪方向性≫は表現者（話し手・書き手）の視点に条件づけられるものであり直示的・主観的なものである。≪方向補語≫としての"来"や"去"によって表現されるところの≪主観性≫（主観的方向性）は、移動動詞としての"来"や"去"の語彙的な意味に含意

される≪主観性≫に由来するものであるのは言うまでもない。

「下から上への姿勢変更」を言い表す際は、"起来" と言えても "起去" とは言えないのに対して、「上から下への姿勢変更」の場合は、"下来" によっても "下去" によっても表現が可能である。

- 坐下　→　坐下来 / 坐下去
- 蹲下　→　蹲下来 / 蹲下去
- 跪下　→　跪下来 / 跪下去
- 躺下　→　躺下来 / 躺下去

(61) 刚站起来, 蔡根忽然叫住凌海, 道："凌检, 你再坐一会, 我有几句话单独跟你说一下。"凌检忙又重新<u>坐了下来</u>。（狂傲人生）

(62) 柳倾城对这女孩子十分客气, 微笑道："请坐。"女孩子说了一句谢谢, <u>便坐了下去</u>。（无极神医）

(63) 孔大巍怕挨揍, 立马 "扑通" 一声<u>跪了下来</u>, 他的那些小弟, <u>也都跟着纷纷跪了下去</u>, 嘴里叫着："拜见老大！"（无极神医）

(64) 楚尘<u>蹲下来</u>, 为慕容宸虹诊脉。（超级弃婿楚尘）

(65) 说完, 正想去训斥秦傲雪两声, 结果秦傲雪已经跑到秋田犬的跟前, <u>蹲下去</u>伸手逗起狗来了。（上门龙婿）

方向補語たる "来" と "去" によって表現される方向は正反対であるが、その使い分けは、表現者の≪視点≫（参照点）の置き方に決定づけられることになる。方向補語の "来" と "去" については、姿勢変更の目標としての付着先であるモノ（＝場所）に視点が置かれている場合は "Ｖ来" が使われ、姿勢変更の動作主体に視点が置かれている場合は "Ｖ去" が使われることになっていると考えられる。これは本動詞としての "来" と "去" の用法が表現者の居場所との関係によって使い分けられるのとは異なるものである。上記のような使い分けは、移動動詞としての "进" と "出" の使い分けにも通ずるところがあると考える[7]。

下来　　　　　下去
｜　　　　　　｜
参照点　目標空間　　　動作者

図 2　"下来" "下去" と参照点との関係

姿勢動詞と共起する、≪方向補語≫としての "下来" "下去" の分布を調べるために、

二つのコーパスにおける現代語の部門を検索してみた（最終アクセス日 2023 年 1 月 20 日）。抽出した用例数を下に記す。

表 4 　"下来""下去"の分布

	BCC 语料库	CCL 语料库
坐下来	12514	3116
坐下去	874	292
蹲下来	1669	280
蹲下去	548	171
跪下来	1383	350
跪下去	397	126
趴下来	125	32
趴下去	99	29
躺下来	1237	291
躺下去	561	133

　単純動詞としての姿勢動詞には、≪方向補語≫として方向的に正反対の"下来"も"下去"も付くことから、視点が固定しておらず移動しやすいということになる。更に、いずれの姿勢動詞も"下去"より"下来"のほうと共起しやすいことから、移動と関係する動作の場合は≪目標空間≫には視点（参照点）が置かれやすいということが、換言すれば、動作者より≪目標空間≫のほうが≪参照点≫となりやすいということが言えそうである。その意味では客観的であるということになる。

　一方、日本語は姿勢動詞の語彙的な意味に≪方向性≫が含意されているため、姿勢動詞だけで姿勢の変更が表現できるのに対し、現代中国語の場合は姿勢動詞に方向補語が後接されることが義務付けられているところが特徴的である。更に、"下""起"のような≪客観的方向性≫を表現する補語のみならず、"来""去"も≪主観的方向性≫を表現する補語として必要となることが多い点については、日本語が≪視点固定型≫の言語（主観的把握の傾向が強い言語[8]）であるのに対し、中国語は≪視点移動型≫の言語（客観的把握の傾向が強い言語）であるという筆者の仮説の反例にはなるものの、それを覆すことができるほどのものではないと考えられる。

8.　おわりに

　以上、実例に基づいて中日両語における≪姿勢動詞≫の意味用法をおおまかに記述したことにより、以下のようなことが明らかになった。

　日本語の姿勢動詞は、その語彙的な意味に≪変化性≫が含みこまれているのみならず、≪方向性≫（経路）も含意されている（語彙化されている）ため、完成相では姿勢の変更を、継続相では姿勢の持続を表すことができる。類型論的には、≪動詞枠づけ言語≫の特徴を十分に持っているということになる。更に、単純動詞と複合動詞が構文的機能によって使い分けられている傾向も見せている。

　一方、古代中国語では、単純動詞である姿勢動詞だけで姿勢の変更を表すことができた（その意味では、古代中国語は、≪動詞枠づけ言語≫の特徴を備えているとも言えそうである）が、現代語となると、一部の場合を除けば、姿勢動詞だけでは、姿勢の変更を表すことができなくなっており、≪方向補語≫の助けによって表現されなければならないことが多い。これは現代語の姿勢動詞の語彙的な意味に≪状態性≫という意味特徴が含みこまれているからである。その意味では、いわゆる≪方向補語≫が≪方向性≫（経路）を表すマーカーとなっているのである。類型論的観点から言えば、中国語は、≪衛星枠づけ言語≫の特徴を顕著に持っていると同時に、≪動詞枠づけ言語≫の一面も観察される。そうではあるものの、姿勢動詞が"下来""下去"のような、主観的方向性を表現する≪方向補語≫と共起しやすいことは、≪視点移動型≫の言語である中国語にとっては、むしろ例外的だと言わねばなるまい。

註

[1] 彭広陸（2000）では、①姿勢動詞と存在、②姿勢動詞と移動、③姿勢動詞と時間、④姿勢動詞と働きかけ文などの観点から、中日両語における姿勢動詞を比較対照しているので、参照されたい。

[2] "着"の位置づけや名づけについては、いろいろな説があるが、ここでは紙幅の関係上、深入りはしないこととする。

[3] 彭广陆（2020）にもこれについての言及があるので、参照されたい。

[4] 金立鑫（2018：87）は、現代中国語が、語順的に VO と OV の混合型の言語であることを指摘している。

[5] 中日両語における≪視点≫の相違については、参考文献に列挙してある筆者による一連の論考を参照されたい。このうち彭広陸（2023）では、次のようなことを論じている。「一般的に言われてきたように、日本語は話者中心的な言語であり、主観的な言語であり、根本的に視点が話者に設置されているのがデフォルトとなっているのである。発話や文章の内容に話者・作者が関与している場合は、視点が話者・作者（第一人称）に固定されやすいが、話者が関与しない場合には話題人物に固定されやすい。視点の置かれやすい順位は次の通りである。

　　　話者＞話題人物＞動作者

　それに対して、中国の場合は、視点が動作者に固定されやすい。そのため、日本語では、一旦主題が決まれば、主題を表す「は」が使用されないのが普通である。それに引き換え、中国語では、動作者・出来事の関与者が明示されることが多い。」なお、主題のマーカーである「は」の不

使用については、彭广陆（2011）、彭广陆（2013）を参照されたい。

[6] すべてを列挙することはできないが、代表的なものとして、大江(1975)、久野(1978)、澤田(1993)、
森田（2006）、古賀（2018）などを挙げることができる。

[7] 詳しくは彭广陆（2020）を参照されたい。

[8] 池上（2006）では、日本語は主観的把握が好まれる言語であることを主張しており、筆者もそれ
に賛同する。

参考文献

郭　锐 1997 过程和非过程---汉语谓词性成分的两种外在时间类型,《中国语文》（3），162-175.

金立鑫 2009 解决汉语补语问题的一个可行性方案,《中国语文》（5），387-480.

金立鑫 2018 《语言类型学探索》,商务印书馆.

李临定 1990 《现代汉语动词》,中国社会科学出版社.

刘月华等 2001 《实用现代汉语语法》增订本,商务印书馆.

马庆株 1981 时量宾语和动词的类,《中国语文》（2），86-90.

彭广陆 1998 日汉姿态动词对比研究,《汉日语言研究文集》北京外国语大学国际交流学院编. 北
京出版社,（1）176-196.

彭广陆 2011 视点与会话中的主语隐现——以汉日语对比为中心,《日语研究》商务印书馆（8），62-94.

彭广陆 2008 日语研究中的"视点"问题,《认知语言学入门》外语教学与研究出版社，98-117.

彭广陆 2014 "视点"纵横谈,《语言学研究》高等教育出版社（16），35-44.

彭广陆 2020 关于日汉语言认知模式的一个考察 ——以"出入"与"内外"的关系为例,《东北亚外语
研究》（4），14-28.

石毓智 2003 《现代汉语语法系统的建立——动补结构的产生及其影响》,北京语言大学出版社.

石毓智 李讷 2001 《汉语语法化的历程——形态句法发展的动因和机制》,北京大学出版社.

曾传禄 2014 《现代汉语位移空间的认知研究》,商务印书馆.

荒川清秀 1985 "着"と動詞の類,『中国語』大修館書店（7），30-33.

池上嘉彦 2006 <主観的把握>とは何か―日本語話者における<好まれる言い回し>.『月刊言語』
（5），20-27.

大江三郎 1975 『日英語の比較研究―主観性をめぐって』南雲堂.

奥田靖雄 1993 動詞の終止形（その1）,『教育国語』（2・9），44-53.

奥田靖雄 1994 動詞の終止形（その2）,『教育国語』（2・12），27-42.

金谷武洋 2004 『英語にも主語はなかった』講談社.

甘露統子 2004 人称制限と視点,名古屋大学大学院国際言語文化研究科日本語文化専攻編『言葉と文
化』（5），87-104.

工藤真由美 1995 『アスペクト・テンス体系とテクスト―現代日本語の時間の表現』,ひつじ書房.

久野暲 1978 『談話の文法』，大修館書店.

古賀悠太郎 2018 『現代日本語の視点の研究：体系化と精緻化』，ひつじ書房.

澤田治美 1993 『視点と主観性—日英語助動詞の分析』，ひつじ書房.

諏訪春雄 2006 日本語の特色—移動する視点—，『日本語の現在』，勉誠出版，220-231.

彭広陸 2000 日中両国語における姿勢動詞の比較，『日中言語対照研究論集』，日中言語対照研究会編，
　　　白帝社（2），47-71.

彭広陸 2013 新聞記事における主語のあり方と視点との関わり—中日両語の比較を中心として—，
　　　『対照言語学』，海山文化研究所（23），45-65.

彭広陸 2016a 名詞の語彙的な意味における『視点』のあり方—中日両語の比較を中心に—，大東文
　　　化大学大学院外国語研究科『外国語学研究』（17），21-33.

彭広陸 2016b 日中両語のヴォイスに見られる視点のあり方，『言語の主観性——認知とポライト
　　　ネスの接点』，くるしお出版，35-51.

彭広陸 2023 視点から見た所在の尋ね方——日中対照を中心に，『東アジア国際言語研究』(4)，35-53.

森田良行 2006 『話者の視点がつくる日本語』，ひつじ書房.

森山新 2006 視点についての認知言語学的視察，『日本語教育研究』，(5) 5-14.

Christine LAMARRE 2017 第 5 章 中国語の移動表現，松本曜編『移動表現の類型論』くろしお出版，
　　　95-128.

Talmy, L 1991 Path to realization. Proceedings of the Seventeenth Annual Meeting of the Berkeley Linguistics
　　　Society, 17, 480-519. Berkeley Linguistics Society.

Talmy, L 2000 Toward a Cognitive Semantics Vol. 2: Typology and process in concept structuring. Cambridge,
　　　MA: MIT Press.

（彭広陸　pengguanglu163@163.com）

Contemporary Research in Modern Chinese No.25 (October 2023). pp.39-55

口语话题标记 "就" 的来源和功能*

史金生（第一作者）　　李静文（通讯作者）

中国 首都师范大学文学院　　中国 青岛大学文学与新闻传播学院

提要　话题标记 "就" 有副词和介词两个不同来源，"就" 来源不同，其作为话题标记的功能也有所不同：副词来源的话题标记 "就" 引出的主要是叙述性话题，而介词来源的话题标记 "就" 引出的是论证性的话题；副词来源的 "就" 后面多是事例话题，而介词来源的 "就" 后面多是框架话题；副词来源的 "就" 除具有引入话题的功能外，还有强烈的现场直指性和负面评价性。副词来源的 "就" 主要用于口语，在会话中体现出一系列互动特点。文章认为，口语话题标记 "就" 是副词在言域引申的结果。

关键词　话题标记；"就"；功能；言域引申

○ 引言

汉语作为话题优先型语言，容易产生话题标记。汉语话题标记的来源多种多样，刘丹青（2004）认为汉语及其方言中常见的话题标记有疑问句标记、时间标记、系词 "是"、副词性的话题敏感算子四个常见的来源。董秀芳（2012）又补充了几个来源，认为处所标记、指示代词和名词化标记可以演变为话题标记。我们认为，副词也是汉语话题标记的一个重要来源。

司罗红《口语中的前置性话题标记 "就"》（《中国语文》2013年第6期）一文通过对大量口语语料的分析，认为 "就" 在口语中具有引出话题的作用，是典型的前加性话题标记。

（1）就日本要投降的时候儿，北京城也穷得不得了，老百姓都快饿死了。

（2）就这南口儿汽车站，现在也整个把土呢，整个儿那个全给拉平了。

（3）就我们那个老头，晚上吃饭还瞧书呢。

---

* 本研究得到国家社科基金项目 "基于'行、知、言'三域理论的北京话虚词功能及其演变研究"（项目编号：18BYY180）、国家科技创新 2030-新一代人工智能重大项目 "复杂版面手写图文识别及理解关键技术研究"（项目编号：2020AAA0109700）和国家社科基金重大项目 "元明清至民国北京话的语法演变研究与标注语料库建设"（项目编号：22&ZD307）的资助。本文初稿承蒙完权先生提出宝贵修改意见，在此谨致谢意！

（4）就吃饭吧，我们现在每天要吃三顿，以前只吃两顿。

（引自司罗红2013）

司文认为，作为话题标记的"就"是由介词"就"虚化而来的。司文把引导话题的"就"与介词进行对比，指出两者在句法上存在一系列的差异：引导话题的"就"位置固定、可以省略、不能被否定，"就"标识的成分可以是施事、受事等成分，可以在句中用代词复指。这些都不符合介词的语法特征，说明标识话题的"就"已经失去了介词的特征，进一步虚化为一个单纯的标记。

本文认为，司文所讨论的话题标记"就"不是来源于介词，而是来源于副词。文章主要讨论话题标记"就"的不同来源及功能上的差异，并着重讨论副词来源话题标记"就"在会话中的互动表现，分析其语法化机制，认为这种话题标记用法是副词言域用法引申的结果。

一 话题标记"就"两个来源

从言语交际的角度来看，话题就是"被谈论的对象"，是句子叙述的起点，是联系小句与语篇的桥梁。所以确立话题对话语语篇结构是很有必要的。

介词"就"可以介引一个论述的出发点或某一侧面，后面是对这一话题的具体说明：

（5）就我对胡因梦的了解，她可能是觉得在进修，惹这么多尘埃没有意思，才这样讲。（《李敖对话录》）

（6）就我个人的经验，每读一本书都要花很多时间，我很好奇您是怎样读10万多本的？（《李敖对话录》）

更多情况下"就"与"来说、来看、而言、而论"等搭配使用，构成框式结构。如：

（7）就中国队的实力而言，取胜不是没有问题。（《网易新闻》2011）

（8）就工作经验来看，他比别人要丰富些。（《现代汉语词典》（第7版））

（9）就我来说，光把我自己拉上去我觉得我都做不到。（《今日关注》2008）

这时的"就""就……而言""就……来看""就……来说"可以看成话题标记。这其中介词"就"的标记性还不够典型，表现在有些句子不能去掉"就"和"而言、来看、来说"而独立成句：

（9）'*我，光把我自己拉上去我觉得我都做不到。

副词"就"也可以单独引出话题，如（1）-（4），或与"是、说"构成"就是、就说"引出话题：

（10）三楚说："就那个破电视？我不要！沙发、床和立柜我给一万。"（贾平凹《秦腔》）

（11）四合院是砖瓦石当作笔墨纸，记载了中国人传统的家族观念和生活方式。不要

说整个宅院，就那个大门口便有不少讲究。（《邓友梅选集》）

（12）就是那个时候儿，跟现在呀，也，阶层的不同也是不同。（《1982年北京话调查资料》）

（13）就说这十盆菊花，就是人家送我的，全是细秧儿，连这十个花盆，没有二十两银子下不来。（《曹二更》）

（14）就说暴搭暴抬这两句话，听着都不甚雅驯，其实是北京常说的话。（《裤缎眼》）

"就……来说"引进的是表示某一个方面的成分，"就"还是介词，是针对某一对象、范围的用法，它不能轻读，通常需要与"而言、来看、来说"等配合使用，所引话题也不能单独作为小句存在，也不能作为施事和受事被回指。副词"就"作为话题标记轻读，后面引出一个事物或活动性的事件作为谈话的对象，这样的用法与副词"就"强调、确定用法有密切的关系，是副词强调用法进一步虚化的结果。这里的"就"单用时也可以不出现。"就"与话题成分有时可以不依赖后续说明而独立充当篇章成分。显然，话题标记的"就"有介词和副词两个来源。

二 不同来源话题标记"就"的功能差异

话题的话语功能主要体现在其相关性上，即"关于什么"的问题。它为所辖话语划定了时间、空间或个体方面的背景、范围，提供了话语的起点，并预示着它后面必须有后续成分，即说明。话题标记的主要功能在篇章方面，而这种篇章功能是由话题在语篇中的地位决定的。Keenan & Schieffelin（1976）、Kellermann（2004）、屈承熹（2006）把话题在语篇中的地位归纳为引入（initiated）、延续（maintained）、转换（shifted）、重新引入（reintroduced）、终止（inhibited）五种。引入话题或者设立话题是话题标记的主要功能。"设立话题是指把认识网络里已经存在的一个谈论对象确立为话题。这个话题虽然在前文当中并没有出现过，但是在人们的知识领域里，它和语境中的已有话题存在某种连带关系。"（方梅2000）

不同来源的话语标记"就"和"就……来说"都有将一个不在当前状态的话题（Topic）激活或将背景信息（background information）激活，亦即话题或背景信息前景化（foregrounding）的语篇组织功能。

2.1 叙述性话题与论证性话题

叙述和判断在汉语中有不同的表现，吕叔湘（1942）在讨论"起词"（即"主语"）问题时就对叙事句和判断句做了区分。赵元任（Chao 1968:88）提出，按照谓语的作用，对比（contrastive）、肯定（assertive）、叙述（narrative）的三分格局比名动形三分格局更具有形式特征，更反映汉语的事实。沈家煊（2012）将三者做了归并，形成的二分格局

更加强调叙述和对比的对立。沈家煊（2021）进一步论证了"有"和"是"两种言语行为的对立。我们认为对比实际上就是建立在判断基础上的，叙述句和判断句有不同的特点，前者所在句子是对存在事实的叙述，后者则是对某类对象的判断。不同来源的"就"引入的话题有所不同，副词来源的"就"既可以用于叙述句，引出叙述的事物，也可以用于判断句，引出论证的对象，而介词来源的"就"主要引出论证的对象。不同类型的句子其话题也相应有一系列差异。

"就、就是、就说"引入的可以是叙述性的起点，重在说事，强调对动态行为事件的叙说（narration），是具有新闻性质的现实事件。语篇后续常常跟进情节的发展，如果不加"就"可以理解为前后连续发展的行为，加上"就"凸显了话题性。

（15）<u>就这一顿饭的工夫</u>，他们之间的距离缩短了二、三十里路！（李文澄《努尔哈赤》）

（16）张孟苏同学交往能力出众，朋友众多。学韩语、跆拳道、书法就没花过钱。<u>就说学韩语吧</u>，先去一家语言学校应聘，帮老板拉生源，老板说拉一个生源提成40元。张孟苏一听，马上说，您就少收40元吧。（《第一时间》2008-07-14）

例（15）"这一顿饭的功夫"是一个表时量的成分做话题，说明部分有"了"这样的表情节进展的助词。例（16）"学韩语"这一动词性成分做话题，说明部分有"先""马上"这样的表情节进展的副词。

"就、就是、就说"也可以引出论证的起点，重在判断或说理。例如：

（17）都说豪华车牛，不光牛在别人眼里，更牛在车主心里。<u>就说到店里做回保养什么的吧</u>，普通车且得排队等着呢，人家豪华车，到地儿有人给开门，等候的时候更是咖啡水果保健按摩全套儿招呼。（《7日7频道》2009-01-06）

（18）金一趟越说越气，索性从太师椅上站起来，探着身子跟女儿理论，"<u>就那个女的</u>，教你扭屁股的那个'老师'她还审美，不定啥时让穴头当猪头肉一块一斤给卖了！别人我不管，我就可惜了你，我的闺女！你还……你还紧维着这一套呢！"（陈建功《皇城根》）

（19）<u>就说你想了解中国</u>，你到北京走一趟基本上就OK了。（《议政论坛》2010-09-27）

例（17）说"到店做保养"时普通车和豪华车的不同待遇；例（18）说"那个女的"要小心让穴头当猪头肉给卖了；例（19）说"你想了解中国"就到北京走一趟。这些表判断或说理的句子与前面表叙述的句子一样，都表达了说话人较强的主观情感态度。

"就……来说"引入的是论证性的起点，重在说理，强调对静态概念的断言（assertion）。Dijk（1977）指出，话题所确定的话语空间，也叫"论域"。语篇后续常有支持论域的事实。所谓"证据"，不过是人的记忆中的"事实"，具有社会规约性和非现实性，较少有个人的主观色彩，说明部分以断言句的形式出现。如：

（20）<u>就家长而言</u>，不是不想管孩子，而是不会管。（《第一现场》2010-01-12）

（21）<u>就题材而言</u>，"隐婚"并不算新鲜，但这部电影不断推出的后续动作，倒是颇有远见。（《北京新闻》2010-10-26）

（22）花钱购来一流的技术，手把手教会了，结果一有机会就转身走了，其实，<u>就职场来说</u>，也是天经地意。（《7日7频道》2009-02-08）

例（20）-（22）都可以转换为"家长是不会管孩子的""题材是颇有远见的""对于职场，这件事是天经地义的"，言者从"家长""题材""职场"的角度进行了论述。

总的来说，副词来源的"就"既可以引入叙述性话题，也可以引入论证性话题，介词来源的"就"主要引入论证性话题。

2.2 事例话题与框架话题[1]

就话题的连续性来看，话题标记"就""就……来说"等还具有接续话题的话语功能。"就、就说、就是"引进的往往是与主话题相关的具体的实例或整体的组成部分，可及性相对较低，当前话题是通过前面话题而推知的对象，处于待激活状态，是对前面话题的实例分析。

（23）英国话,我差不多!你就说黄油吧,叫八特儿;茶,叫踢;水,是窝特儿!我全能听能说!"（老舍《四世同堂》）

（24）科技的发展经常可以给人带来意想不到的惊喜。<u>就说电脑吧</u>，现在它不光可以和世界顶尖棋手对弈，还可以创作小说。（《环球时讯》2008-01-09）

例（23）"就说"与后置的话题标记"吧"连用，引入话题"黄油"的目的是要以此为例来论证自己的观点，"黄油"与"英国话"之间有具体事例与抽象概念的关系，它们处于同一话题框架之内。是对前一话题的进一步补充说明。例（24）"电脑"作为"科技发展"的事例说明了科技是如何带来惊喜的。这两例"就说"都可以变成"就比如说"，可见其后的话题具有事例的特点。

"就……来说"开启一个与前一话题相关的新话题，这个新话题往往是旧话题框架内的或通过知识很容易推导出来的，具有较高可及性。如：

（25）在经济竞争中，<u>无论就一个企业来说还是就一个国家而言</u>，只有依靠科学技术的进步才能最终取胜。（《自然辩证法概论》）

（26）中成药还不是大家普遍认可的收藏门类，变现渠道相对窄得多。<u>就药效而言</u>，"纯天然"的中成药是否一定就比使用人工合成原料的中成药强，医学界尚无定论。（《健康养生》）

"就……来说/而言"引入的话题不是已知信息，但也不是一个全新的信息，"一个企业""一个国家"是类指性成分，是"经济竞争"的主体，"药效"也是"中成药"知识框架内的成分，听话人很容易根据知识推导出来。"就……来说"重在表示论证的起点

或某一方面。有时，还会有对比性话题并列出现。如：

(27) 地方同志对中央部门提了不少**意见**，也有很尖锐的，但毕竟是从一个角度，从那个省，那个市，那件事，那个问题考虑的，**就那个问题的本身来说**，无可厚非，可能是很对的，**但是从全局来说**，有可能办不到。（《邓小平文选》）

例（27）"那个问题的本身"和"全局"都是与"意见"相关的成分，二者作为正反两方面提出，听者很容易根据语境推知，可及度高，后续部分分别对这两方面进行论证，"本身"和"全局"可以看成是"意见"框架内的话题。

2.3 指称与情态

狭义的话题标记通常是指加在话题前或后体现话题功能的语言形式手段，在语法上属于形态或附属性虚词。徐烈炯、刘丹青（1998）把话题标记分为专用和兼用两种类型，"所谓专用，就是该标记的作用就是表明所附着的实词性成分是句子的话题成分；所谓兼用，就是该标记在表示其他语义或话语功能的同时，可能兼有表示话题的作用"。"就、就是、就说"除具有引入话题的功能外，还有强烈的现场直指性和负面评价性[2]。

话题与指称性有密切的关系，但关于话题的指称特点，学界有不同的看法。Li & Thompson（1976）把有定作为话题的必有特征，具有限定作用的"就是、就说"后必须接定指性成分，而"定指"（definiteness）根本是一个直指概念。因此，话题标记也是话语直指符，其功能也是将所标示的词语与先前话语中提及的某个成分联系起来（Levinson, 1983:88），而"就是、就说"将一个不在当前状态的话题激活或将背景信息激活的语篇互动功能要求其后的定指成分具有直指性。Lyons（1977:638）、沈家煊（2021）都曾指出，直指总是以自我为中心（ego-centric），即以言说者自身为默认的锚定点，具有话语依赖和言者依赖性，"就是、就说"后常常与表达现场指涉的非类指词语搭配，如近指代词"这"、构筑现场效应的"咱"、交互主观性人称"你"或者"专名呼语"、限制性的特指修饰语等。将所指称的新事物呼唤到现场，期待听者与言者自己共同参与话题的讨论，激活双方共享的信息，并使听说双方产生共情。如：

(28) 还有些您做梦都想不到的，比方说，如何煎鸡蛋、比萨饼。就说**这个煎鸡蛋吧**，一个人有一个人的口味，有喜欢全熟的、有喜欢半熟的。（《第一时间》2008-1-12）

(29) 马未都：所以黄花梨就在西方人的眼中大大的优于紫檀，是这个原因。

　　窦文涛：**咱**就说**中国讲究**，中国工匠能发挥一个材料叫材质之美，你看它这个紫檀好不容易得到这块儿木材，它没有给你雕满地都是花，似乎他认为这个木头的本身的材质就是可以审美的，也看不出什么花纹。（《锵锵三人行》2009-7-29）

"就说""咱就说"是说话人将在范围之内的例子列举出来，这里"咱就说"用"咱"

把对方拉进自己的立场，期待听话者接受自身观点。再如：

（30）许子东：我说纪校长讲真话，改革不是一点的问题，是个全盘的问题。

窦文涛：<u>你就说讲真话的这个事</u>，好比咱们不说教授什么人格矮化，<u>咱就说干</u><u>我们这行的</u>，你想我干这个十几年，我觉得对于所谓的说真话，我经历了一个什么过程呢？从无奈到无所谓的过程。（《锵锵三人行》2010-03-12）

既然"就是、就说"引出的话题具有说话人现场指称的特点，那么就会带有说话人主观痕迹的情态。Keenan & Schiefffelin（1976）强调"篇章话题"与"句子话题"的区别，篇章话题预设了一个命题，说明是由命题引发的，是对命题的评说。强星娜（2013）认为"就"后NP里大多包涵了另一个"次级述谓（secondary predication）"，这个"次级述谓"在语义属性上是预设的（presupposed），后续句常为祈使句、反问句，或常出现"偏、也、还、就、都"等副词的单用或叠用。这样，"就说、就是"引出话题的句子就形成"不该X，但实际却X"的语用含义，这也就是言者为什么"就拿话题进行说事"的原因，言者叙述了一个与自身认知相反的新信息，与听者构建情理关联的联盟，表达了反预期的意外情绪，而反预期通常传递了言者的负面评价立场。这也证明了"就、就是"引入话题的现场直指的特点，即该负面评价仅仅代表言者自身在言谈当下的观点，不具有大众团体的规约性。如：

（31）这不是成心气我嘛？<u>就他那两笔狗爬似的字儿啊</u>，还要抢圆了写，我闭着眼写得比他强。（《编辑部的故事》）

（32）"你拉倒吧你！"夏经平不屑地一挥手，"<u>就你这种饲养方针</u>，谁敢把牲口交给你除非不想要了。"（王朔《我是你爸爸》）

（33）好啊！我考你四个眼面前的字儿，你一个全不认识，<u>就你这学问啊</u>，也敢来教书，这不是误人子弟吗？得了，一年白教，我一个子儿也不给，送行宴你也没脸吃了，明早晨我也不套车送了，你现在就给我走吧！（《中国传统相声大会》）

例（31）-（33）分别传递了"字不应该写的像狗爬一样""饲养方针应该科学合理""教书应该有学问"的预期，但是现实却"事与愿违"，传递了言者对反预期事实的负面评价。"就"常与表达惊讶的语气词"啊"搭配，表达言者的意外语气。

"就说"也常与语气词"吧""嘛"相配合引导话题并请听者关注话题，整体上表达了言者祈请、商量的语气。如：

（34）a.<u>就说宫殿吧</u>，也只需要一根大梁，其余的不也就是些椽子和砖瓦么。

b.当头头的，谁好谁不好，老百姓看得最清楚，<u>就说孙省长吧</u>，那可是个实实在在的领导。

c.<u>就说验票吧</u>，临下车你认认真真地验票，就专有不和你配合的！

b.<u>就说吃吧</u>，平时的餐桌与过年已没有本质差别。

e.<u>就说为了赚钱吧</u>，这在北方的知识分子看来是耻辱的行为，在这里却很正常。

另外，"就、就是、就是说"还可以表达容忍让步、肯定确信、提醒解说的主观性和交互主观性功能[3]，这些功能也常与言说义有关，即以行为来隐喻言论，传递"放下……不说了""坚持说""一定是说""值得一提的是""也就是说"等。

（35）当地大片木质结构的房屋仍然浸泡在水中，水深足有两米多。<u>就是孩子上学</u>，也得先用一个塑料盆摆个渡，划上六七米的水才能上岸。（《新闻联播》2011-10-30）

（36）梁文道：没错，许老师证明了一个科学研究，就真是有调查的，男人，自信心，出门的自信心，40%在头发上。

窦文涛：<u>就是一个男人</u>，出门之前，他觉得每个头发丝都很重要，对嘛。（《锵锵三人行》2009-04-28）

例（35）表达了言者的容忍让步的态度，放下"房屋仍然浸泡在水里"不说，转而说"孩子上学"的困难。例（36）"就是一个男人"是对前面论述的补充说明。言者确信自己理解了上一话轮听话者意图。

而"就……来说"引出的话题常常是类指性的属性概念，说话人对存在的某一范畴进行论证，该结构不带事件谓语（刘丹青，2002），是对客观事实的论述，较少体现说话人的情感，主观性相对较弱。如：

（37）<u>就她个人</u>而言，这一步令她迈进了一个新生的行业。（1994年报刊精选）

三 副源话题标记"就"的会话特征

副词来源的话题标记"就"主要用于口语语体。在口语语体中，"不是句子拥有话题，而是说话者拥有话题"（Morgan，1975）。话题是由会话双方在具体互动时空中共同协商构建的联合背景注意的中心（完权，2021）。在互动中"就"引出的话题常常表现为说话人视角，是"说话人对客观情状的观察角度，或是对客观情状加以叙说的出发点"（沈家煊，2001）。我们发现，话题标记"就"在口语中，表现出一系列会话互动特征。

3.1 话题即是说明

沈家煊（2019）对汉语的主谓关系进行了深刻的反思，印欧语法以主谓结构为主干，主谓结构是以续为主，续中有对；汉语语法是以对言格式为主干，对言格式是以对为本，对而有续。主谓接续关系来自对话的问答应对。以对言语法的眼光，由于竖向对话的横向相续是形成对言格式的本质，因此对言格式不光有主谓框架中的直接成分对，一定还包含其他言辞对，不光单句，甚至超越单句。对言语法认识到汉语的句子是"用句"（utterance），所谓的中式主谓其实就是"起说-续说（引发语-回应语）"的指语对。"就"引导话题，

充分体现了对言的特点。例如：

（38）就你，还想赢啊！（BCC语料库）

例（38）"就你"和"还想赢啊"前后对称，是话题-说明（起说-续说）的关系。反问的形式"就+话题？"还可单独做话轮，对上面的话轮进行确认。如对（38）重新排列如下：

（39）A.我准备打赢那场比赛。

B.就你？

在对话中，"起说和续说"可以"引发语-应答语"的形式出现，"就"引出的话题单独作为话轮，回答问句中需要被说明的对象，继而引发下一话轮的话题。正如沈家煊先生所说"任何话题都是引发的反应或说明，任何说明都是实际或潜在的话题"（沈家煊，1989）。如：

（40）郝林海：我们要到2020年共同实现小康，实现小康，我们的规划的指标是平均数，但是我们不能光看平均数。

记者：就是平均收入？

郝林海：对，那只是一个表象，很多不说明问题的。如果我们贫困的山区，还有相当的一个群体是极端贫困的，那我们这个小康是说不过去的，是要打引号的。（《新闻调查》2011-11-05）

例（40）"就是平均收入"是言者对听者所述情况的确认，同时也以问句的形式引发听者回应，听者的回应其实也是对"平均收入"这一话题的说明。

实际上，问者不仅能够预测答者的回答，而且能够就答者的回答作进一步的反馈，使得答者的话轮兼具应答和引发的双重作用（沈家煊1989）。汉语还特多"链式话题结构"，连续出现的话题结构中，后一个话题结构的话题与前一个话题结构的述题相同（董秀芳，2012）。在这里，"就"引出的话题承接了上一话轮的说明。如：

（41）刘锦秀：他们单位当时有值班，他就把同事的班都值了，他就长期就住在单位里，后来也是因为他的这种坚决，也感动了我，后来就。

主持人：就有情人终成眷属了是不是？

刘锦秀：对。就结婚嘛，怎么也得上十万元钱，他们家出7万，我们家也得出3万，但是我当时就跟他和他们家人这样讲的，我们家3万我出，等我赚到钱了咱们再结婚。（《乡约》2012-12-25）

（42）主持人：你就小学文凭啊？

发明家：就是上了三个一年级。

主持人：就三个一年级相当于博士了是吧。（《乡约》2012-09-06）

观察例（41）和例（42）发现，"就结婚嘛"和"就三个一年级"都是对上一话轮中听话者说明部分的接续。

3.2 序列组织功能

副源"就"在口语对话中表现出多种序列组织功能，如建立话题、回溯话题、追补话题、接续（推断）话题、转换（对比）话题等，它们的分布受到互动交际环境的影响，这种互动言谈现场的话题功能与"就"引发话题的直指性特征紧密相关。

3.2.1 联合注意

言者为了开启一个新的情节，把听者带入所指称的话题情景中，用"就、就说、就是、就是说"等来提请听者注意所要言说的内容，使听者更加直观地感受将被说明的对象。联合注意的中心转入共同的背景注意（background attention）（Talmy 2007），即"把某个对象拉到现场进行谈论"，激活言者头脑中本身存储的知识背景，提示听者与自己共同参与讨论。前文所谈到的现场直指和负面评价的情态特征重点涉及了这一部分内容，此处不再赘述。

3.2.2 追补回温

在实际语言交际中还存在"说明—话题"序列。Chafe（1976）称为"反话题"（antitopics）。"就"在口语中常常会追补一个话题，用来强调叙述事件的指称对象；或者修正自己的交际方式，提示、调动听者的知识储备，寻求听者对叙述内容的认同，这与"就是"的解说功能相关联（张谊生，2000）。Gundel（1988）认为，反话题符合"重要信息先说"原则，即新信息先于旧信息。如：

（43）查建英：是完人哪，就是到今天为止，你问所有就是认识梅兰芳的人，几乎听不到半句说他不好，那么就可以想见这样，我那天在三联看见一个细节嘛，就是说梅兰芳在他家里吊嗓子，练嗓子，有一个瓮，他每天早上对着这个瓮练嗓子。

窦文涛：你说他这样一个人，他这辈子，他会不会觉得自己太累了，他到底是过的比较舒服，算是这一辈子觉得挺平安过去了，还是个什么感觉呢？就梅兰芳。

严歌苓：我觉得他应该是活得还是比较满足的吧，虽然很累，但是我觉得他还是比较满足的。（《锵锵三人行》2009.1.16）

例（43）言者补充说明所叙述的对象是"梅兰芳"。这说明言者更想突出自己对"梅兰芳"的评述，但说到尾部突然想起来怕听者不知道自己说的是谁，因为前面一直都用"他"，而且比较长，这是一个重新提及、回溯话题，起到给话题回温、提升激活度的作用，同时也启示听话者就这一话题继续论述。

3.2.3 话题包孕

在序列交际中还存在"承接对方的言谈对象继续说"的话题转换情况。在回应话轮首，"就"引导的话题接续前话题相关联的子话题继续言说，或者对前一话题进行推论性的续说。如：

（44）陈丹青：用政府行为完成的，在语言问题上就是像法律那样，就是制订了什么语言可以用，什么语言不可以用。这个非常厉害。

陈文涛：<u>就本来就是我觉得语言呐，</u>好像是个挺自然的一个现象嘛，它自己蔓延有它自己生成发展的一个规律。

陈丹青：对，对。

陈文涛：<u>就说这个繁体字它奥妙无穷了，</u>它里面含有很多中华民族文明的密码，比如说一个"国"字，国家的"国"字。

例（44）中话题"繁体字"接续了前一话题"语言"进行言说，是"语言"这一大话题的子话题。

3.2.4 旧话重提

在回应话轮首还会出现言者针对上一话题的转换，这与"就是"的转折功能相关联（张谊生，2002）。廖秋忠（1986）认为转接成分表示言者进入了一个新的话题，即放下上一话轮的话题，即"不提……就说……"，转而回溯的事物，提示听者"聚焦"于之前话题的新的动态，即"旧瓶换新酒"继续言说，如：

（45）吕争鸣：对，一、二号线现在改造起来非常难。我们一些新线，包括五号线，考虑到了无障碍设施，但是还有一些不完善。比如说车厢和地面有一些高差，缝隙也比较大，这样就容易出现一些危险，上下可能就不太方便。

张锋：设计问题归根到底还是理念的问题，这一点非常重要的。

宋慰祖：的确从设计的角度上来讲，老旧小区因为过去在它的设计起点上，就没有考虑这方面的问题，所以在楼的整个建筑的整体结构和它的环境的空间上面，很多地方没有预留位置。

张锋：<u>别说是老旧小区了，就是咱们刚刚说到五号线地铁，</u>这还是最近几年设计施工使用的，也会有这样的一些瑕疵。（《城市零距离》2008-07-05）

在几轮对话后，言者跳出当前的话题框架"老旧小区"，用"就"诱导对方追溯之前序列中相关联的话题"五号线地铁"，从另一个角度说，也终止了当前话题的延续，言者间接实施了对话题的控制力。话题由所有参与者共同维护持续性（persistence）。话题进入背景注意后，就一直持续存在，可以适时回溯（Geluykens 1993，完权2021），即表达"话又说回来了"的语用含义。再如：

（46）宋晓军：进入现代化了，进入工业化社会了，那他怎么就，<u>就这个妇女就，工</u>

业化的象征就是说她先把脚露出来了。

窦文涛：你可以看看这个照片，咱们这个晓军拿来的。这是早期的大概是1912年左右的这样的瓶子。

窦文涛：你说那个时候，街上女的真的就穿成这样。

查建英：没有线条女，也没有肌肉男，怎么都是一些文弱书生，你知道？

窦文涛：是。

查建英：这个东方呢，含蓄。

窦文涛：就你刚才说的这个脚啊，对。他这个古代的这个春宫，它是个特殊的类型。

宋晓军：对。这个就是你看那个小尖脚没有？就是身材也不敢出线条，但是脚露出来一点点就。（《锵锵三人行》2009.01）

例（46）话题一直在讨论妇女含蓄的问题，之后，"窦文涛"把话题引到之前"宋晓军"提到的"脚"的问题继续讨论。

需要说明的是，引入叙述话题、接续框架话题、表达主观情态、具有口语语体特征的"就"隐含了强调、确认的语气，在判断动词"是"前倾向于表达强调语气，"就"用在"是"前加强指示作用（江蓝生、曹广顺1997），具有话题前景化、提示修正话题、明示话题等功能，"就"还可以在言说动词前对将要叙述的内容进行确认，是说话人随手拿过一个例子来说事，突出事例性，常与语气词"吧"共现，更具有主观随意性。相比于"就是说"，弱化了焦点强调和提醒注意的功能，而强化了对行为事件的指称功能，更具有话题的叙述性、框架性、情态性特征。

四 结语及余论

口语中的话题标记的"就"来源于副词而不是介词。"就"来源不同，其作为话题标记的功能也有所不同：副词来源的话题标记"就"引出的可以是叙述性话题，也可以是论证性话题，而介词来源的话题标记"就"引出的是论证性的话题；副词来源的"就"后面多是事例话题，而介词来源的"就"后面多是框架话题；副词来源的"就"除具有引入话题的功能外，还有强烈的现场直指性和负面评价性，而介词来源的"就"则没有这种主观性；副词来源的"就"主要用于口语，在会话中有一系列互动表现。

确立话题的"就是、就说"应该是由"强调副词+是/说"组成的"就是、就说"演化而来的，我们看下面这几个例子：

（47）现在要说的就是稿费的事，作家也是长了一个胃的，必须吃饭，他又只会写文章，就靠出卖文章给他换稿费吃饭，养活自己。可是写作付出的劳动量大，换来稿费很少，是很不公平的。（徐迟《文饭小品》））

（48）明说了吧，我说的就是你们房里的小四儿，大少奶奶拿她当亲生女儿一般地养着，大少奶奶腰缠万贯的时候，儿是儿，娘是娘地过着，眼看着家境败了，人家可就心活了。……（林希《小的儿》）

"就是"是表示肯定判断，同时，"稿费的事"和"小四儿"（从语用上来说）是后面部分要谈论的话题，是下文谈论的对象；例（47）这句说的就是"稿费的事"，例（48）这段说的就是"小四儿"，只不过其中出现了"现在要说的"和"我说的"之类的成分，而例（1）-（4）出于语用的需要而没有出现类似成分,由于前面的成分不出现，"就（是）"轻读，它就从一个表示肯定判断的成分虚化为一个话语标记，其作用就是确立话题。

清末民初，"就说"做话题标记的用法开始出现。

（49）就说这段倒插笔，要是实写，真得五天，浪费笔墨，没有什么意思，如今借谅之口中自叙，所为省点手续。（《花甲姻缘》）

（50）就说现在本处，谁比的了丁府上？（《裤缎眼》）

（51）好，这些咱们暂且不提，就说杀叛贼吧，要杀也是楚王杀，也轮不到你杀并没有叛你呀。（《传统相声》）

现代汉语口语中，这样的用法更普遍了。

（52）世界上，不，就说一个学校吧，哪能都是明白人呢。（老舍《大悲寺外》）

（53）就说这次，要是你一开始就按我说的去做，不跟我拧着，谈话就能解决的我何必要动手?当然，我打得手是重了点，不应该。（王朔《我是你爸爸》）

"就"的确定、强调用法是"就"顺承、条件用法的发展，话题标记用法是确定、强调在言域的引申。其语法化过程为,

就：

确定、强调事实>确立话题

（知域）>（言域）

从确定事实到确定言谈对象的范围。是从知域到言域的操作，是隐喻的结果。"就"话题标记用法是副词在言域引申的结果。

总之，副词也是话题标记的一个重要的来源，用于口语中的话题标记"就"是从副词"就"的确认、强调用法发展而来的。不同语体的话题标记不仅来源不同，其功能也有差异。基于语体的话题标记的研究值得进一步讨论。

附注

[1] Gasde（1999）提出话题可以分为关涉型话题和框架设置型话题，关涉型话题来自小句论元结构内部，通过移位形成表层形式，关涉话题总能在其后的述题中找到与之同指的复指成分或空位语迹；框架设置型话题与汉语式话题相似，主要是为后面的述题提供一个时间、空间或个体等方面的话题

框架，表明后面述题所陈述的事物或命题在该话题所设置的框架内有效。

[2] Zupnik（1994: 340）认为，直指（deictic reference/deixis）是"语用现象"，对直指的解释需考虑语言的结构和直指词所处语境之间的关系。陈平（2012: 104）认为，所谓直指，是语言的基本语义属性之一，发话人以自我为中心，在人称、时间和地点上为其他物体和时间定位。

[3] 陆丙甫（1984）认为"就"有限制主观选择范围，强调主观态度的"说一不二、坚决、不必多劝说"或者"随便它去，宽容，不必多追究"，或者"显然如此，确定，不必多怀疑"等功能。

参考文献

曹广顺 1987 试说"就"和"快"在宋代的使用及有关的断代问题，《中国语文》第 4 期。

陈 平 2012 话语分析与语义研究，《当代修辞学》第 4 期。

董秀芳 2012 话题标记来源补议，《古汉语研究》第 3 期。

方 梅 2000 自然口语中弱化连词的话语标记功能，《中国语文》第 5 期。

方 梅 2019 汉语篇章语法研究，北京：社会科学文献出版社出版。

江蓝生、曹广顺 1997 《唐五代语言学词典》，上海：上海教育出版社。

江蓝生 2004 跨层非短语结构"的话"的词汇化，《中国语文》第 5 期。

李晋霞、刘云 2018 叙事语篇与论证语篇的体貌差异，《当代修辞学》第 2 期。

廖秋忠 1986 现代汉语篇章中的指同表达，《中国语文》第 2 期。

刘丹青、徐烈炯 1998 焦点与背景、话题及汉语"连"字句，《中国语文》第 4 期。

刘丹青 2002 汉语类指成分的语义属性和句法属性，《中国语文》第 3 期。

刘丹青 2004 话题标记从何而来？——语法化中的共性与个性，石锋、沈钟伟编，《乐在其中——王士元教授七十华诞庆祝文集》，天津：南开大学出版社。

刘坚、曹广顺、吴福祥 1995 论诱发汉语词汇语法化的若干因素，《中国语文》第 3 期。

陆丙甫 1984 副词"就"的义项分合问题，《汉语学习》第 1 期。

陆丙甫 2003 试论"周遍性"成分的状语性，载徐烈炯、刘丹青主编《话题与焦点新论》，上海：上海教育出版社。

吕叔湘 1942 中国文法要略，北京：商务印书馆。

马贝加 1997 介词"就"的产生及其意义，《语文研究》第 4 期。

马欣华、常敬宇 1980 谈"就"，《语言教学与研究》第 2 期。

强星娜 2013 作为有标记话题结构的一种"就"字句——兼与"连"字句、"像"字句比较，《语言教学与研究》第 2 期。

屈承熹 2006 《汉语篇章语法》，潘文国等译，北京：北京语言大学出版社。

沈家煊 1989 不加说明的话题——从"对答"看"话题—说明"，《中国语文》第 5 期。

沈家煊 1998 实词虚化的机制，《当代语言学》第 3 期。

沈家煊 2001 语言的"主观性"和"主观化"，《外语教学与研究》第 4 期。

沈家煊 2012 零句和流水句，《中国语文》第 5 期。

沈家煊 2019 说四言格，《世界汉语教学》第 3 期。

沈家煊 2021 名词"时体态"标记理论挑战和应对方略——兼论汉语"了"的定性，《当代语言学》第 4 期

史金生 1994 试论汉语主题的陈述性——从一种副名组合谈起，《解放军外国语学院学报》第 2 期。

史金生、胡晓萍 2013 "就是"的话语标记功能及其语法化，《汉语学习》第 4 期。

司罗红 2013 口语中的前置性话题标记"就"，《中国语文》第 6 期。

太田辰夫 1958 中国话历时文法（中译本），北京：北京大学出版社。

完 权 2021 话题的互动性——以口语对话语料为例，《语言教学与研究》第 5 期。

王 锳 1992 古代诗文中"就"的介词用法，《中国语文》第 3 期。

解惠全 1987 谈实词的虚化，《语言学论丛第四辑》，天津：南开大学出版社。

邢福义 1962 关于副词修饰名词，《中国语文》第 5 期。

徐起起、祝亚雄 2021 直指的概念、功能和应用，《当代语言学》第 1 期。

徐烈炯、刘丹青 1998 《话题的结构与功能》，上海：上海教育出版社。

徐烈炯、刘丹青 2003 《话题与焦点新论》，上海：上海教育出版社。

张伯江 2007 语体差异和语法规律，《修辞学习》第 2 期。

张美兰、陈思羽 2006 清末民初北京口语中的话题标记——以 100 多年前几部域外汉语教材为例，《世界汉语教学》第 2 期。

张新华 2021 副词"就"的话题焦点功能研究，《语言研究集刊》第 1 期。

张谊生 2000 《现代汉语副词研究》，上海：学林出版社。

张谊生 2002 "就是"的篇章衔接功能及其语法化历程，《世界汉语教学》第 3 期。

赵元任 1996/1968 《中国话的文法》，丁邦新译，"中国现代学术经典"《赵元任卷》，石家庄：河北教育出版社。

Biq, Y. O. (1988). From focus in proposition to focus in speech situation: cai and jiuin Mandarin Chinese. Journal of Chinese Linguistics 16,72-108.

Bybee, Joan L. and Hopper Paul (eds.) (2001). Introduction to frequency and the emergence of linguistic structure. Frequency and the Emergence of Linguistic Structure. Amsterdam: John Ben jamins.

Chafe W. (1976). Givenness contrastiveness definiteness subjects topics and points ofview. In C. Li (ed.) Subjectand Topic 25-55. New York: Academic Press.

Chafe, Wallace L. (1976). Givenness, contrastiveness, definiteness, subjects, topics and point of view.In Charles N.Li, ed. Pp. 457-98.

Chao, Yuen Ren (赵元任) (1968/1979). *A Grammar of Spoken Chinese.* Berkeley: University of California. 吕叔湘译《汉语口语语法》，商务印书馆，1979。

Fox, Barbara A., Sandra A. Thompson, Cecillia E. Ford and Elizabeth Couper-Kuhlen (2013). Conversation analysis and linguistics. In Jack Sidnell and Tanya Stivers (eds.), The Handbook of Conversation Analysis, 726 – 740.Chichester: Blackwell Publishing Ltd.

Gasde, Horst-dieter(1999). Are there "Topic-prominence" and "Subject- prominence" along the lines of Li &Thompson (1976). In: Konstan, paper of the 21st Annual meeting of the German Linguistic Society.

Geluykens, Ronald(1993). Topic introduction in English conversation.Transactions of the Philological Society91(2):181-214.

Givón, Talmy (1995). Functionalism and Grammar. Amsterdam: John Benjamins.

Givón, Talmy (ed.) (1983). *Topic Continuity in Discourse: A Quantitative Cross-language Study.* Amsterdam: John Benjamins.

Gundel J. K. (1988). Universal of topic-comment structure. In Hammond M. Moravcsik E. A. and J. R. Wirth (eds.) Studies in Syntactic Typology 209-242. Amsterdam: John Benjamins Publishing Company.

Heine, Bernd (2013). On discourse markers: Grammaticalization, pragmaticalization, or something else? Linguistics 51(6): 1205-1247.

Hopper, Paul (1987). Emergent grammar. Berkeley Linguistic Society 13:139-157.

Keenan, E. O., & Schieffelin, B. (1976). *Topic as a discourse notion: a study of topic in the conversation of children and adults.* New York: Academic Press.

Kellermann Kathy and Palomares Nicholas (2004). Topical Profiling: Emergent co-occurring and relationally defining topics in talk Journal of Language and Social Psychology Vol23 3:308-337.

Levinson, Stephen C (1983). *Pragmatics.* Cambridge: Cambridge University Press.

Li, Charles N. and Sandta A. Thompson(1976). *Subject and Topic: A New Typology,* New York: AcademicPress.

Lyons, John (1977). *Semantics*, Vol 2. Cambridge: Cambridge University Press.

Morgan, Jerry(1975). Some remarks on the nature of sentences. In Robin E. Grossman, L. James San & Timothy J.Vance (eds.) Papers from the Parasession on Functionalism, 433-449. Chicago: Chicago Linguistic Society.

Talmy, Leonard (2007). Attention phenomena. In Dirk Geeraerts & Hubert Cuyckens (eds.) The Oxford Handbook of Cognitive Linguistics. Oxford: Oxford University Press.

Van Dijk, Teun A. (1977). Sentence topic and discourse topic Papers in Slovic Philology 1 (1).

Zupnik, Y. A. (1994). Pragmatic Analysis of the Use of Personal Deixisin Political Discourse. Journal of Pragmatics.

（史金生 shijsh@aliyun.com　李静文 morongjing19@126.com）

The Source and Function of Spoken Topic Marker 'Jiu（就）'

SHI Jinsheng　LI Jingwen

Abstract: The topic marker 'jiu（就）' has two different sources: adverbs and prepositions. The sources of 'jiu（就）' are different, and its function as a topic marker is also different. The topic marker 'jiu（就）' from adverbs mainly leads to narrative topics, while the topic marker 'jiu（就）' from prepositions leads to demonstrative topics. The adverb source 'jiu（就）' is the case topic, while the preposition source 'jiu（就）' is the frame topic ; besides the function of introducing topics, the adverb 'jiu（就）' also has strong on-site directness and negative evaluation. The adverb 'jiu（就）' is mainly used in spoken language and shows a series of interactive features in conversation. This paper argues that the topic marker 'jiu（就）' is the result of the extension of adverbs in uttering.

Keywords: Topic marker; jiu（就）; pragmatic function; The extension of the domain of uttering

Contemporary Research in Modern Chinese No.25 (October 2023). pp.57-71

如愿副词"终于"的话语关联
与语义情态研究*

蔡洁芳（第一作者）　　赵春利（通讯作者）

中国　广州市信息技术职业学校　　中国　暨南大学文学院

摘要： 本文以语义语法（赵春利 2014）为理论基础，按照从逻辑关联到语义关联再到情态关联的由表及里的逻辑顺序，逐层提取副词"终于"的话语关联"历难成愿"及其满意情态。第一，从语义内涵、主观情态、句法分布和成词动因四个方面综述前人关于"终于"的研究成果，提出了话语关联缺乏系统、语义提取缺乏验证、情态内涵缺乏解释三点不足。第二，从形式层面论述"终于"句所处的"外层转折、内层因果"的逻辑关联。第三，从概念层面勾勒"终于"句所处的"意图受阻—经历磨难—达成所愿"的语义关联，并从句类句位、句子谓语、状位副词三个层面正反验证并定位副词"终于"的句法分布。第四，从认知层面揭示由"感知危难"到"态度坚决"再到"情感满意"的"终于"句情态关联，并据此提出"历难成愿"的话语关联。

关键词： 终于；话语关联；语义情态；历难成愿

一、前人关于副词"终于"的研究

"终于"是言语交际中使用频率比较高的副词，黎锦熙（1924/2007:146）是最早研究副词"终于"的学者，后来学者们主要围绕语义内涵、主观情态、句法分布和成词动因四个方面展开细致研究。

第一，在语义内涵上，黎锦熙（1924/2007:146）最早将"终于"的语义归入表示未来的时间副词，据此，吕叔湘（1980/1999:687）则从经历性、结果性和希望性三个方面比较全面地把"终于"语义界定为："表示经过较长过程最后出现某种结果，较多用于希望达到的结果"，为后来的学术研究开启了"终于"的客观的历时性、逻辑的结果性和主观的

---

* 《现代中国语研究》编委鲁晓琨教授、雷桂林副教授给本文提出了宝贵的修改意见和建议，谨致谢忱，谬误之处由作者承担。

希望性三个方向，逐渐成为学术界的主流观点（陆俭明、马真 1985:99；杨德峰 1999：19；杨荣祥 1999:62；张谊生 2014:21；邵敬敏 2017:5-8；杨佳颖 2021:73；颜刚 2021:5 等），为后来副词"终于"的逻辑关联、语义关联的研究奠定了基础，指明了方向。

第二，在主观情态上，吕叔湘（1980/1999:687）最早提出了主观希望说，而金文明（2001:30）和赵运普（2002:33）则从主观消极角度指出副词"终于"还可以表示事物变化的负面结局或逻辑事理的必然性。后来，洪灿（2018:53）认为"终于"既可以表达积极情感，也可以表达惋惜的消极情感。可以说，关于副词"终于"的主观情态，学者们还存在诸多争议。从方法论角度说，如何验证并解释其主观情态是当务之急。

第三，在句法分布上，前人主要围绕句法位置、句类选择和同现成分三个方面展开。在句法位置上，黄云峰（2010:33）认为"终于"作状语，分布于句中、句首以及谓语后接的宾语小句中。在句类选择上，闫晓萌（2018:32-37）认为"终于"只可分布于陈述句和感叹句中，而黄云峰（2010:34）、肖萌（2018:73）则提出大多分布在陈述句中，少数情况下可用于疑问句、感叹句中。可见，分歧在于是否能分布于疑问句中。在同现成分上，学者们的主要观点为"终于"与双音节动词、表示状态变化的形容词搭配使用（吕叔湘 1980/1999:687；北京大学中文系 1955/1957 级语言班编 1982:561 等）。此外，黄云峰（2010:53）还集中论述了"终于"与其他语气副词、语气词、动态助词等选择情况。可以说，前人对"终于"的句法分布考察的比较全面细致，但并没有把句法分布与其话语关联结合起来。

第四，在成词动因上，目前有三种观点：一是宋代成词说（刘红妮（2010:25；张彧彧 2012:36），并从去范畴化和介词"于"的并入来解释动因；二是清代成词说（王美华、叶壬华 2008:132；饶琪、牛利 2014:63）并通过重新分析和多元整合解释动因（饶琪、牛利 2014:71），易正中、王立杰（2014:88）则综合各种"句法环境改变、语义虚化、使用频率增加、双音化趋势和重新分析"解释动因；三是魏晋南北朝成词说（朱福妹、马贝加 2017:88）并根据句位变化、词义演变和词汇双音化解释动因。副词"终于"究竟成词于什么年代，应该以现代汉语副词"终于"的话语关联和句法分布为基点来确定成词年代，才会有说服力。

总体而言，前人的研究深化了对"终于"的认知，但仍存在三点不足：话语关联缺乏系统、语义提取缺乏验证、情态内涵缺乏解释。句子与句子连接所形成的话语关联既是还原并呈现副词"应用"本真状态的一面镜子，也是准确理解和验证副词语义的一把钥匙（吴婷燕、赵春利，2018:360）。据此，本文从宏观的话语关联入手，基于逻辑、语义和情态等层次，揭示"终于"句的话语关联，进而提取并验证"终于"的语义情态。

二、基于形式的"终于"句逻辑关联

连词是逻辑层次关系的形式标记，是显示句子之间逻辑层次的最直接方式（赵春利、

何凡，2020:369)。据 CCL 语料库调查，结合"终于"所选择的连词关系类型、分布位置等，"终于"句的逻辑层次分为"外层转折关系"和"内层因果关系"，可概括为"外转折、内因果"，如图 1 所示。

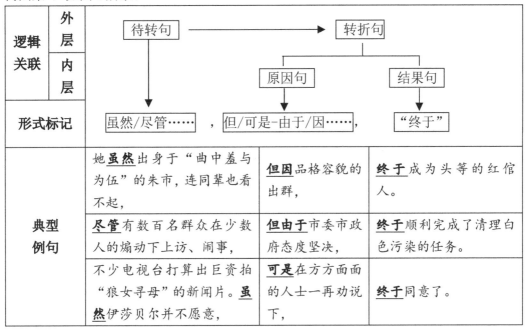

逻辑关联	外层	待转句 → 转折句		
	内层		原因句	结果句
形式标记		虽然/尽管…… ，	但/可是-由于/因……，	"终于"
典型例句		她**虽然**出身于"曲中羞与为伍"的朱市，连同辈也看不起，	**但因**品格容貌的出群，	**终于**成为头等的红倌人。
		尽管有数百名群众在少数人的煽动下上访、闹事，	**但由于**市委市政府态度坚决，	**终于**顺利完成了清理白色污染的任务。
		不少电视台打算出巨资拍"狼女寻母"的新闻片。**虽然**伊莎贝尔并不愿意，	**可是**在方方面面的人士一再劝说下，	**终于**同意了。

图 1 副词"终于"的逻辑关联

在外转折内因果的逻辑层次中，"终于"通常处于内层因果句的结果句上（吕叔湘 1980/1999:687），下面我们将按照由外到内的顺序，详细探讨"终于"句的外层转折和内层因果关系，并进行形式验证。

（一）"终于"句的外层转折关系

从外层逻辑形式来看，不仅待转句中经常出现了"虽、虽然、虽说、尽管、即使"等表示待转复句的连词标记（1），而且转折句所包含的原因句中常出现"但是、然而、却、反而、不过"等转折连词（2）。这可以从形式上验证"终于"句外层的转折关系，如：

（1）a.他**虽**未受科班的严格训练，**但**经过刻苦自学，认真实践，博采众长，融会贯通，**终于**成名。

　　 b.**尽管**他发出的"光"还不那么夺目，**但**他**却**锲而不舍，**终于**在今年一系列可以"发光"的日子里，把握住了机遇。

（2）a.玛丽在创业之初，也历经失败，走了不少弯路。**然而**，她不灰心，不泄气，亡羊补牢，**终于**成为一名大器晚成的化妆品行业的"皇后"。

　　 b.福泽论吉是日本江户时代的学者，某次到横滨观光中，发现横滨地区相当流行英语，而自己竟然对英语一无所知，**但是**他并不因此而气馁退缩，**反而**把握这个机会，努力地学习西方各种学问，**终于**成为大学者。

（二）"终于"句的内层因果关系

从外层来看，待转句与原因句构成外层的转折关系，因为，转折标记"可是、但是、但、然而"等总是位于原因标记"因为、由于、为了"的前面（3）；从内层来看，原因句与"终于"结果句构成内层因果连词，二者的连词标记主要为"因为/因……，所以……"（3a）"由于/为了/为……，……"（3b）"……，所以/因此/因而……"（3c）等实因实果成分，如：

（3）a. 洛殿为这事被抓进了监狱。**可是因为**抓不住证据，又有许多朋友到处托人替洛殿说情，**所以终于**被释放出来。

b. 项目在研制过程中，遇到了计划调整、资金紧缺、技术复杂等许多困难，**但由于**全体职工坚持艰苦奋斗、刻苦攻关，**终于**保证了研制进度。

c. 华侨刚到日本时是赤手空拳，创业艰难。多数人靠的是三把刀——厨刀、剪刀和剃刀，**但**他们都能吃苦，勤俭，彼此团结互助，**因此终于**在异国土地上安家立业，扎下根来。

即使原因句与"终于"结果句没有因果关系的连词形式标记，也可通过在添加因果标记的方式证明"终于"逻辑关联的内层因果关系，如（4）：

（4）a. 开始，大家心中没有底。然而，公司没有退路。【因为】巨大的压力变成了动力，【所以】国产化工作**终于**有了转机。

b. 初上讲武堂吕正操学习有些吃力，因为他只念过三年多小学，但【由于】他想尽办法，努力补课，【因此】**终于**赶上去。

除了连词之外，原因句与"终于"结果句的因果关系还有两种验证方式：一是表示动作先后的篇章衔接词"就这样、这样"，它们可用于连接"过程—结局"和"起因—结果"两种逻辑关系的句子或语段（李宗江 2015:9），这类谓词修饰语具有篇章衔接作用，显示语篇的顺承关系（5a）；一是结尾义时间词"最后、后来、末了、结尾"等引入事件结果（5b）：

（5）a. 为了参加这次比赛，李金豹在 301 医院进行了半个月的治疗，每天都要忍受常人难以忍受的痛苦……**就这样**他边治疗边训练，**终于**在这次大赛中取得好成绩。

b. 这是一项风险性很大的决策，以往无人敢问津。徐福根经过长达 3 个月的细致调查，又经专家的试验，**最后终于**得到了可靠的答案。

从反面看，"终于"句不能分布于假设句、条件句等复句关系（6a/b）；也无法进入"即使……也……、无论……都……、宁可……也……、……要不然……"等转折关系（6c/d）。

（6）a. ***假如**幸福不能在人间兑现，它【终于】就是不完美的和虚幻的。

b. ***只有**努力学习，你**才**【终于】能考上大学。

c. *中国人**即使**信奉宗教，**也**【终于】是有哲学意味的。

d. *老农说，幸亏有这条"三面光"渠道，**要不然**稻都【**终于**】要晒死了。

但是，是不是任何一个因果复句的结果句都可以不受限制地插入副词"终于"呢？并非如此，如（7），这说明"终于"不仅受制于逻辑关联"外转折内因果"的限制，而且还受到其他因素的制约。

（7）a. *因为刮北风，**所以**【**终于**】很冷。

b. *因为货物价格便宜，**所以**【**终于**】很有市场。

三、基于概念的"终于"句语义关联

"外转折内因果"的逻辑关联只是使用"终于"句的必要条件，根据 CCL 调查，"终于"句还受制于语义关联"意图受阻—经历磨难—达成所愿"。

（一）待转句表达的意图受阻义

从概念上看，待转句的语义功能是表达主体原有意图受阻而陷于困境，由两部分内容组成，分别为主体意图与受阻困境。

第一，主体意图指行为主体最初的预期或某一愿望，形式标记主要为"向往、渴望、盼"等意愿义心理动词（8a）、"打算、决定、建议"等规划义心理动词（8b）、"立志、相信、认定"等信念义心理动词（8c）、"进军好莱坞、演出排练、建造轻质吊桥、编制地图"等表现主体意向的自主行为短语（8d）：

（8）a. 新疆绿洲点点，是唐僧取经涉足的地方，我**向往**已久……1978 年我**终于**访问了乌鲁木齐、吐鲁番、库车、阿克苏、喀什、和田。

b. 他**决定**送婷婷到正常小学读一年级，经过多方努力，愿望**终于**实现了。

c. 相传，居住在西域地区的裕固族先民**立志**迁徙到生长着红柳、河柳的地方去。他们历经艰险，长途跋涉……最后**终于**到达了目的地。

d. 在上世纪 90 年代，他**进军**美国好莱坞……在 1997 年**终于**拍出一部具有个人风格、叫好又叫座的电影《夺面双雄》。

第二，受阻困境指主体在预期实现过程中因种种原因身处困境。具体的句法表现为"未被 V、无法 V、从未 V、未能 V、V 不起/不到/不上/不出"等否定式短语以及通过"虽然……但是"等转折句来表示受阻困境，如（9）：

（9）a. 因个子太矮**未被录取**。但蔡万霖并不灰心，仍不断寻找工作，终于在罗斯福路一家砖瓦厂找到了一份工作。

b. 建立网络系统时，到处**买不到**路由器，经过网上查询，说北京中关村有。任晓林亲自驾车带上一位老师到北京，费了多少腿脚多少口舌，**终于**在中关村找到了。

c. 他住在一个庙宇里读书，穷得**连三餐饭都吃不上**，天天只得熬点薄粥充饥，

但是他仍旧刻苦自学。……这样苦读了五六年，**终于**成为一个很有学问的人。

　　d. 20多年来，这些嫁接成功的百山祖冷杉**虽然**年年开花，**却**很少结果。今年，经过科技人员的精心护理，……**终于**使百山祖冷杉结出了球果。

（二）原因句表达的经历磨难义

原因句不仅在逻辑关联上起着"转前因后"的承前启后作用，而且在语义关联上表现为原意图虽遭阻碍而主体仍坚定地经历克服困难的过程。

原因句所表达的经历磨难义主要体现在两个方面：一是所处困境的艰难性，二是力克困难的历程性。

第一，所处困境的艰难性主要体现在高频同现的繁难义成分。繁难义成分可分为三类：一是性质上的艰难义词语，如"艰苦、艰难、艰巨、激烈、紧张、精密、深刻、周密、广泛、复杂"等（10a）；二是时量上的漫长义词语，如"漫长、长期、日夜、多年、长时间、数年、多少天、整整X、足足X"等（10b）；三是动量的高量义词语或结构，如"多次、无数次、反复、连续、频繁、数不清、成千上百次、一X又X、从X到Y、一X一X"等（10c/d）：

（10）a. 经过十年**艰苦**奋斗，我们厂**终于**取得的显著成绩。

　　　b. 他们经历了半个世纪的**漫长**思念，**终于**又在中国相聚握手。

　　　c. 两年多里，河西人攻克了**数不清**的难关，**终于**如期研制出了变轨发动机。

　　　d. 他竭尽全力忙碌了**一年又一年**，**终于**取得了原质稳定的培植成果。

与之相反，表达经历磨难义的原因句中排斥三类简易义成分：一是性质上的简单义词语，如"简单、容易、随便、轻松、简便、随手"等（11a）；二是时间上的短时义词语，如"短暂、片刻、短期、短促、没多久、转眼"等（11b）；三是次数上的低量义词语，如"些许、少许、少数、稍微、一下儿、几下儿、一点儿、一丝"等词（11c），否则都不合法。

（11）a. 经过十年【*简单】奋斗，我们厂**终于**取得的显著成绩。

　　　b. 他们经历了半个世纪的【*短暂】思念，**终于**又在中国相聚握手。

　　　c. 两年多里，河西人攻克了【*少许】的难关，**终于**如期研制出了变轨发动机。

经历磨难义的原因句在语义上的选择与排斥如表1所示：

表1：经历磨难义原因句的语义选择与排斥

原因句		选择的繁难义成分	排斥简易义成分
经历磨难	性质	艰难义：艰苦、复杂	简单义：简单、容易
	时量	漫长义：漫长、长期	短时义：顷刻、短促

	动量	高量义：多次、反复	低量义：一下儿、一点儿

第二，力克困难的历程性主要表现为克服困难的"斗争、奋斗、奋战、探索、思索、讨论、研究、磋商"等克难义动词（12a/b）和"经过、通过、经历、历时、历经、历尽"等历程义动词（12c/d），如：

（12）a. 南非人民经过长期英勇**斗争**，**终于**结束种族隔离制度。

　　　b. 当时，超导现象是科学上的难题，经过多年**探索**，巴丁**终于**建立了超导理论。

　　　c. 中国边防部队**经过** 14 个小时激战，**终于**彻底粉碎了越军的进攻。

　　　d. 战士们**历尽**千辛万苦，**终于**打出了甜水井。

（三）"终于"结果句表达的达成所愿义

在概念上说，"终于"结果句表达了一种达成所愿义，这可以通过两点得到证明：一是"终于"结果句的主语或宾语出现的"愿望、梦想、预言、机会、机遇"等愿望义的名词，并作为回指成分指向意图受阻义待转句的"意图"，如（13a/b）；二是"终于"结果句的状语或谓语出现"转危为安、达成所愿、水落石出、脱颖而出、大功告成、扭亏为盈、化险为夷"等形势好转义短语（13b/c）。由此可见，"终于"句话语关联的内层因果关系反映由"经历磨难"过程到"达成所愿"结果的语义顺承关系[1]。

（13）a. 在中国举办奥运会是我国几代体育工作者的**夙愿**，是全中国各族人民的共同**愿望**。在紧张激烈的申办过程中，通过艰苦扎实和卓有成效的工作，**终于**使【这一美好的愿望】变成现实。

　　　b. 在专家们的指导下，他开始了革子胡鲶鱼疫苗的研究。一次次失败，一次次求索，**梦想**终于变成了现实，疫苗研制成功了。

　　　c. 在当年 5 月，他搭上了飞往香港的班机，**终于达成所愿**地回到了他的长江塑胶厂。

　　　d. 据了解，为剪此图，作者单红曾 7 次动剪，但皆因难度太大而中途作罢。这一次，他用了一年多时间，**终于大功告成**。

但是，并非任何一个句子都可以插入"终于"而表达达成所愿义，除了受到逻辑关联和"意图受阻——经历磨难——达成所愿"的语义关联整体约束之外，副词"终于"在句类句位、谓语语义、同现状语三个方面上具体体现了达成所愿义的"终于"结果句的句法特征。

第一，副词"终于"对句类句位的选择

根据调查，副词"终于"排斥疑问句（14）、祈使句（15a/b）和感叹句（15c/d），主要分布于陈述句的主谓之间的状位（16a）或主语前状位（16b）或者承前省略主语的状位

（16/c），偶尔选择反问句（16d）状位。

（14）a.你想离开了吗？　　——*你**终于**想离开了吗？

　　　b.你找到了什么？　　——*你**终于**找到了什么？

　　　c.你想不想离开？　　——*你**终于**想不想离开？

　　　d.你想离开还是想留下？——*你**终于**想离开还是想留下？

（15）a.进来！　　　　　　——***终于**进来！

　　　b.别去！　　　　　　——***终于**别去！

　　　c.多么富有远见啊！　——***终于**多么富有远见啊！

　　　d.太多啦！　　　　　——***终于**太多啦！

（16）a.到春节前夕，他**终于**卖掉 2 万多公斤余粮，还清了贷款。

　　　b.夜以继日地试验。**终于**，他合成了具有抗病性能的外壳蛋白基因。

　　　c.他找了两天两夜，**终于**找到了这种草药。

　　　d.难道他的末日**终于**到了吗？

　　无论是陈述句还是反问句，从功能上说都是说话者向听话者陈述信息的句子，但是，并非所有的陈述句都可以插入副词"终于"，如（17a1/b1）就不合法，如果把谓语变成（17 a2/b2）就合法了，这说明表达达成所愿的"终于"结果句对谓语具有选择性。

（17）a1.*他看了很久，**终于****很明白**。

　　　a2. 他看了很久，**终于****明白了**。

　　　b1.*通过服药、休息，他的病情**终于****十分稳定**。

　　　b2. 通过服药、休息，他的病情**终于****稳定了**。

第二，副词"终于"对句子谓语的选择与排斥

　　根据语料调查，副词"终于"所选择变现义的谓词结构，排斥无变义的谓词结构。

　　首先，从正面来看，"终于"选择变现义的谓词结构主要有两大类：一是表示动作导致某种变化性结果的完结义谓词结构，如"实现、发现、知道、理解、掌握、结束、停止、脱离"等动词（18a/b），更多的是"V 到、V 出、V 住、V 成、V 好、V 完、V 破、V 倒"等动补结构（18c/d）。二是表示性质或状态发生变化的始变义谓词性结构，既有"是、像、有、属于"等静态动词（19a/b），也有"黑、平静、安静、清晰、暖和、安定、稳定"等性质形容词（19c/d）。当然，无论是完结义还是始变义谓词结构，通常都不能光杆谓词结构做谓语，要么带完结义时体助词"了₁"或表事态变化或出现新情况的变化义句末助词"了₂"、要么带"起来、下去、下来"等趋向补语，要么带上"要/快/开始……了"（20），凸显其起变义。

（18）a.1956 年 3 月，他返乡访问演出的夙愿**终于实现**了。

　　　b.临走的前一夜，他**终于知道**了自己的身世。

　　　c.警察和宪兵经过 48 天的紧张调查，**终于侦破**了这一劫画案。

　　　d.他三次下水，**终于拍完**了这个只有几秒钟的镜头。

（19）a.中国的金牌数**终于是**世界第一了。

b.奥运会女子 3 米板的金牌**终于属于**自己了！

c.天**终于黑**了。

d.到了 80 年代，丁聪的生活**终于安定**了。

（20）a.经过一代代井冈人的努力，井冈山终于**解决了**温饱。

b.在外奔波辛苦一年，**终于快要**回到日夜思念的家乡**了**。

c.在大家的努力下，大钟寺市场**终于**红火**起来**。

d.夜幕悄然落下，喧嚣了一天的城市**终于**安静**下来**。

其次，在反面来看，"终于"排斥无变义的谓词结构，主要有两大类：一个是无果义的动词结构，如"有待于、取决于、作用于、服务于、有损于、VV、V 一 V、应该、一定"（21a/b）；一是持续义动词结构，如"V 着、正在 V、正 V、V+时量补语"等（21c/d）；

（21）a.在社会主义市场经济条件下，企业的命运【***终于**】**取决于**人的素质。

b.她要把自己的心思透露给他，【***终于**】看一看他的态度。

c.灯节晚上，人们在街上耍着狮子，【***终于**】**敲着**锣鼓。

d.针对面前的复杂情况，当时夫妇两人又【***终于**】**商量了**一会儿。

达成所愿义的"终于"结果句主要选择变现义谓语结构而排斥无变义谓语结构，如表 2 所示：

表 2：达成所愿义"终于"结果句对谓语结构的选择与排斥

"终于"结果句	选择变现义谓语结构	排斥无变义谓语结构
达成所愿义	完结义：实现、发现、找到、打破+了 1/了 2	无果义：有待于、取决于\VV、V 一 V、应该
	始变义：是、有、黑、安静+了 1/了 2/起来/下去/下来	持续义：V 着、正在 V、正 V、V+时量补语

第三，副词"终于"对状位副词的选择与排斥

既然副词"终于"选择变现义而排斥无变义谓词结构，那么，状位副词"终于"可以与哪些语义类型副词同现来修饰变现义谓词结构呢？哪些语义类型的副词又受到排斥呢？

首先，从正面来看，根据调查，"终于"后主要出现四类副词：一是"真的、的确、确实、已经"等实然义副词（22a）；二是"渐渐、逐渐、慢慢"等渐变义副词（22d）；三是"如期、按期、按时、提早、提前"等合期义副词（22c）；四是"要、快、就要、快要"等即将义副词（22d）：

（22）a.沙曼又在看着他，美丽的眼睛中有了笑意，**终于真的**笑了。

b.大街上的行人**终于渐渐**少了。

c.白天鹅宾馆历经周折，**终于如期**在广州正式开业了。

d.在外奔波辛苦一年，**终于快要**回到日夜思念的家乡了。

其次，从反面来看，副词"终于"主要排斥四类副词：一是"或许、可能、仿佛"等估测义（23a），二是"一直、向来、历来、从来、始终"等持续义副词（23c）；三是"立即、赶快、急忙、顿时、霎时"等突发义副词（23b）；四是"通常、经常、往往、老是、总是"等常频义副词（23d）：

（23）a.在这里，我们【***终于**】**好像**看到了林县人民修建红旗渠时的情景。

b.英语从法语中借用了大量的词语，【***终于**】**一直**沿用到现在。

c.老干部苏贵荣在上海病逝，老陈闻讯后，【***终于**】**立即**赶往上海料理后事。

d.然而，世事【***终于**】**总是**偶然中寄寓着必然。

受制于变现义谓词结构，副词"终于"主要选择与变现义语义兼容的四类副词：实然义、渐变义、合期义和即将义；排斥估测义、持续义、突发义、常频义，如表3所示：

表3：副词"终于"对状位副词语义类型的选择与排斥

选择与排斥	选择四类副词类型	排斥四类副词类型
副词"终于"	实然义：真的、确实	估测义：或许、大概
	渐变义：渐渐、逐渐	持续义：始终、历来
	合期义：如期、提前	突发义：立即、顿时
	即将义：快要、就要	常频义：经常、总是

总的说来，从概念上说，从意图受阻义待转句到经历磨难义原因句，再到达成所愿义结果句，形成了一个对外转折内因果对应的语义关联"历难成愿"，而达成所愿义"终于"结果句是以意图受阻而经历磨难为前提的，说话者力求通过克服困难而实现原本意愿，因此"终于"结果句必须选择变现义的谓语结构而排斥无变义的谓语结构，以表达其达成所愿的意义。

从状位副词来看，"终于"所选择的变现义谓词结构主要选择实然义、渐变义、合期义和即将义四类副词，这四类副词体现了原本意图在合乎愿望地变成现实时的真实性、渐进性、合期性和迫近性。而不是估测出来的，也不是始终不变的，更不是意外突发的或者常常如此的，因此排斥估测义、持续义、突发义和常频义副词。

但是，副词"终于"句的分布不仅仅受制于"外转折内因果"的逻辑关联和"历难成愿"的语义关联，还受制于说话者由意图受阻时的认知、经历磨难时的态度、达成所愿时

的情感所组成情态关联。

四、基于认知的"终于"句情态关联

基于逻辑关联和语义关联，我们可以从说话者认知心理角度建立由感知上的危难、态度上的坚决、情感上的满意构成的"终于"句的情态关联。

（一）感知上的危难

当主体的意图受阻时能感知到危险和困难，待转句中会经常出现有关感知危险和困难的短语，既有"知道……凶险、有……危险、风险很大、险些被湮没"等危急类短语（24a/b）；也有"遇到/出现/面临……困难/严重挑战/障碍、陷入困境、谈何容易、屡屡/屡遭……"等困难类短语（24c/d）：

（24）a.他知道行程**凶险**，但毅然踏上了征途，**终于**在他为之终生奋斗的岗位上，流尽了最后一滴血。

b.水急浪大，随时都**有遇难的危险**。可是，他不顾一切地向解放军冲去，**终于**把解放军的王苏安科长救到岸上。

c.双方虽然在奶制品、水泥、金融服务等领域**遇到困难**，但是在两国政府共同努力下，**终于**达成了令双方满意的协定。

d.他在经济上曾一度**陷入困境**，他承认那是非常难过的日子。但他没有向世俗妥协，**终于**带着他的时装经典一起步入了艺术殿堂。

（二）态度上的坚决

"终于"结果句之所以表达达成所愿的合预期结果，离不开原因句表达主体极力克难的坚定意志。根据调查，原因句表现主体坚决态度的形式标记主要原因句中高频出现的"坚决、坚强、坚定、坚毅、坚忍、坚信、顽强、毫不畏惧、毫不动摇、坚忍不拔、坚贞不屈、坚持不懈、决不妥协、锲而不舍、矢志不移、从未屈服、无畏精神、英雄气概"等信念义成分（25）：

（25）a.后来在他的**坚决**干预下，这件案子**终于**得到公正处理。

b.经过郑成功的**坚强**奋战，荷兰殖民者**终于**退出台湾。

c.官兵们经过**顽强**奋战，**终于**使机场提前 20 天竣工。

d.搏斗中，刘来村身中 7 刀，但**毫不畏惧**，**终于**将一名凶恶的歹徒生擒。

（三）情感上的满意

主体虽然感知到危难但且态度坚决地经受磨难并力克困难，从而使原由愿望达成所愿地变成现实，因此，副词"终于"结果句在表达达成所愿时总是带有情感的上欣慰和满意。这一情态特征可从"终于"结果句的宾语的定语、谓语的状语以及整个句子的话语标记得到正反验证。

第一，宾语的定语表达了满意情感。一般来说，宾语的定语是一种容易以"自我视点"为中心的句法成分，能表达说话人的自我情感，体现了言者的心声（张国宪、卢建，2014:291-294）。"终于"结果句宾语中高频同现"令人满意/欣喜/惊喜/欣慰/宽慰/振奋/鼓舞、公正、圆满、理想、丰硕、合理、可喜、崭新"等合意义定语（26a1/b1）；反之，"令人绝望/失望、不公、糟糕、悲惨、可悲、残酷、黯淡"等违愿义词语则不可以定语位置，否则不合法（26a2/b2）。

（26）a1.这场历时 3 年的商标侵权案，终于有了一个公正的**令人满意**的结局。

a2.这场历时 3 年的商标侵权案，终于有了一个公正的【*令人绝望】的结局。

b1.在她受诬陷隔离审查 9 个月后，法律**终于**给了她**公正**的评价。

b2. 在她受诬陷隔离审查 9 个月后，法律**终于**给了她【*不公】的评价。

第二，谓语的状语表达了满意情感。"终于"结果句的状语高频同现"成功、圆满、顺利、胜利、巧妙、如愿、理想、出色、平稳、平安"等圆满义状语（27a1/b1），相反，"失败、遗憾、笨拙、拙劣、平庸、坎坷、可惜"等坎坷缺憾义情态状语无法进入"终于"句（27a2/b2）。

（27）a1.大连某科研所经过 3 年的研究试验，**终于成功**地解决了这一问题。

a2.大连某科研所经过 3 年的研究试验，**终于**【*失败】地解决了这一问题。

b1.经过两年半的努力，攻克多项技术难关，**终于圆满**完成了闸门建造任务。

b2.经过两年半的努力，攻克多项技术难关，**终于**【*遗憾】完成了闸门建造任务。

第三，句子的话语标记表达了满意情感。"终于"结果句的话语标记高频同现"令（使、让）人+X 的是"焦点话语标记，其中，X 都是肯定、赞颂的示赞义形容词，直接对有关人物或事实进行称赞（周明强、孙墨丹，2020:72-75），如"高兴、庆幸、开心、可喜、满意、欣慰、幸运、自豪、得意、兴奋"等（28a1/b1）；与之相反的是，"伤心、遗憾、失望、沮丧、惋惜、难过"等示憾义形容词都无法进入"令（使、让）人+X 的是"充当"终于"结果句的话语标记，否则不合法（28a2/b2）：

（28）a1.让农民**高兴**的是，农村电网改造**终于**被提上日程。

a2.让农民【*伤心】的是，农村电网改造**终于**被提上日程。

b1.**幸运**的是，他**终于**挺过了一路的奔波。

b2.【*遗憾】的是，他**终于**挺过了一路的奔波。

可以说，无论是"终于"结果句宾语的定语、谓语的状语还是句子的话语标记，都表达 "终于"对合意义、圆满义、示赞义的满意情感，而与之相反的违愿义、缺憾义、示憾义的负面不满义词语则不能进入相关的句法位置，这从正反两个方面证明了"终于"结果句所选择的满意情感。

表 4：副词"终于"结果句对满意义词语的选择与对不满义词语的排斥

选择与排斥	选择满意义词语	排斥不满义词语

"终于"结果句	宾内定语	合意义:欣喜、满意、振奋、鼓舞、欣慰、可喜、圆满	违愿义:糟糕、不公、绝望、可悲、残酷、黯淡、悲惨
	状语位置	圆满义:圆满、顺利、胜利、成功、巧妙、如愿、理想	缺憾义:笨拙、失败、拙劣、平庸、坎坷、可惜、遗憾
	话语标记	示赞义:满意、庆幸、欣慰、幸运、高兴、自豪、得意	示憾义:失望、沮丧、遗憾、惋惜、难过、伤心

由此可以建立"终于"句的情态关联:由认知上知道原本意图受阻而遭遇危难,到经历磨难而态度坚决地予以克服,再到达成所愿而情感满意,从而为构建完整的话语关联奠定了基础。

五、余论

学习汉语的留学生之所以在副词使用上出现偏误,根本原因并非没掌握该词语的基本意义,而是从单句层面没有掌握该词语的句类句位、句子谓词、同现副词的选择与排斥,从话语层面没有掌握该词语所在句子的逻辑关联、语义关联和情态关联。因此,汉语语法的本体研究应该深入系统地挖掘每个副词的单句分布规律和话语关联规律,从而为留学生学习汉语奠定基础。

根据"终于"句所处的"外转折而内因果"逻辑关联、历难成愿语义关联,并结合从认知的危难到态度的坚决再到情感的满意所形成的情态关联,可以提取出"终于"句的整体的"历难成愿"话语关联,并把副词"终于"的语法意义界定为:主体虽意图受阻而陷入困境仍态度坚决地经磨克难,从而满意地得偿所愿。这样,我们就可以完整地勾勒出副词"终于"句的话语关联:

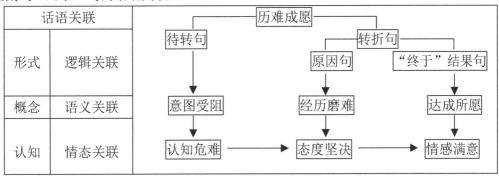

图 2:"终于"句的完整话语关联

在大多数句子中,"终于"与"总算"可互换,但二者有两点句法差异:"终于"可以与被动否定义的"无法、未能、难以"组合,如(29a1/a2),而"总算"可以与"聪明、

顺利、万幸、不错"等描述性形容词谓语组合，"终于"不可以（29b1/b2），这一点一方面"终于"保留终后义有关；一方面与"总算"有庆幸义有关：

(29) a1.众多商贩**终于【*总算】无法**忍受冷清的生意，开业才几天便纷纷打出了"可以讲价"的招牌。

　　 a2.我方死伤过半，王后**终于【*总算】难以**招架，下令退却，竭尽全力保卫国王。

　　 b1.他俩**总算【*终于】很聪明**，谁也没去翻阅对方馈赠的书卷。

　　 b2.我把她拉到门口，**总算【*终于】万幸**，没有经历一番大吵大闹就把她拉上了马车。

附注

[1] 根据调查，"终于"句偶尔叙述客观事实，不表示说话者的达成所愿。如：最后尽管广汇竭力反扑，但终于没能再度翻盘。之所以出现这样的句子，其一，可能与"终于"仍然保留着历史性的"终后义"有关，其二，大部分是翻译作品或港台作品中使用的例子。根据现在的语感，如果不表达如愿义，"终于"最好改为客观叙述的"最后"。

参考文献

北京大学中文系 1955、1957 级语言班编 1976/1982 《现代汉语虚词例释》，商务印书馆。

洪　灿 2018 "终于""最后""最终"词汇辨析及偏误分析，华中师范大学博士学位论文。

黄云峰 2010 现代汉语归结义语气副词研究，华中师范大学博士学位论文。

金文明 2001 也说终于，《语文建设》第 6 期。

黎锦熙 1924/2007 《新著国语文法》，商务印书馆。

李宗江 2015 "就这样"类指代词语的篇章连接功能，《汉语学习》第 6 期。

刘红妮 2010 "终于"的词汇化，《阜阳师范学院学报》第 2 期。

陆俭明、马真 1985 《现代汉语虚词散论》北京大学出版社。

吕叔湘 1980/1999 《现代汉语八百词》商务印书馆。

饶　琪、牛利 2014 "过于"和"终于"的历史演变及相关问题，《华中学术》第 1 期。

邵敬敏 2017 主观性的类型与主观化的途径，《汉语学报》第 4 期。

王美华、叶壬华 2008 副词"终于"的形成和发展，《井冈山学院学报》第 11 期。

吴婷燕、赵春利 2018 情态副词"怪不得"的话语关联与语义情态，《世界汉语教学》第 3 期。

肖　萌 2018 "终于""最终"的功能差异与偏误现象研究，湖南大学硕士学位论文。

闫晓萌 2018 面向对外汉语教学的"到底""终于"对比研究，华中师范大学硕士学位论文。

颜　刚 2021 "终于"和"总算"辨析，《汉江师范学院学报》第 4 期。

杨德峰 1999 副词修饰动词性成分形成的结构的功能，《汉语学习》第 1 期。

杨佳颖 2021 现代汉语评价副词"终于"和"总是"，台湾成功大学硕士学位论文。

杨荣祥 1999 现代汉语副词次类及其特征描写,《湛江师范学院学报》第 1 期。

易正中、王立杰 2014 "终于"的词汇化及语用功能,《衡水学院学报》第 5 期。

张国宪、卢建 2014 言者的情感表达与定语句位占据的语用斜坡,《世界汉语教学》第 3 期。

张谊生 2014 《现代汉语副词研究（修订本）》商务印书馆。

张彧彧 2012 近代汉语时间副词研究,吉林大学硕士学位论文。

赵春利 2014 关于语义语法的逻辑界定,《外国语》第 2 期。

赵春利、何凡 2020 副词"索性"的话语关联与情态验证,《世界汉语教学》第 3 期。

赵春利、杨娟 2021 遂愿副词"总算"的话语关联与情态结构,《当代修辞学》第 5 期。

赵运普 2002 也说"终于",《新乡师范高等专科学校学报》第 1 期。

周明强、孙墨丹 2020 示赞性话语标记"X 的是"的基本特征与语用功能,《温州大学学报》第 4 期。

朱福妹、马贝加 2017 再议"终于"的产生,《语言研究》第 4 期。

（蔡洁芳 punch0624@163.com 赵春利 ctzhaocl@foxmail.com）

Contemporary Research in Modern Chinese No.25(October 2023). pp.73-89

语气词 "呢" 的功能及其语用条件

王 亚新

日本　东洋大学名誉教授

提要：语气词 "呢" 基于谈话双方对某个前提命题的共识，提示与该命题有关的相应实现条件来提请对方关注或回应。"呢" 句一般用于提示命题的背景条件，不用于命题宣示，也很少直接否定命题。由于 "呢" 提示的条件相对于命题具有静态性，因此会衍生出表示持续的解读，但这种持续不能脱离前提命题而独立使用，因此不是一个纯粹的体标记。

关键词：语气词 "呢"；命题；实现条件；前景与背景；持续体标记

1. 引言

对于 "呢" 的功能已有很多研究，本文在继承先行研究的基础上，从命题与其实现条件这一角度对 "呢" 在不同场景下的功能再做一些探讨，以期对 "呢" 的分析提供一个新的观察视角。

"呢" 作为情态标记表示说话人对命题的态度或立场，在语义和句法上要依附命题。不过，"呢" 依附的命题不限于单句，往往会涉及一个句群或语篇，因此对 "呢" 的分析也需要在一个超越单句的更大的语境中进行。

关于情态有很多讨论，Palmer（2001）认为情态可以分为两类，一类是命题情态（propositional modality），另一类是事件情态（event modality）。前者涉及命题的真伪判断，后者在认可命题为真的前提下关注事件的实现方式或能力、意愿等。两类不同的情态可以针对同一个事件，换句话说，说话人根据自身的情态（态度或立场）既可以将同一个事件视为一个判断命题，也可以视为一个事件命题。

本文也将命题分为判断命题和事件命题，前者涉及命题的真伪判断及其判断逻辑或依据等，后者是在认可命题为真的前提下，关注事件的形成过程或实现方式等。由于命题和情态的解读涉及到复杂的语用条件，因此 "呢" 的解读与使用也必然会受到语用上的制约。

2. 疑问句中的"呢"

疑问句中的"吗"与"呢"类似一种平行互补关系，前者用于是非问句，后者用于非是非问句。两类问句实际反映了两类不同类型的命题。

（1）a. 你去北京吗？　　　（是非问句）

　　 b. 你去哪儿（呢）？　 （特指问句 / 非是非问句）

（1a）是问话人单方面提出的一个命题，向听话人求证"你去北京"这一命题的真伪，问话时双方尚未就命题真伪达成共识。（1b）是以"你去 X（某处）"这一既定命题为前提，问话人认可该命题为真，向听话人求证 X 的值。因此，针对（1a）除了正面回答"去 / 不去"以外，还可以回答"对 / 不对"或"是 / 不是"来判定真伪，而对（1b）则不能回答"对 / 不对"或"是 / 不是"，只能回答 X 是什么。

典型的非是非问句常见于下述对话。

（2）a. 我出去一下（*呢）。

　　 -- b. 你去哪儿（呢）？　（非是非问句）

（2a）宣示一个新命题，（2b）认可该命题为真，问对方如何实现命题（出去）。我们看到，（2a）这类宣示命题的句子不能加"呢"，而（2b）这类依附命题的句子可以加"呢"。

胡明扬（1981）认为"呢"的功能是"提请对方特别注意自己说话内容中的某一点"。我们认为"注意某一点"这一功能并不源于"呢"，而是与非是非问句自身的语义和句式结构有关，但"呢"确实有"提请对方关注自己说话内容"的功能。

屈承熹（1986）认为"呢"表示"前后关联"，即"本句与先前所明示或隐含的意念是有关系的"。金立鑫（1996）认为"呢"的使用是不自由的、有条件的，必须在上文或语境的提示下才可以使用，夸大一点儿说，在所有的"呢"字疑问句的前面都隐含着一个"那么"，而"那么"的作用就是代替前面的句子。

我们认为，"呢"的使用条件是谈话双方事先就某一命题达成共识，说话人在此基础上提示一个与命题有关的内容来要求对方关注或回应。它既体现出说话人对命题的一种响应，同时也要求对方对自己提示的内容给予关注或回应。

"呢"依附的命题可以称为"前提命题"或"既定命题"，它可以指向某个事件，也可以指向某个判断。命题的设定可以基于客观事实，也可以基于主观假设。既可以是由说话人提出并获得对方共识的命题，也可以是由对方先提出的命题，还可以是双方共同面对的某个非语言化的场景（场景命题）。因此命题的设定会有多种形式，不一定都要依托一个言语化的先行句子。

由于说话人看待命题的态度或立场会有所不同，可以将某个事件视为一个真实的事件命题，也可以视为一个真伪存疑的判断命题。

（3）a. 我打算去北京。

    -- b. 怎么去（呢）？

    -- c. 为什么去北京（呢）？

（3a）宣示了一个命题,（3b）认可命题为真,将其视为一个事件命题来问实现方式。（3c）认可或假设命题为真,将其视为一个判断命题来问判断依据。前者求证事件的实现条件,后者求证判断的成立条件。后者实际上也相当于一个广义的实现条件,即判断命题是否成立的实现条件。我们看到,"呢"一般只能用于实现条件。

说话人针对命题的情态,可以分为对命题的响应、附和、怀疑或否定等。"呢"多用于响应、附和或假设命题为真这一前提下的质疑,有时甚至能以疑问形式来表示反诘,但很少直接用于对命题的否定。因为否定意味着推翻了前提命题,实质上另外宣示了一个新命题。

（4）a. 你穿什么衣服出去（呢）？

    b. 这么晚,你怎么还出去（呢）？

    c. 这么晚,你不能出去（*呢）！

（4a）认可"出去"为真,"穿什么衣服?"问其实现方式。（4b）认可或假设"出去"为真,"为什么"问其判断依据。但（4c）否定"出去"的合理（真实）性,实际上提出了"不能出去"这一新主张,它不属于前提命题的实现条件,所以不能用"呢"。

上述（4a）（4b）可以理解为一种广义的条件从句[1]。（4a）将"出去"视为一个事件命题,问在"穿什么衣服"条件下实现"出去",（4b）将"出去"视为一个判断命题,问在"这么晚"条件下如何证明其合理性。这里的"呢"除了表示命题与条件之间的关联性以外,同时提示条件来要求对方给予关注或回应。

（5）a. 理性可以细分的（*呢）。它能分为几种呢？ 理性是不是只有一种逻辑推理理性呢？ （CCL[2]）

    b. 外面响起一阵响亮的鞭炮声(*呢)。雪瑛吓了一跳:"外头干什么呢?"（CCL）

    c. 屈原的《天问》提出了许多的哲学问题(*呢)。它是在什么情况下提出的呢? （CCL）

上述句中划直线部分宣示命题,一般不加"呢",曲线部分提示实现条件,一般要加"呢"。这里的"呢"用于响应命题,属于必要成分,不能随意取舍。

由于"呢"需要谈话双方对前提命题的共识,因此很少单方面使用。假设我们在一群人中寻找一个中国人,如果逐个询问时只能使用"吗"问"你是中国人吗?"。这是因为谈话双方缺少命题共识,只能由说话人单方面提出命题来向对方求证真伪。当看到某人长得像中国人或听到他讲中文时,既可以用"吗"问句[3],也可以问"你是不是中国人?"。后者是预设"对方是中国人"这一命题后进行求证,但这时仍不会使用"呢",因为双方仍未建立共识。但如果与该人用中文交谈了几句后,就可以问"你是不是中国人呢?"。这时双方已就对方会说中文这一命题达成共识,而"你是不是中国人呢"求证其判断依据。它反映了"你会说中文（命题）"与"你是中国人（实现条件）"之间的关联

性，也反映了"因为你是中国人，所以会说中文"这一事理逻辑上的因果关系，"你是中国人"是"会说中文"的成立条件或原因，"呢"一般依附在条件或原因部分。

由于"呢"需要谈话双方的命题共识，因此，即使是特指问句等典型的非是非问句，如果缺少共识也不能用"呢"。

（6）a.（听到敲门声）谁（呀 / *呢）？

b.（初次见面）小朋友，你叫什么名字（呀 / *呢）？

c.（被指责为骗子时）谁是骗子（呀 / 啊 / *呢）?! 你才是骗子呢！

（6a）问话人与敲门人之间缺少命题共识，不能用"呢"，但如果问话人身边有其他人在场，他们之间可以共享有人敲门这一场景命题，问"这是谁呢?"或"谁敲门呢?"。（6b）与小朋友刚见面时不用"呢"，但聊了几句彼此熟悉后可以用"呢"[4]。（6c）是针对对方"你是骗子"这一指责，"谁是骗子"否认指责，不能加"呢"，而"你才是骗子呢"假设"X 是骗子"这一命题为真，但指出 X 不是我而是你，可以加"呢"[5]。

在非是非问句中，前提命题和疑问域通常融为一体来构成一个疑问句。这类句中的疑问词自然会成为信息焦点，因此从凸显焦点的角度看，"呢"并非必要成分，但在表示对命题的响应，并提请对方关注或回应这一功能上，"呢"成为了必要成分。

我们看到，"吗"句也不排除会依附某个前提命题。

（7）a. 我打算去北京。

-- b.（是）坐飞机去吗（ / *呢）？

-- c.（是）一个人去吗（ / *呢）？

-- d.（是）去出差吗（ / *呢）？

上述句子也以（7a）为前提，分别质疑实现方式或目的等，但上述"吗"句是基于前提命题而提出的另一个新的关联性真伪判断命题，这类句子都可以加"是"而构成一个句法上的判断句。这类"吗"虽然也依附前提命题，但并不提示其实现条件，因此不能换成"呢"。同时也缺少对前提命题的响应语气。

3. "非疑问形式＋呢"

除了非是非问句以外，"呢"也用于"非疑问形式＋呢"句式。

（8）a. 我去上海，<u>你呢</u>?

b. <u>到六点他要还不来呢</u>?

陆俭明（1982）认为这两类句子也是疑问句。（8a）相当于"你去不去（上海）呢?"或"你去哪儿呢?"，（8b）相当于"到六点他要还不来，我还等不等他呢?"，因此认为这里的"呢"也表示疑问。

从命题角度看，（8a）的命题是"去上海"，"你"是该命题的特定关联项，"呢"提示这个关联项来求证其如何参与（实现）该事件，即求证"去 / 不去"或"上海 / 其

他城市"等选项。（8b）的命题是"等他"，"到六点他要还不来"提示了一个假设条件，问在该条件下如何实现"等他"。

下面，我们将（8a）简称为"NP 呢"，将（8b）简称为"VP 呢"再来分析一下。

3.1 "NP 呢"

李宇明（1989）、邵敬敏（1997）认为"NP 呢"可以表达甲乙两类语义，甲类问人或事物之所在，相当于"NP 在哪儿？"，乙类问人或事物之所在以外的其他情况，相当于"NP 怎么样？"。前者主要用于 NP 不在交际现场时问其所在，可以用于始发句也可以用于后续句，而后者针对的内容需要依赖先行句中反映的平行语义，只用于后续句。如：

（9）甲类

周朴园（无意地）：二少爷呢？（＝二少爷在哪儿？）

仆人：早睡了。

（10）乙类

仆人（急不成声）：四凤……死了……

周朴园（急）：二少爷呢？（＝二少爷怎么样？）

仆人：也……也死了。

我们认为，甲类句（9）是针对"二少爷"不在交际现场这一场景命题。"二少爷呢？"不是问在哪儿，而是问不在的原因，即"NP 为什么不在（现场）"。这里的 NP 不是任意成分，而是常态下应该在场的特定成分，因此它不在场属于一个非预期（意外）场景。但这一场景只是表象，造成这种表象的原因会有很多，因此这类"NP 呢"不是单纯地问"在哪儿"，而是问"不在"的原因。我们看到，在实际交际中，很多回答都不一定要说出"在哪儿"，只要说出不在的原因就能成立。

（11）a.（进教室看到老师不在）老师呢？（＝怎么不在／怎么没来／在哪儿）

-- 老师没来／病了／走了／在办公室／?在家。

b.（进入酒店房间看到没有床）床呢？（＝怎么没有床／床在哪儿）

-- 睡榻榻米／直接睡地板／床在旁边的套间里。

（12）a.（看到对方没头发）你的头发呢？（＝怎么没了／*在哪儿）

-- 剃了／掉光了／??在理发店。

b.（找到丢失的钱包）里面的钱呢？（＝怎么没了／*在哪儿）

-- 一定是被人偷了／??在小偷那儿。

c.（对方说好带儿子来）你儿子呢？（＝怎么没来／??在哪儿）

-- 他临时有事／??他在家。

（11）属于典型的"问其所在"，但（11a）不一定关心老师在哪儿，而是关心不在的原因。原因可以有很多种，"在某处"只是其中之一，而且即使说出在某处，如回答（在

家）不符合命题预期时也会不自然。（11b）对房间没有床感到意外，答句只要说出没床的原因即可。同样，（12）各句也不是问在哪儿，（12a）问头发怎么没了，这时回答"在理发店"会莫名其妙。（12b）问钱怎么不见了。回答"被人偷了"很自然，回答"在小偷那儿"则带有嘲弄口吻，不属于正面答复。（12c）问对方的儿子为什么没来，回答"他临时有事"很自然，回答"他在家"是答非所问。上述"NP呢"都是问NP不在的原因，答句不必、有时甚至无法回答在哪儿，但只要说出不在的原因就能成立。因此，我们认为"问其所在"只是一个使用概率高的凸显语义，并非唯一的语义取向。"NP呢"实质是针对某一特定场景命题（NP不在现场）问其背景原因。

乙类句（10）的"NP呢"是针对"四凤死了"这一命题，"二少爷"是命题的特定关联项。这个句子也不是问"怎么样"，而是问"二少爷"在"死"这一命题上的相应状态，即"死／没死"，因此这时候不能问仆人"你呢?"或"你怎么样?"。但如果换做"受伤"一类的命题的话，除了问"二少爷呢?"，也可以顺便问一下仆人"你呢?"[6]。所以，这个"NP呢"也不是单纯地问"NP怎么样?"，而是问某个命题的特定关联项参与该命题的相应状态。

我们看到，甲类句和乙类句共同之处是，谈话双方都对前提命题享有共识，说话人提示关联项NP来向对方进行求证。甲类句求证NP处于该状态的成因，乙类句求证NP参与命题的相应状态。两类句子都可以理解为针对前提命题来问其成立或实现的条件。"呢"在这里除了表示命题与条件之间的联系以外，还具有完句作用，将原本不独立的名词短语转为条件从句。

3.2 "VP呢"

（8b）这类"VP呢"也提示命题的实现条件。这个条件也分为两类，一类是确定条件，它在时间上一般与命题事件同步，另一类是假定条件，属于虚拟的非实时条件。不论确定还是假定，一般都与命题保持某种顺应性（即认可或假设命题为真），不直接否定或推翻命题。

（13）　a. 我去买东西。

　　　-- b. 外面下（着）雨呢。　-- c. 外面下雨了（*呢）。

　　　-- d. 天气冷着呢。　　　-- e. 天气很冷（*呢）。

　　　-- f. 商店没开门呢。　　-- g. 商店不开门（*呢）。

（13b）（13d）（13f）表示确定条件，相当于问对方在"下雨／冷／没开门"等条件下如何"买东西"。"呢"句提示的条件一般是命题宣示时已经出现且还在持续的实时状态。这些条件在某种意义上与命题之间保持了顺预期性，相当于对方已知、或在常识上可预期的状态，一般不会直接推翻命题的可行性。

表示确定条件时，含有（13c）"了"，（13e）"很"，（13g）"不"的句子一般不能加"呢"。原因在于（13c）"了"表示非预期性变化，（13e）"很"和（13g）"不"表示恒常

性状态，不属于特定事件的实时状态。我们看到，"呢"主要用于某个特定命题的实时性条件，它一般与命题同步、或先期发生后延续到命题时点，而恒常条件或非预期性变化不属于这种条件，尤其当这些条件有可能推翻命题时，一般不能加"呢"。

不过，如果"了、很、不"用于特定的假定条件时，可以加"呢"。

（14）a. 我去买东西。

-- b. 如果外面下雨了呢?

-- c. 要是天气很冷呢?

-- d. 假如商店不开门呢?

上述句子表示虚拟条件，它并不推翻命题的可行性，因此可以或必须使用"呢"。这类条件不论原句是否为完句，加"呢"后也都成为条件从句。

我们认为，上述"NP 呢"和"VP 呢"都属于广义上的条件从句，分别从不同角度来质询前提命题的实现条件。这些"呢"句在一般语境下认可命题为真，与命题之间保持了某种顺应（顺预期）语气。这种语气在实际交际中可以获得多种解读，如解读为对命题的响应或附和、以及委婉或商榷语气等。

上述句中的"呢"是否属于疑问词取决于疑问词的定义。"呢"的使用不限于疑问句，但在提请对方关注并要求回应这一点上，部分地承担了疑问词的功能。

（15）a. 我去上海，你呢?

b. 我呢，去上海，你呢，去北京。

（16）a. 到六点他要还不来呢?

b. 到六点他要还不来呢，你就别等了。

一般认为上述 a 类句"呢"表示疑问，b 类句"呢"表示停顿，但我们认为这两类"呢"都表示提示。不同的是：a 类句提示后要求对方来回答，而 b 类句提示后由自己来回答[7]。前者在要求对方回答时相当于疑问词，后者虽然是自己回答，但仍要求对方给予关注。因此，我们认为"呢"的基本功能是表示提示，而提示的目的是希望对方关注或回应，这与疑问词的功能会有部分重合，但不完全等于疑问词。

3.3 "（话题）呢"

金立鑫（1996）和邵敬敏（1997）提到"呢"用于提示话题。我们认为"呢"不能提示独立的初始话题，只能依附某个前提命题来提示其"次话题"，包括次级话题、次生话题以及对比话题等。这类次话题反映了前提命题的不同侧面，实质上也属于前提命题的实现条件或场域。

（17）a. 我看了一本书，它把我写成一个从不犯错误的人，好像我是一个神而不是一个人，好像我是毛泽东。事实呢? 我失败过许许多多次。（CCL）

    b. 热起来，简直像烧得太热的暖气，让你无所适从；<u>冷起来呢</u>，又像是一大块冰陀，拿也拿不了，捧也捧不住，让你从里到外冒凉气。（谌容:梦中的河）

    c. <u>刘老师呢</u>，路经北京，<u>他在欧洲讲学的时候呢</u>，欧洲很多的这个心理科医生，都在很认真地倾听刘老师这种观念，而<u>刘老师的观念呢</u>，居然来自于清末明初的，在东北的一个农民开悟，<u>所以呢</u>，今天有这样一个机缘，和大家一起来分享刘老师所感悟到的东西。（CCL）

（17a）的命题是判断"我是神还是人"。"事实（呢）"是相对于"一本书"的对比话题，也是"我失败过多次"的实现场域。（17b）的命题涉及天气状态，"冷起来"是"热起来"的对比项，也是该命题的实现场域。（17c）的"呢"围绕"刘老师"这一话题依次提示了不同场域，属于次生话题。同样，句首的"刘老师呢"也不是初始话题，而是上文曾经交代过的特定对象，也属于次话题。

在实际交际中，有时会频繁地使用"呢"来提示施事、与事、时间、场所以及工具或方式等来逐次地框定命题的实现范围或场域。这些都是在双方的命题共识下进行的，一旦缺少共识就不能用"呢"。

（18）a. 今天（呢），在这儿（呢），我（呢）想跟大家（呢）谈一谈（呢）个人的感想（*呢）。

    b. 对不起，我（*呢）想跟您（*呢）打听一下（*呢）去车站怎么走（*呢）？

    c. 对不起，刚才（呢），我（呢）是想跟您（呢）打听一下（呢）去车站怎么走（?呢[8]）。

（18a）谈话双方共享一个言语化或非言语化的既定命题（如讲演等），说话人不停地用"呢"来框定范围或场域，逐步导入命题核心。（18b）用于单方面向陌生人问路时，一般不加"呢"，但（18c）针对自己刚才的问路行为进行事后解释时，由于双方已享有命题共识，可以加"呢"。

如果在一个句群里插入"呢"，我们看到它一般要插到广义的状语成分[9]后面。

（19） 那天（呢），我（呢）在街上（呢）叫了辆出租车（呢）<u>去看一个朋友</u>（*呢）。在车上（呢），我（呢）和司机（呢）<u>随意聊了几句</u>（?呢）。那司机（呢）突然对我说（?呢）："<u>我（*呢）见过你</u>（*呢），<u>你（*呢）是许立宇的朋友</u>（*呢）。"（王朔文集）

上述能插入"呢"的分别是施事（我、那司机）、与事（司机）、时间处所（那天、在街上、车上）和行为方式（叫了辆出租车）等广义的状语成分后，而核心 VP 相当于命题核心部分，不能加"呢"。同样，命题内嵌成分（引用部分等）也不属于状语成分，不能加"呢"。可以加"呢"的部分作为广义的条件状语，分别从不同角度来提示命题实现条件或场域，插入"呢"使各成分之间前后呼应，并引导对方逐步进入命题核心。

4. 叙事句中的"呢"

4.1 背景与原因

表示叙事的复句或句群之间出现的"呢"主要用于对命题的补充说明。在句式分布上，多用于后附说明，但也能用于前置说明。这些"呢"句的说明范围很广，可以是对命题的补充或注解，也可以是命题的实现方式、呈现状态或原因及依据等。

（20）a. 他会说汉语（*呢）[10]，听说还在北京留过学呢。

　　　 b. 这个房间很大（*呢），有 50 多平米呢。

　　　 c. 她已经走了（*呢），还给你留了一封信呢。

（20a）"他会说汉语"用于宣示命题时不能加"呢"。"在北大留过学"是补充，也是判断依据，可以加"呢"。这里的"呢"除了表示前后关联，也提供依据来证明命题的真实性。（20b）"这个房间很大"是判断，"有 50 多平米"是补充，也是依据。（20c）"她已经走了"宣示命题，"还给你留了一封信"是补充，也是实现方式（说明如何走的）。

方梅（2008）认为"呢"句属于一种背景化陈述，在句法上相当于一个依附小句。依附小句具有在句法上不能自足，表现为时和语气成分受限制，主语所指依赖于其他小句，不能独立进入篇章等特征等。

我们基本同意这一看法，同时认为"呢"句作为依附小句，依附的是获得双方共识的某个既定命题，其功能是提示该命题的实现条件。其中，命题宣示相当于前景，"呢"句相当于背景。在叙事句中，背景主要体现为因果关系中的原因、论证推理中的论据、以及主从关系中的从句部分等。如果将命题视为因果关系中的"果"（表示宣示、判断或主张）时，"呢"句一般表示"因"（成因、方式或依据等）。例如，（20a）表示判断，在因果关系上可以解释为"因为留过学（呢）所以会汉语"，而不是"因为会汉语（*呢）所以留过学"。同样，（20b）表示"因为有 50 多平米（呢）所以很大"，而不是"因为很大（*呢）所以有 50 多平米"。（20c）说明事件的实现方式，表示"以留了一封信的方式走了"，而不是"以走的方式留了一封信"。

需要说明的是，前景和背景只是视角不同，与陈述重点无关。在实际交际中，背景也会成为陈述重点，实际上"呢"正是要凸显某一背景来引起对方关注。陈述句中的"呢"句也主要从原因、方式等背景来对前提命题进行补充或铺垫性说明。

（21）a. 她一看见我就笑了。当时天凉了，我穿着一身扣子扣到脖颈的深色中山装，挟着个皮包，活像一个道貌岸然的国民党市党部委员。"<u>本来就是小职员么。</u>"我笑说，"<u>在办公室我还戴套袖呢。</u>"（王朔文集）

　　　 b. 这时大门外突然传来"咚咚"的打门声，接着长栓跑进来，激动道："<u>太太来了，后面还跟着好多辆车呢！</u>"（CCL）

　　　 c. "谁都不带，一帮老爷们儿，多一个女的你别扭不别扭?"

"<u>不别扭</u>。<u>人家外国总统出门还带夫人</u>呢。就中国，从上到下到哪儿都是一
帮男的。"（王朔文集）

（21a）"本来就是小职员"是宣示，"在办公室还戴套袖"是依据，也是"小职员"
的体现方式。（21b）"太太来了"是判断，"后面还跟着好多辆车"是依据，也是实现方
式。（21c）"不别扭"是主张，"人家外国总统出门还带夫人"是依据。

除了后附性补充外，"呢"也用于前置性铺垫。

（22）a. 余司令说："弟兄们，冷麻子要是敢耍弄咱，我就去把他脑袋揪下来！<u>天还</u>
<u>没晌呢</u>，<u>咱再等一会</u>，等到过了晌午头，汽车还不来，咱就直奔谭家洼，
跟冷麻子算帐。（莫言：红高粱）

b. 他对葡萄说："上我那儿去哭吧，啊？"葡萄擦干眼泪，跟上少勇往里走。
<u>里头深着呢</u>，<u>是个老军阀的宅子</u>，少勇告诉她。（严歌苓：第九个寡妇）

（22a）主张"再等一会"，原因是"天没亮呢"。（22b）宣示"是老军阀的宅子"，
依据是"里头深着呢"。"呢"部分作为前置性铺垫，从语义看依然表示原因或依据，且
在语序上也可以转为后置性说明。

"呢"插入到某个句中时，会使该部分转为状语从句来表示实现方式或条件。下述
例子引自吕叔湘（1980）《现代汉语八百词》，我们看到，能插入"呢"的位置基本上是
固定的。

（23）a. 他一边说着话（呢），一边收拾工具（*呢）。

b. 说着说着（呢）不觉到了门口了（*呢）。

c. 要是看见汉英词典（呢），替我买一本（*呢）。

d. 研究得越细致、讨论得越深入（呢），问题也就解决得越好（*呢）。

上述句子作为独立的整句使用时，表示一个完整的事件陈述，句尾不能加"呢"。一
旦句中插入了"呢"，就会将前后句构建为主从关系（条件与行为）句式。（23a）"一边
VP"和（23b）的"VP 着"表示后句行为的实现方式。（23c）（23d）表示后句的假设条件。
"呢"使前后句之间形成一种更为明确的"实现条件"与"事件命题"之间的关系。

4.2 提醒与强调

一些先行研究将"呢"的功能解释为"提醒"，但表示提醒时，"呢"也只用于背景
原因，表示警告（相当于宣示紧急情况）或主张的部分不能加"呢"。

（24）a. 狼来了（*呢）！

b. 哎，小心汽车（*呢）！

c. 别跑（*呢）！小心摔着（*呢）。

（25）（听到有人唱歌）

a. 别唱了（*呢）！／小声点儿（*呢）！<u>孩子睡觉呢</u>。

b. <u>孩子睡觉呢</u>，别唱了（*呢）！／小声点儿（*呢）！

（26）把电视的声音弄小点儿，<u>你爸爸接电话呢</u>。"（谌容:梦中的河）

（24）表示警告时不能加"呢"。（25）"别唱了 / 小声点儿"表示主张，也不能加"呢"，但表示原因的"孩子睡觉"可以加"呢"。（26）"把电视的声音弄小点儿"是主张，"你爸爸接电话"是原因。主张与原因的语序可以互换，但"呢"始终依附原因部分。因此说"呢"表示提醒是一种笼统含混的提法，实际上"呢"只能用于提示背景原因。

有些"呢"句看似表示主张或宣示，实际上仍是背景说明，

（27）这个假期你（打算）去旅游吗?

  -- a. 去（??呢），我想去东北转转呢。

  -- b. 不去（*呢），我得回老家呢。

  -- c. 我想好好儿在家歇两天呢。

  -- d. 我才不去呢，到处都是人（*呢）。

（27a）（27b）的主张部分一般不加"呢"，原因部分"我想去东北转转 / 我得回老家"可以加"呢"，（27c）属于间接否定，是借助原因的说明来进行的。同样，（27d）的"我才不去呢"也不是主张。"才……呢"这类句式如同前面（6c）提到的，一般是在假设命题为真的前提下对参与项进行选择，相当于说"要去（旅游）你（或别人）去，我是不会去的"这种语义，本质上仍是背景说明。后续"到处都是人"表示"我才不去"的原因，但不能加"呢"，因为"呢"表示实时条件。（27a）（27b）（27c）的"呢"属于做出"不去"这一决定的实时条件，句中"想、得"等属于必要成分，而"到处都是人"是将来旅游时可能出现的非实时条件，不能加"呢"[11]。

"呢"句针对命题表示肯定性答复还是否定性答复，也取决于语用上的解读。

（28a）a. 你看，他睡着觉突然笑出了声。

  -- b. 做梦呢。

  c. 他说想买张彩票中个百万大奖。

  -- d. 做梦呢。

上述"做梦呢"都表示实现条件或原因，（28b）对命题没有否定义，（28d）有否定义，但这种语义差异主要取决于语用条件，"呢"句本身并不直接表示否定。

（29）a. 我今天跟他拼了。

  -- b. <u>何必呢</u>。（→ 不必吧（ / *呢） / 没必要*呢）

  c. 连份报告都写不出来，<u>还大学生呢</u>。（→ 不配是大学生*呢）

上述"何必呢"和"还 NP 呢"等用法，在以往的研究中都认为表示否定。但实际上（29b）"何必呢"是问"是否有必要"来表示反诘，相当于假设命题为真来质询其依据，而（29c）是质询"写不出报告"（命题）与"是大学生"（条件）之间的合理性。这两个句子也不属于直接否定，因此换成直接否定句时都不能加"呢"。"何必呢"和"还 NP呢"作为一种惯用句式经常用于否定义，但其本源仍是针对某个命题来质疑其条件或依据。

由于 "呢" 表示背景原因，因此在认可命题为真的前提下陈述条件时，其条件也自然为真，因而会伴有某种客观性叙实语气。

（30）a. "你算了吧，别弄得自己多愁善感的。你可以了，还觉得没占够上风？我都叫你弄成什么了？我干什么了究竟？多说了一句没有？<u>我的冤情还没处诉呢</u>！"（王朔文集）

　　　 b. "<u>还他妈丈夫呢</u>，<u>还他妈爱我呢</u>，连狗都不如。"她在一边骂骂咧咧地骂开了，"<u>狗还知道主人唤一声就跑过来呢</u>。"（王朔文集）

（30a）申诉自己冤枉，"我的冤情还没处诉呢！"陈述客观实情。（30b）的 "还他妈丈夫呢，还他妈爱我呢" 陈述双方共享的既往事实，以此主张对方 "狗都不如（不忠实）"。而 "狗还知道主人唤一声就跑过来呢（实现条件）" 是以常识为依据来证实这一主张。

上述 "呢" 句通过事实陈述来佐证命题真实性，伴有某种客观性叙实语气。以往的研究将其解释为对事实的强调或夸张。但（30b）"还他妈爱我呢" 和 "连狗都不如（*呢）" 孰为强调或夸张很难判定，但 "呢" 只用于原因或依据。因此，表示强调和夸张也不是 "呢" 的本质功能，而是一种伴生功能。

背景相对于命题具有一种依附关系。命题表示宣示、主张、判断或结论，背景表示条件、场域或依据、原因等。体现在因果关系上，"呢" 相当于 "因"，命题相当于 "果"。"因" 依附于 "果"，所以 "呢" 依附于命题，并与命题之间形成相互关联的语用效应。

5. 表示持续的 "呢"

5.1 持续

朱德熙（1982）认为 "呢" 的用法之一是表示持续。我们认为，由于 "呢" 不能脱离命题而独立使用，因此不是一个纯粹的体标记。实际上 "呢" 可以与 "正、在、着" 等共现，且伴有额外的附加语气。

（31）a. 月亮围着地球转（*呢）。

　　　 b. 天上飞着一只老鹰（*呢）。

　　　 c. 丈夫在北京工作（*呢），妻子在上海工作（*呢）。

上述句子单独出现时都不能加 "呢"，只有用于背景时才加 "呢"。

（32）a. 地球围着太阳转时，<u>月亮围着地球转呢</u>。

　　　 b. 你看，天上飞着一群鸽子，<u>还飞着一只老鹰呢</u>。

　　　 c. 丈夫退休回到了北京，<u>妻子还在上海工作呢</u>。

根据认知语法的观点，前景和背景是相对的，动态与静态相比，动态更容易成为前景。前景宣示命题，同时也确立了命题的语义框架或场域。（32a）"地球围着太阳转" 宣

示命题，"月亮围着地球转"是补充，也是背景。同样，（32b）"天上飞着一群鸽子"是前景，"老鹰"是背景，（32c）"丈夫回北京"是前景，"妻子还在上海"是背景。

有些"呢"句看似独立使用，实际也针对某一前提命题（包括场景命题）。

（33）a.（去拜访某人）你看，<u>他房间的灯亮着呢</u>。

b.（衣服淋湿状态下进门）<u>外面下（着）雨呢</u>。

c. 你怎么一身汗呀（／?呢）？

-- d. <u>正收拾厨房呢</u>。

（33a）"灯亮着呢"是针对找人这一命题的说明。（33b）是对自己衣服被淋湿的说明，（33c）是特指问句，但表示惊讶（相当于单方面宣示）时反而不用"呢"，（33d）说明"一身汗"的原因。上述"呢"以往一般解释为持续，但实际上都表示背景原因，且在语义上也不独立，对前提命题具有很强的依附性。

方梅（2016）认为"呢"的持续意义不属于事件表达层面的体范畴，而是一种浮现意义，浮现意义的解读来自言者提醒当前状态这一功能。任鹰（2017）认为背景的事态作为前景事态的伴随状态，一般具有持续的状态特征。

我们基本同意上述观点，认为"呢"表示持续是源于对命题的背景说明。前面提到，背景在时间上一般与命题同步、或先期发生后持续到命题时点。因此相对于前景，背景往往具有静态性，而这种静态性通常是通过行为或状态的持续来体现的。

（34）a. 屋里已暗下来，从窗子看出去，<u>外面窑院里点了灯笼</u>，<u>又开什么会呢</u>。（严歌苓:第九个寡妇）

b. "她好点么？"贾玲小声问，踮脚从门缝往里望。"躺着呢。进来坐吧。"我用脚后跟磕开门。贾玲明显犹豫了一下，抬腿进门："我看看她。"（王朔文集）

c. 怎么这么安静？

-- d. <u>孩子们在睡午觉呢</u>？

（34a）看到"窑洞点了灯笼"这一场景，"开什么会呢"是背景说明。"点灯笼"和"开会"之间虽然从判断逻辑上可以推理为"因为（看到）点灯笼（*呢），所以（知道）是在开会（呢）"，但在事理逻辑上仍是"因为开会（呢），所以点灯笼（*呢）"。"点灯笼"是表象，"开会"是原因。（34b）的命题是她身体如何，"躺着呢"表示其现时状态。（34d）说明安静的原因，如果表示持续，可以由"在"来实现，但这里的"呢"并不能缺省，因为要说明安静的原因。上述"呢"都不是纯粹的体标记，有时去掉"呢"不一定造成体范畴的语义缺失，但会失去前后的语义联系。

在实际交际中，以什么为前景具有很大的随意性，而且前景会以多种形式出现，可以是非言语化场景。

（35）a. 你看什么呢？

-- b. 我看小说呢。

　　　　　　-- c. 我没看什么（*呢）。

（36）a. 你最近忙什么呢？

　　　　-- b. 写论文呢。

（37）a.（看到对方看书）看小说呢？

　　　　b.（看到对方写作）又写论文呢？

　　（35a）是针对对方似乎在看什么这一场景，"我看小说呢"说明原因。（35c）否认命题，不能加"呢"。（36a）预设对方很忙，相当于问"你最近好像很忙，在忙什么呢?"。这种预设可以基于客观事实，也可以基于主观猜测。针对上述场景，也可以用（37）这种提示原因（答案）的方式来询问对方，从而更直接地来求证其原因。

　　（38）a. 小李呢？

　　　　-- b. 他在图书馆呢。

　　　　-- c. 他没来。

　　　　-- d. 他（还）没来呢。

　　（38a）问小李不在的原因。"在图书馆呢"说明原因，同时暗示在图书馆也许能找到小李。（38c）不带"呢"时是消极回应，对能否找到小李不置可否，而（38d）加"呢"后变成积极回应，暗示再等一会儿也许能见到小李。由于"呢"不直接否定命题，伴有某种探询、商榷或期待对方回应等语气，因此会被解读为委婉，但委婉也属于伴生功能。

　　上述"呢"的功能一般被解释为持续，但实际上都是针对前提命题来说明原因的，其功能显然超出了体范畴。

5.2 未变化

　　除了"持续"外，静态性状态也会体现为"未变化"。我们看到"呢"常用于"还 VP 呢"或"还没/不 VP 呢"等形式。

　　（39）a. 这儿都夏天了，<u>他们那儿还是冬天呢</u>。

　　　　b. 都 10 点了，<u>他还没吃晚饭呢</u>。

　　　　c. 长栓一愣，犹豫道："二爷，您不会去榆次给何家少奶奶道喜吧？<u>人家孩子还没生出来呢</u>，现在就去道喜未免太早点儿!"（朱秀海:乔家大院）

　　　　d. 他诚恳地说："你别担心，河底村是个好地方。老百姓特好，不会欺负人的。"她的脸红了，"我怕那儿没有招待所，"她小声说。"放心，"瞧她脸都红了，<u>她准还没有结婚呢</u>。（张承志:北方的河）

　　上述各句的"还（没）VP"都表示未变化，即原有的状态仍在持续。这类"呢"与副词"还"之间具有很高的适配性。根据吕叔湘（1980）《现代汉语八百词》的解释，"还"的用法之一是表示"持续不变"或"不因有某种情况而改变"。上述"呢"表示的也正是这种"持续不变"或"不因有某种情况而改变"的状态。不过，"呢"本身不借助"还"也能表示未变化。

（40）a. 吃晚饭了吗？

　　-- b. 没吃*呢。（＝ 不再吃晚饭）

　　-- c. 没吃呢。（＝ 过一会儿再吃）

　　-- d. 还没吃（呢）。（＝ 过一会儿再吃）

针对命题"吃晚饭"，（40b）表示不吃晚饭时属于否定，不能加"呢"。（40c）加"呢"表示"过一会儿再吃"，属于未变化（未实现），也相当于晚饭的实现方式。（40d）加"还"后也表示未变化。

"未变化"也是一种静态性状态，但与"持续"不同，未变化表示尚未达到某个变化点，因此意味着已经或将会出现某个变化点。变化点可以是旧事态的截止点，也可以是新事态的起始点，"呢"句表示变化点之前的原有状态未变化。

（41）a. 前天还好好儿的呢，昨天就病倒了。

　　b. 明天这会儿，我还到不了家呢。

　　c. 50 亿年前，地球还没诞生呢。

　　d. 离终点还有 5 公里呢。

　　e. 离终点还不到 5 公里呢。

（41a）"病倒了"是变化点，在此之前是"好好儿的"，（41b）表示"明天这会儿"还未抵达"家"这一截止点。（41c）表示地球处于"诞生"这一起始点之前。（41d）的变化点是"终点"，表示路还远，而（41e）表示离终点不太远。这两个句子都表示未变化，但命题的设定有所不同，因此会形成不同的语意取向。上述"还（没）VP 呢"都表示未变化，即尚未到达某个已然、已知或可预见的变化点。这些"呢"句也属于背景说明，很少单独成句。

"未变化"与"持续"语义相近，我们甚至可以将"呢"的功能归纳为"持续未变"。但这样一来，"呢"不仅包括肯定式"（还）VP 呢"，也要包括否定式"还没 / 不 VP 呢"，这些"呢"是否都能纳入体范畴，在界定上也会遇到困难。

典型的体标记"在"既可以用于前景，也可以用于背景，表示前景时可以独立成句，加"呢"后成为背景，一般要依附命题。相反，"着"主要用于背景，很少单独成句。加"呢"后的"VP 着呢"在句法上可以完句，但在语义上仍要依附命题。

由于"（还）VP 着呢"表示未变化，因此寓意着要有一个变化点，否则也不成立。如可以说"（还）活着呢（＝没死）"，意味着"死"这一变化点未出现，但不能说"（还）死着呢（＝没活）"，因为死后不会再活。相反，"（还）睡着呢（＝没醒）"和"（还）醒着呢（＝没睡）"都能说，因为都有变化点。同样，一般语境下"树（还）倒着呢"不自然，因为难以确认其变化点，但"椅子（还）倒着呢（＝没扶起来）"可以说，因为容易确认其变化点。

6. 结语

"呢"是一个功能泛化的情态标记，很难用几条简洁的规则来说清。不过"呢"的使用规则也并不像某些论文分析得那样繁琐。功能的泛化与多样性应用场景有关，但在多样性场景中，"呢"仍然保持了其基本功能，并非杂乱无章。

一般地说，"呢"句基于谈话双方对某一命题的共识来提示该命题的实现条件或判断条件，相当于一种广义上的条件从句。"呢"既反映命题与条件之间的关联性，同时提示条件来引起对方的关注和回应。由于"呢"要依附命题，因此不能单用，也不能用于新命题的宣示或主张。

"呢"基于谈话双方的命题共识，通常与命题之间保持一种顺应性，不会直接推翻或否定命题。由于"呢"基于命题共识来提示或说明背景条件，因此表示陈述时，在认可命题为真的前提下，使"呢"伴有一种客观性叙实语气，有时会引申为对事实的强调或夸张。同时，"呢"一般顺应命题，有时会解读为表示附和或委婉的语气。不过，这些都不是"呢"的本质性功能，而是在不同的语境下形成的伴生性功能。

由于"呢"表示的背景具有持续未变的静态特征，因而衍生出表示持续的解读，但"呢"不能脱离前提命题而独立使用，因此不是一个纯粹的体标记。

以上是"呢"的基本功能及其使用条件，虽然并非满足上述所有条件才能使用"呢"，但能满足越多的条件，越能提高其适配性。在实际交际中，非是非问句能满足大多数条件，所以适配性最高，这也是"呢"被解释为疑问词的重要原因。不过，当缺少前提命题时，即使最典型的特指问句也不能加"呢"，所以"呢"也不是一个纯粹的疑问词。

附注

[1] 这里的"条件从句"有别于句法上有标的条件状语从句，属于语义或语用上的功能概念。

[2] CCL 为"北京大学中国语言学研究中心语料库"。本文所引例句除标明出处的以外，为笔者所做。

[3] 这时也可以问"你是中国人吧"，相当于单方面提出一个命题来征求对方的认同。

[4] 它体现的是：既然我们彼此熟悉了，那我应该知道你的名字（彼此熟悉这一命题的实现条件）。

[5] 如果认可"X 是骗子"命题为真时，可以问"谁是骗子呢?"，但语义上会有改变。

[6] 这时表示仆人当时也在现场，也属于命题事件的一个特定关联项。

[7] "呢"经常用于自问自答，也属于提示问题后由自己来回答。它相当于设定了"另一个自己"来作为谈话的对方。

[8] 当以整句的形式来针对前提命题（为什么问路）进行说明时，句尾也可以加"呢"。

[9] 从动词角度看，主宾语和时间场所以及工具等都属于动词论元，可以视为广义的状语成分，即修饰谓词的成分。

[10] "他会说汉语"如果是针对某一前提命题进行说明时可以加"呢"，但用于命题宣示时不能加。

[11] 如果问现在能否出门时，可以说"外面到处都是人呢"来表示实时条件。

参考文献

方　梅 2008 由背景化触发的两种句法结构,《中国语文》第 4 期。

方　梅 2016 再说"呢"－从互动角度看语气词的性质与功能,《语法研究和探索》（十八），北京：商务印书馆。

胡明扬 1981 北京话的语气词和叹词,《中国语文》第 5、6 期。

金立鑫 1996 关于疑问句中的"呢",《语言教学与研究》第 4 期。

李宇明 1989 "NP 呢"句式的理解,《汉语学习》第 3 期。

陆俭明 1982 由"非疑问形式＋呢"造成的疑问句,《中国语文》第 6 期。

吕叔湘 1980《现代汉语八百词》，北京：商务印书馆。

屈承熹 1986 语用学与汉语教学 -- 句尾虚字"呢"跟"嚜"的研究,《中南民族学院学报》第三期。

任　鹰 2017 语气词"呢"的功能及来源再议,《语言教学与研究》第 5 期。

邵敬敏 1997 "非疑问形式＋呢"疑问句研究,北京大学中文系《语言学论丛》第十九辑,商务印书馆。

朱德熙 1982《语法讲义》，北京：商务印书馆。

Palmer. F. R. 2001. *Mood and modality*. Cambridge University Press. Cambridge.

（王亚新　yaxin@toyo.jp）

The Pragmatic Conditions and Functions of the Modal Particle "Ne（呢）"

WANG Yaxin

Abstract: The modal particle "ne（呢）", is based on the consensus between the speaker and the hearer on a particular proposition, is indicating the background conditions related to the proposition to request the hearer's attention. The function of "ne" is to express the relevance between the proposition and the background conditions, and ask the listener to pay attention or response. The "ne" sentence is generally used to indicate the background conditions of the proposition, it is rarely used for directly negate the proposition. The condition expressed by "ne" is static, so it is usually interpreted as a continuity marker, but it cannot be used independently, so it is not a pure aspect marker.

Key words: modal particle "ne（呢）"; proposition; condition; foreground and background; continuity aspect marker

Contemporary Research in Modern Chinese No.25 (October 2023). pp.91-114

浅谈[V-得-C]因果型补语的"功能二象性"

——从篇章的维度看"程度"和"结果"

杨 明

日本 爱知县立大学

要旨 先行研究においては、[V-得-C]における因果型補語 C には「機能の二重性」が認められるとの指摘が数多くみられる。つまり、述語に表される動作や状態に関する結果も程度も表現することが可能である。しかし、先行研究では、機能の二重性を起こす原因を明らかにしておらず、機能の分類についても客観的な基準がないのが現状である。本稿では、節（clause）のレベルでは、「程度」と「結果」の機能のもつれを究明することができないとし、談話（discourse）のレベルで考察するべきだと主張する。さらに、Hopper & Thompson（1980）と Becker & Egetenmeyer（2015）の「談話的な卓越性（discourse prominence）」の考え方を導入し、因果型補語に表される結果事態と談話構造との関係によって、因果型補語を「強い談話的な卓越性を有する補語」、「談話的な卓越性を有する補語」、「談話的な背景になる補語」に分類する。「強い談話的な卓越性を有する補語」と「談話的な卓越性を有する補語」は、談話構造の一部になるものか、または談話の前景構造と何らかの直接な関係を持つものである。一方で、「談話的な背景になる補語」の働きは、節のレベルのみに限定されており、談話の前景構造との関連性が基本的に弱い。その上で、本稿は、「強い談話的な卓越性を有する補語」と「談話的な卓越性を有する補語」は、「強い結果」又は「強い程度」を表現することができるのに対して、「談話的な背景になる補語」は、「強い程度」のみを表現するものであると結論づける。

キーワード： 談話的な卓越性；機能の二重性；因果型補語；程度；結果

1. "[V-得-C]因果型补语构式"和"因果型补语"

在[V-得-C]因果型补语构式中，述语 V 和补语C之间存在因果关系[1]，V 表示原因事态，C表示结果事态。如下例：

（1） 闷热，热得旷野里柳树上的蝉，竟然在半夜里叫了起来。

（李临定 1963:199）

（2） 我们把敌人打得拖着死尸钻进沟里不敢抬头。 （齐荣 1954:3）

在例（1）中，"热"是述语 V，"旷野里柳树上的蝉，竟然在半夜里叫了起来"是补语 C。该补语表示的是由"热"引起的结果事态，二者构成因果关系。同样，在例（2）中，补语"拖着死尸钻进沟里不敢抬头"是述语"打"的结果事态，二者也构成因果关系。本文把这种类型的补语叫做"因果型补语"。在很多情况下，我们可以通过"因果型补语"表述的结果事态来推知述语所示性状的程度高或动作的强度大。比如在例（1）中，我们可以通过"旷野里柳树上的蝉，竟然在半夜里叫了起来"这一结果来推知"热"的程度高。在例（2）中可以通过"（敌人）拖着死尸钻进沟里不敢抬头"这一结果来推知"打"的强度大。

2. 问题的提出

王邱丕·施建基（1990）把"得"后边的不表可能性的补语分为程度补语和情状补语，二者又分别有简单式和复杂式。本文的"因果型补语"相当于程度补语的复杂式。王邱丕·施建基（1990）认为程度补语复杂式中存在两种情况，第一种是补语表程度为主兼表结果的（如例（3）和例（4）），另一种是补语表结果的意味很强（如例（5）和例（6））。

（表程度为主兼表结果的补语）

（3）他高兴得跳起来。　　　　　　（王邱丕·施建基 1990:416）

（4）天气冷得她直打哆嗦。　　　　（同上）

（表结果的意味很强的补语）

（5）大伙儿笑得喘不过气来。　　　　（同上）

（6）他逗得大伙儿都笑了。　　　　　（同上）

通过上例可知王邱丕·施建基（1990）明确地指出了因果型补语既可以表程度也可以表结果。为了方便表述，本文把这种现象简称为补语的"功能二象性[2]"。但是该文对于表程度或表结果的功能判断比较主观，没有相对客观的判断标准。同时也没有回答产生功能二象性的原因机制，以及在什么情况下表程度为主，什么情况下表结果为主等问题。本文的目的就是试图在篇章的维度上对这些问题做出初步的探讨。

2.1　前人的研究和补语的功能二象性

我们先考察前人的研究是如何描述补语的功能二象性的。在以往的研究中，因果型补语一般被归类在"程度补语"、"状态补语"或"情态补语"之中。下面纵览一些有代表性的研究。

吕叔湘（1982（1944）:148）专门对程度语义范畴在汉语中的各种词汇句法上的表达方式做出了开拓性的研究，该文认为可以用结果来衬托程度，如"这场哭直哭得那铁佛伤心，石人落泪"。这个例子就是本文所说的[V-得-C]因果型补语。显然，补语

"那铁佛伤心，石人落泪"并不是表示现实结果而是一种虚拟夸张的说法，目的是要表达"哭"的程度或强度。吕叔湘（1980:35）在"补语句"的条目下纳入了因果型补语构式，指出其中补语C表示程度（如"天气冷得连我都穿上皮袄了"）或结果（如"他今天把屋里收拾得又整齐又干净"）。吕叔湘（1980）虽然指出了补语C表示程度或结果，但是并没有分析何时表程度何时表结果，也没有分析二者的关系。

　　本文所指的"因果型补语"在胡裕树（1962:361）中归类于情态补语之中，情态补语是说明与动作有关的事物的状态的，如"他洗了许多衣服，洗得满头大汗"。胡裕树（1962）指出，"满头大汗"是说明"他"的。但只是指出了补语的说明对象，并没有涉及因果型补语表示程度，即没有提及补语的功能二象性。

　　李临定（1963:193）认为补语可以对动词或形容词的具体描写来表示程度的强烈，把"因果型补语"的一部分归入表程度的补语，如"祥子痛快得要飞起来，这些日子的苦恼全忽然一齐铲净"。李临定（1986:195）明确指出表结果的补语可以表示强烈的程度，但没有进一步详细分析。

　　赵元任（1968）把动补结构分为自由的补语和粘着的补语，本文所指的因果型补语在赵元任（1968:178）中被归类为介乎自由的补语和粘着的补语之间的一种类型。"得"后面可以有各种形式，其中因果型补语的例子有"吵得人家睡不着"和"慢得急人"以及"气得又要哭又要笑"等。对于这类结构的语义，赵元任（1968:178）明确指出表示幅度（extent），这和"程度"概念已经非常接近。

　　朱德熙（1982）把动补结构分为组合式和粘合式。组合式述补结构有两类，一类表可能性，一类表示状态。"因果型补语"被称作"状态补语"。如"热得满头大汗"和"愁得他吃不下饭"以及"睡不着觉"、"吃得越来越胖"（ibid., 135）。但朱德熙（1982）并没有说明"状态补语"的功能，既没有提到"程度"也没有提到"结果"。但根据其命名方式可以推测可能是表"情态"。

　　刘月华等（1983, 2019）把"因果型补语"叫做情态补语，指出情态补语主要指动词后用"得"连接的表示动作的结果状态的补语。该结果状态主要用来描述施事（当事）或受事的结果状态，有时也表示述语动词所凭借的工具的结果状态，如"这双鞋穿得底都快透了，可是帮儿还很好"、"小明写字写得铅笔尖都秃了（刘月华1983:370）"等。刘月华（2019:604）另外单列了一个程度补语的类目，这更加明确地表示她认为这种"因果型补语"只是表示动作或状况使施事（当事）或受事者等出现了何种情态，而不表程度。

　　藤堂·相原（1985:104）指出因果型补语构式中的"得"有把动词名词化的功能，认为因果型补语既可以表结果也可以表示程度甚至情态本身。如"他说得大家都感动了"。藤堂·相原（1985）认为"大家都感动了"可以表达"说"的结果，同时通过这个结果反过来可以推知动作情态"说得很逼真"的程度之高。

　　本文的因果型补语在马真（1997）中被称作程度补语。马真（1997:90）明确指出

有一些程度补语是用结果来表示程度的，如"看得忘了吃饭"，"忘了吃饭"是由"看"所引出的一种结果，但实际意义不在强调"看"的结果，而是在强调"看"的程度，用结果来具体描绘"看"的程度，所说的结果往往带有夸张的意味。

史彤岚（2001）主要考察了因果型补语的语义和语用特征。该文通过与因果关系复句的相互转换分析发现因果型补语构式中的原因与结果由于"得"的连接，使得结果（补语部分）具有[程度高]或者[时量长/动量大]、[动作非可控]等语义特征。如"他胖得手都够不着脚"（ibid.,171）。

蔡丽（2012）是一部专门研究程度范畴在汉语补语系统中句法实现的专著。蔡丽（2012:63-68）首先把汉语的补语系统分为结果补语、状态补语、高程度补语、数量补语，并把"因果型补语"归入结果补语的下位分类（叙述结果补语），理由是"因果型补语"属于复合语义类型，第一层是原因-结果关系。此外该句式还存在性质-程度这种语义关系，认为它是在第一层因果关系的基础上衍生出来的，如"他难过得哭了起来"（ibid.,72）。蔡丽（2012）认为"哭了起来"是"难过"的结果，通过述补结构产生因果型程度。由"哭了起来"可知"难过"的程度之高。

	著作	表程度	表结果	表状态/情态
1	吕叔湘（1982（1944））	○	○	×
2	胡裕树（1962）	×	×	○
3	李临定（1963）	○	?	×
4	赵元任（1968）	○	×	×
5	吕叔湘（1980）	○	○	×
6	朱德熙（1982）	×	×	○
7	刘月华等（1983）	×	○	○
8	藤堂·相原（1985）	○	○	○
9	李临定（1986）	○	○	×
10	王·施（1990）	○	○	×
11	马真（1997）	○	×	×
12	史彤岚（2001）	○	○	×
13	蔡丽（2012）	○	○	×
14	刘月华等（2019）	×	○	○
	小计	10	9	5

（表1）

为了方便观察，我们把各位学者的研究总结归纳如表1。从表1可以看出，在本文

调查的 14 篇著作中，认为因果型补语构式只表程度的有 3 篇，认为只表结果的有 0 篇，认为既可表程度又可表结果的有 7 篇，认为只表状态/情态的有 2 篇。可见前人研究对因果型补语构式的功能的认识上不是一致的，但在既可表结果又可表程度这一点上共识较多，占 50%。本文的目的就是从篇章角度来观察功能二象性的具体情况。

2.2 "程度"的概念及延伸

在进入讨论之前有必要对"程度"这一概念以及延伸做出某种程度的界定。首先要明确的是，比如"高兴得哈哈大笑"所表达的"因果型程度"不是指补语所述事态"笑"的程度，而是述语事态"高兴"的程度。这和"高兴得不得了"和"贵得很"以及"辣得厉害"中的程度补语"不得了"和"很"以及"厉害"等的功能是一致的。

根据马庆株（1988:118）和刘月华等（2019:604），具有程度概念区别且能带程度补语的述语主要是性质形容词（如：好、好看、渴、美），而状态形容词和非谓形容词则不行。有很小一部分动词也能带程度补语，主要是表示心理活动的心理动词（如：爱、恨、气、吓、怕）及表示五官感觉的感受动词（如：吵、闹、震、呛、噎），而一般行为动词则不能带程度补语表达其程度。如"*跑得很"、"*走得不得了"、"*吃得够呛"、"*骑车骑得要命"等都是不能说的。如此看来行为动词所表示的行为本身似乎是没有程度可言的。但是，通过调查语料库，我们也发现了一些行为动词直接带程度补语的例子，如下例（7）中的"笑得厉害[3]"。

（7）原来小沅站在水缸边玩抽水机筒，第一下便射到他们的头上。这下子大家都笑，笑得厉害。芝站着不住地摇她发上的水。

　　　　　　　　　　　　（林徽因《窘》/北京语言大学语料库，以下简称 BCC）

同时，在前人的研究里经常也可以见到行为动词带因果型补语表其动作程度或者说表强度的例句。如吕叔湘（1980:35）举例指出"我们跑得都喘不上气来了"中的补语是说明"跑"的程度的。王邱丕·施建基（1990:416）指出"他逗得大伙儿都笑了"的补语表结果兼程度。又如，马真（1997:90）指出在"看得忘了吃饭"中的"忘了吃饭"是在强调"看"的程度而不是结果。但是上述研究都没有说明行为动词"跑"、"逗"、"看"的程度义到底是什么。

从我们收集的现有文献来看，最先明确指出行为动词的程度义或说强度义的是李临定（1963，1986）。李临定（1963:194）列举了因果型补语表示行为动词所示动作的强烈程度的例句，如"可是两只手抖得连香火也对不到烟锅上"。李临定（1986:195）更是明确指出从述语中心语的角度来看，在意念上常常隐含着某种强烈的程度或某种具体的原因，比如（8）中的"跑"有"速度快"或者"距离远"的含义，否则不会"直流汗"。而且认为（9）中的"吃"有"吃得很多"的含义。

（8）他连续跑了三圈，跑得直流汗。　　　（李临定 1986:195）

（9）他的饭菜一直不错，吃得又白又胖。　　（同上）

王邱丕·施建基（1990:419）通过与英语的"so...that"句型对比认为例（10）的英汉句子并不完全对等，汉语句若要与英语句的信息量完全对等，则要用如例（11）那样更复杂的补语句。例（11）中加入了补语"太久"，这说明可以认为补语"大家都不好受"表示的因果型程度可以是"哭"的持续时间长的超常程度。

（10）　She cried so much that everyone felt sad. 　（他哭得大家都不好受）

（王邱丕·施建基 1990:419）

（11）　她哭得<u>太久</u>，哭得大家都不好受。　　　　（同上）

史彤岚（2001:171）认为因果型{V-得-C}句式中结果（补语部分）具有[程度高]或者[时量长/动量大]等语义特征。虽然该文没有明文限定这些语用特征是适用于行为动词还是性质形容词，但通过文中对例（12）的解说我们可以推测[程度高]是适用于性质形容词等的，对（13）的解说可以推测[时量长/动量大]是适用于行为动词的。

（12）　他胖得手都够不着脚。　（述语为性质形容词）（史彤岚 2001:171）

　　→　他胖（得要命），以至于手都够不着脚。

（13）　这些话听得我耳朵都快起茧子了。　（述语为行为动词）（同上）

　　→　这些话我听（的次数太多了），以至于耳朵都快起茧子了。

蔡丽（2012:72）也指出不论叙述结果补语的述语为形容词或能受程度副词修饰的动词，还是动作动词，也不管结果是常态结果还是异态结果整个述补结构都能表达因果型程度[4]。例（14）中的补语"冒汗了"所表达的是一种较为正常的结果。而例（15）的补语"两腿发软"所表达的情况对动作"打球"来说是一种异常的结果，正常情况下不会出现这种情况，只有"打"得比较久、比较猛时，才会出现这种结果。由"冒汗"、"两腿发软"都可知"打"的程度或强度有多高。

（14）　他打球打得冒汗了。　　　（蔡丽 2012:72）

（15）　他打球打得两腿发软。　　（同上）

田禾（2015:25-26）也指出，当谓语（即本文的述语）是行为动词时，如例（16）那样的句子中小句形式的补语也可以认为是将谓语所达到的程度具象化，比如可以用表评价的形容词来替换小句补语（如：酒喝得太多）。小句跟谓语之间存在一个认知上的理解默契。"喝"与其后的结果"他不仅失去了工作，也失去了做人的尊严"之间以因果链接起来必须存在一个自然联想的要素，即"喝得太多以致于产生这种后果"。通过以上论述可推测田禾（2015）也认为行为动词也是有程度或强度概念的，并且是通过与行为动作相关的量的程度来表示的。

（16）　酒喝得他不仅失去了工作，也失去了做人的尊严。　　（田禾 2015:25）

本文的立场与李临定（1963，1986）、王邱丕·施建基（1990）、史彤岚（2001）、蔡丽（2012）、田禾（2015）基本一致。对于行为动词来说，其程度义或说强度义往往指行为动词的语义框架要素（frame elements）的某种属性的程度。比如，动作持续时间的长短程度，动作力量的大小程度，动作频率的高低程度，动作速度的快慢程度，

动作移动距离的远近程度，动作的受事数量的多寡程度，动作情状的程度等。这种程度一般是超常的或反常的，它直接反映了动作的"高强度"。

3. 从篇章维度上看补语的功能二象性

杨石泉（1985:654）指出"他急得满头大汗"中的"满头大汗"到底是表程度还是表结果众说纷纭莫衷一是的原因在于单依句子的意义划界是靠不住的。本文基本赞成杨石泉（1985）的意见，我们认为造成这些问题的主要原因是孤立地在小句层面看待结果概念，而没有在篇章的层面上去审视它。为了更好地说明因果型补语的这两种功能，我们认为有必要导入篇章结构的思考。Hopper & Thompson（1980）对篇章结构的"前景"和"背景"概念做了如下界定。

> That part of discourse which does not immediately and crucially contribute to the speaker's goal, but which merely assists, amplifies, or comments on it, is referred to as BACKGROUND. By contrast, the material which supplies the main points of the discourse is known as FOREGROUND.　　（Hopper & Thompson 1980:280）

Hopper & Thompson（1980:281）指出前景部分有两个重要的特征，一个是各个前景部分共同形成篇章的基础结构，是篇章的框架（skeleton），而背景部分只是在这个框架上增添血肉成分，和篇章结构的连贯性没有直接关系。另一个特征是前景部分是按照时间顺序排列的，其顺序的改变意味着真实世界中时间顺序的改变。但是背景部分彼此之间是没有序列的，甚至相对于前景部分是可以移动的，它是对场景设定（scene-setting）和评价的说明。方梅（2018），方梅（2019）的观点基本和 Hopper & Thompson（1980）一致，引用如下。

> 一个叙事语篇中，总有一些语句，它们所传达的信息是事件的主线或主干，这种构成事件主线的信息称作前景信息。前景信息用来直接描述事件的进展，回答"发生了什么？"这样的问题。另一些语句他们所表达的信息是围绕事件的主干进行铺排，衬托或评价，传达非连续的信息（如事件的场景，相关因素等等），这种信息称作背景信息。背景信息用来回答"为什么"或"怎么样"等问题。前景信息与背景信息在不同层面上有不同的表现形式。　　（方梅 2019:12）

Becker & Egetenmeyer（2018）也赞成 Hopper & Thompson（1980）对于篇章结构中的前景和背景层次的看法，他们认为篇章中各个事态（群）如何排序或者是否应归入背景结构取决于它对篇章故事主线（main story line）的贡献度（ibid.,38）[5]。他们通过篇章事态发生的时点详细地研究了时间性篇章结构（temporal discourse structure）并指出在叙事文体中小句之间的篇章关系不仅有前后或者平行的时间关系，同时也有层级关系（related hierarchically）。建构一个连贯的篇章结构主要基于线性连续体（linear continuity）和层级组织（hierarchical organization）。前者是指篇章中各个事态之间的协

同性关系（coordinative），主要包括叙事（narration），条件（occasion），原因解释（explanation），结果（result），对比（contrast）等关系。后者是事态之间的从属性关系（subordinative），主要有详述（elaboration）关系（ibid.,38）。

在此基础上，Becker & Egetenmeyer（2018）吸收了 Himmelmann & Primus（2013）提出的篇章凸显性的思想（discourse prominence），进一步提出了篇章凸显层级（prominence hierarchy）的概念。他们指出篇章凸显性是一个程度问题，它的一端是篇章进展中的事态（eventuality in progress），它和篇章动态进程中最凸显部分相关联；而另一端是和篇章时间结构完全不相关的事态，而位于篇章时间维度之外。篇章结构中的各个事态位于篇章凸显层级的两个极端之间，各自具有不同程度的篇章凸显度（ibid.,54）。

下面，我们带着这些篇章维度的思想去审视因果型补语的功能二象性。关于前述的王邱丕·施建基（1990）的例子（如：他高兴得跳起来 / 他逗得大伙儿都笑了）中的因果型补语"跳起来"和"大伙儿都笑了"，如果在孤立的小句层面上来看确实分别表示述语"高兴"和"逗"的结果。但是，这种小句层面的结果是否仅仅只是为了详述"高兴"和"逗"的程度或强度而存在的？还是它和篇章前景结构中的故事主线发生衔接关系从而表达了在篇章结构里凸显的结果？为此，我们上升到篇章结构的维度上进行考察，认为可以根据补语事态和篇章主线的相互衔接关系的有无或衔接关系的直接性，把因果型补语分为"篇章强凸显补语"，"篇章凸显补语"及"篇章背景补语"。这三种补语的篇章凸显度依次递减。下面我们首先从"篇章背景补语"开始考察。

3.1 篇章背景补语

篇章背景补语根据补语所表事态的具体性和实现可能性，可以进一步分为"背景现实性补语"和"背景虚拟性补语"[6]，下面分开讨论。

3.1.1 背景现实性补语

李临定（1963）曾经指出有些表程度的补语是对动词或形容词的具体描写。换言之，这种"表程度的补语"的表达目的并不是表示动词或形容词的具体结果或情态，而是来表示其程度的强烈。李临定（1963:193-4）列举的因果型补语例句主要有"那庄稼稠得不漏缝，看不见人"、"闹得连我也不敢在这里呆了"等。这种例句有些类似王邱丕·施建基（1990）中列举的把程度排列在结果之前的句子（如：他高兴得跳起来）。我们认为这种因果型补语仅仅只是为了具体描述述语事态的程度或强度而存在，并不与篇章前景结构中的故事主线发生相关性，但同时其补语所述事态又具有一定程度的具体性和现实性。我们把这种补语暂且叫做"背景现实性补语"。背景现实性补语的功能作用仅仅局限在小句层面，并没有上升到篇章层面上来，因此它没有在篇章

结构中获得凸显性。但是，它还是为篇章背景结构增添了一些信息。首先看形容词作述语的情况。

（17） [1]那天，<u>尽管六月的天气</u>热<u>得叫人透不过气</u>，[2]从听到乌尔比诺医生去世的消息起直到晚上，他<u>还是</u>穿着惯常穿的衣服。[3]深色的呢料坎肩，衬衣的硬领上系着丝带结。 （加西亚·马尔克斯《霍乱时期的爱情》/BCC）

例（17）的篇章前景结构中的逻辑主线是由"尽管…还是…"连接小句[1]和小句[2]阐述一个转折关系。[3]是对[2]的补充说明，属于背景结构。[1]中的因果型补语"叫人透不过气"是"热"造成的结果，而"叫人透不过气"的存在目的是仅仅具体详细描述"热"的具体程度，与篇章主线结构是从属性的详述（elaboration）关系而不是协同性关系（coordinative）。这和状语修饰关系的情况有些类似，但这种补语对后续主线事态不增添任何新的信息，也没有起到推进篇章主线发展的篇章作用，这完全符合前述的 Hopper & Thompson（1980:280）对篇章背景结构的界定。

有一个重要证据支持这个从属性的详述关系。即这种补语可以用类似的其他形式替换而对篇章前景结构的逻辑关系不造成影响，即没有"结果唯一性"。如（18）所示，[1]中的补语即使用"让人大汗淋漓"代替"叫人透不过气"，篇章的前景主线逻辑转折结构也几乎没有变化。这说明篇章背景补语所表结果是没有唯一性的，只要满足了其表达述语性状的"程度高"的篇章要求，其他形式也可以用作补语。

（18） [1]那天，尽管六月的天气热<u>得让人大汗淋漓</u>，[2]从听到乌尔比诺医生去世的消息起直到晚上，他还是穿着惯常穿的衣服。

再者，这种没有"结果唯一性"的因果型补语可以直接用程度补语（（得）很，（得）厉害（李临定 1963:194），（得）不得了，（得）要命，（得）够呛）等来替换，甚至可以用表程度的副词来替代。如例（19）所示，原文"叫人透不过气"被替代以后只是减弱了对程度描写的细腻度，而篇章主线的转折逻辑结构不受影响。

（19） 那天，尽管六月的天气（<u>非常／特别</u>）热（<u>得厉害／不得了</u>），从听到乌尔比诺医生去世的消息起直到晚上，他还是穿着惯常穿的衣服。

因此，我们从以上分析可以看出，在上例（17）中的篇章结构中凸显的是述语"热"的程度之高而不是"叫人透不过气"这一结果本身。但这里需要强调的是，这种篇章背景补语虽然没有"结果唯一性"，但是它在小句层面对篇章背景结构还是增添了不同的信息。所以我们不使用"其完全不表结果"的极端说法，而把其功能表述为"弱结果"和"强程度"。下面再看行为动词作述语的例子。

（20） 我曾不止一次地想，如果她的死是由于某个人的错误造成的，那么不管怎样，[1]我一定会把这个人撕成碎片，[2]还要用脚在碎尸上<u>发狠地踩踏</u>，[3]踩<u>得它粉碎，血肉模糊</u>。但似乎没有这样一个人但似乎没有这样一个人（略）…如果一定要找一个怪罪的人，只能是院方领导，可以怪罪他们没有及时把坐便器修理好。 （麦家《暗算》/BCC）

例（20）中局部篇章的前景结构的故事主线是通过小句[1]和[2]的时间先后关系串联起来的。而[3]的因果型补语"它粉碎，血肉模糊"只是更进一步夸张地详细地描述故事主线事态[2]的"发狠地踩踏"的具体程度或强度，用以烘托对"这个人"的憎恨。但由于其本身是个夸张表达，并没有和篇章的前景结构发生逻辑衔接关系，因此对前景结构中的故事主线进展没有贡献。故补语与小句[2]构成从属性的详述（elaboration）关系，从而没有获得篇章凸显性。另外，这种补语也没有结果唯一性，可以用其他补语替换。比如把"它粉碎，血肉模糊"替换为"永世不得翻身"其篇章逻辑结构也不会改变。

通过观察例句我们发现，当述语为行为动词时经常会出现一个显著的篇章格式特征。即在上文中一般会出现一个表示动作强度的副词或者类似的表达方式来修饰该行为动词，而因果型补语则进一步具体描述其强度。具体实例除了上文的例（20）之外还有下面的例（21）和（22）。

（21）他定得有一个原则：凡是地主老财们送来的，收，多收。[1]狠狠地刮，[2]刮得他们哑子吃黄连，有苦说不出。[3]说的事情就给他来个软拖，东拉西扯。　　　　　　　　　　（马识途《夜谭十记（让子弹飞）》/BCC）

（22）"跑！"她想，全身仍在颤抖，只是不那么害怕了，[1]可心仍怦怦直跳，[2]跳得她直想吐。"可我是在往哪儿跑呢？"她现在的呼吸已经比较平稳。　　　　　　　　　　（玛格丽特·米切尔《飘》/BCC））

在例（21）[2]中的因果型补语"他们哑子吃黄连，有苦说不出"仅仅只是对[1]中的状语"狠狠地"所表示的强度进行了更进一步地补充详述，而对上下文前景结构的故事主线的进展并没有贡献。所以二者也构成了从属性详述关系，处于篇章的背景结构中。在例（22）中，[1]的"（心）怦怦直跳"成语中已经包含了心跳强烈的含义，而[2]的因果型补语"她直想吐"则更加具体详细地描写了心跳强度。

3.1.2　背景虚拟性补语

在篇章背景补语中存在着一种不可能与篇章故事主线发生时间关系或逻辑关系的种类，主要是非现实的虚拟表达（如例（23））、惯用表达或夸张表达（例（24）、（25）、（26）、（27）、（28））、拟声拟态词（例（29））等。由于这类补语一般表示在篇章中抽象的不会实现的虚拟事态，至少成为现实的可能性渺茫。我们把这类补语总称为"背景虚拟性补语"。这类补语都没有"结果唯一性"，很多情况下可以用程度补语等替换而篇章逻辑关系仍然不变。

（23）这场哭直哭得那铁佛伤心，石人落泪。　　　（吕叔湘 1982:148）

（24）我不敢去碰这个钉子！他们睡得正香，你敢去吵醒他们，一定要骂得你狗血淋头。　　　　　　　　　　（巴金《秋》/BCC）

（25）把带鸡的风磨吞吃之后，全国所有的狐狸都追着母鸡钻进他的嘴里，疼得

他死去活来，幸亏一个变戏法的给他出了个主意，叫他难受的时候就呕吐。　　　　　　　　　（弗朗索瓦·拉伯雷《巨人传》/BCC）

（26）受到众人的尊崇。卫士们见到他都得立正敬礼。他对父亲真的是 崇敬 得 五体投地。　　　　　　（玛丽卡·乌夫基尔《女囚》/BCC）

（27）尊敬的莫言老师，我拜读了您的所有大作，对您 佩服 得 五体投地，一魂出世，二魂涅槃。　　　　　　（莫言《酒国》/BCC）

（28）我们来到村外一座破庙里避雨。这时我让人把我爹带到我跟前，庙里 黑 得 伸手不见五指，我看不清爹的模样，他同样也看不清我，这合我的心意。
　　　　　　（《作家文摘》1993 年/北京大学语料库，以下简称 LLC）

（29）就这么躺了几个小时，一动也不动，肚子已经 饿 得 咕咕叫了，可我知道家里没吃的，我也不想出去买，省得自己又睹物思人。
　　　　　　（塞西莉亚·艾亨《限期十四天》/BCC）

　　有意思的是，在例（28）以及（29）中的这类补语和其（形容词性）述语的搭配看起来好像具有唯一性。但是这个唯一性和篇章结构没有关系，而是由于补语和该形容词性的述语形成了高度固定搭配[7]的原因。正是由于形成了高度固定的搭配关系，所以甚至省略其述语（如例（28）"庙里（黑得）伸手不见五指"、例（29）"肚子已经（饿得）咕咕叫了"），而小句中表述语（"黑"和"饿"）之程度高的意义仍然保持不变。即已经出现了程度功能的词汇化现象。单从这一点我们就基本可以推知该类补语并不是为了表示其述语事态的结果而存在的。

　　因此，比如在例（28）中，此时在篇章结构中其述语"黑"的"程度高"或者说"黑得厉害"这一信息是最重要，它直接衔接篇章结构中的主线逻辑结构。因为在"庙里黑得伸手不见五指"中，无论述语（黑）出现与否，"（庙里）黑"的程度高或"黑得厉害"是导致"我看不清爹的模样，他同样也看不清我"直接原因，而不是其补语本身（伸手不见五指）。因此，应该认为在篇章结构中高度凸显的是"黑"的程度之高而不是其补语所示的事态本身。例（29）也同理。

　　我们似乎可以说补语和述语的搭配的规约度越高越固定，该补语表示述语事态的结果的可能性就越小，而表程度高或强度大的可能性就越大。当然，这种补语具有功能二象性的可能性也会降低。

3.2　篇章强凸显补语

　　与上述篇章背景补语的性质正好相反，如果因果型补语表达的结果事态和上下文篇章前景结构的故事主线有衔接关系并且直接构成局部篇章前景结构的一部分的话，那么可以认为这种因果型补语具有高度的篇章凸显性。我们把它称作"篇章强凸显补语"。　再次需要强调的是，本文所说的篇章凸显性都是指在特定的局部的篇章前景结构中的凸显性，局部的篇章前景结构也有可能成为更高维度的篇章结构的背景结构，

所以篇章凸显性总是一个程度问题（Becker & Egetenmeyer2018）。

只有具有篇章强凸显性和下文 3.3 中的篇章凸显性的因果型补语才能表示"强结果"。它在篇章结构中具有"结果唯一性"，也不能用程度补语或者其他表程度（强度）的表达来替换。篇章强凸显性补语的篇章关系可分为时间前后关系、因果关系、转折让步关系、相互照应关系、并列关系、广义的阐释关系等。下面分别举例说明。

3.2.1 时间前后关系

时间前后关系是指叙事语篇中，因果型补语所述事态参与在篇章前景结构中的故事主线之中，它满足 Hopper & Thompson（1980）提出的前景结构的特征。即按照时间顺序排列，其顺序的改变意味着真实世界中时间顺序的改变。请看以下例句。

（30） 瑞德没有搭腔，[1]只是拿那根树枝在马背上狠狠地<u>抽</u>了一下，[2]让那畜生 吓得<u>跳起来往前一蹿</u>，[3]随即用尽可能高的速度载着他们摇摇晃晃地<u>横过</u>了马里塔大街。 （玛格丽特·米切尔《飘》/BCC）

上面例子中的因果型补语"[2]跳起来往前一蹿"所表达的事件和后续事件以及前行事件之间都形成了时间先后关系，即"[1]拿树枝抽马背→[2]吓→[2]跳起来往前一蹿→[3]横过马里塔大街"。这个篇章结构是按照现实世界中事件发生的时间顺序来排列组成的，而且这个顺序是不能任意调整的。这一连串的事件序列构成了篇章故事的主线。

3.2.2 因果关系

因果关系是指因果型补语所述事态是篇章后续事态的原因，或者前者是推导出后者的逻辑基础。补语通过这样的逻辑因果关系和篇章前景结构发生关联性[8]。

（31） 她工作一向很出色，但她来信说有个女人手拿切向刀要赶她出门，[1]<u>害</u>得 <u>她在台阶上摔了一跤</u>，[2]结果把腿摔断了。

（玛格丽特·阿特伍德《可以吃的女人》/BCC）

（32） "你怎么不事先告我一声呀！"老蔡说："我还以为我刮脸，[1]<u>刮</u>得<u>太白</u> <u>太光</u>，[2]你认不出我来呢！"妻子抬头看他一眼，带着眼泪笑了。

（冯骥才《胡子》/BCC）

比如在例（31）中，[1]的补语"她在台阶上摔了一交"是后续小句[2]"把腿摔断了"的直接原因。在例（32）中，[1]补语"（脸）太白太光"是[2]"你认不出我来"的原因。

3.2.3 转折让步关系

转折让步关系是指因果型补语表示的事态和后续篇章主线构成了明显的转折或让步关系。补语通过转折或让步的逻辑关系和篇章前景结构产生关联。

（33） 很快便发现，那原来是一只火药桶。但是，它已经进了水，[1]火药被<u>浸</u>得<u>像石头一样硬</u>。虽然如此，[2]我还是先将它朝岸上滚了滚，然后又朝水…

　　　　（丹尼尔·笛福《鲁滨逊漂流记》/BCC）

（34） 看看，幸好没人，拉了五富立即跑掉。我们跑过了那段巷道，[1]两人都<u>跑</u>得<u>口渴</u>，[2]而挂在车把上的大玻璃瓶中已没有了水，五富问哪儿有水管子？　　　　（贾平凹《高兴》/BCC）

（35） 问他："吾良先生从大楼上跳下去了，[1]现在他的尸体包括脑髓都已经<u>烧</u>得<u>一点不剩了</u>，[2]那么你<u>还</u>认为他的灵魂或者精神这种东西仍然存在吗？"　　　　（大江健三郎《被偷换的孩子》/BCC）

比如在例（33）中，[1]的补语"（火药）像石头一样硬"和[2]的"我还是先将它朝岸上滚了滚"之间有表转折关系的接续词"虽然如此"，二者构成明显的转折关系。在例（34）中，[1]的补语"（两人）口渴"和[2]的"挂在车把上的大玻璃瓶中已没有了水"之间通过连词"而"构成明显的转折关系。在例（35）中，通过[2]中的副词"还"可以看出[2]和[1]"（他的尸体包括脑髓）一点不剩了"构成让步关系。二者之间还可以添加"尽管如此"等关联词使逻辑让步关系更加明确。

3.2.4　相互照应关系

相互照应关系是指因果型补语的事态在上下文的篇章前景结构中被再次提及的关联现象。被再次提及的方式有多种，一般是使用意义相同或相近的词语来重述补语，还可能是使用指示代词回指。

（36） 刚三岁小公主还不是很懂事，并不明白，如果母亲殉葬了，自己以后就再也看不到她了，只是还不知道死亡意味这什么，[1]但看到母亲<u>哭</u>得<u>泪如雨下</u>，[2]也被<u>吓</u>得<u>嗷嗷大哭</u>。[3]朱元璋看到<u>相拥而泣</u>的母女之后，顿时心头一软，竟然放过了张玄妙，特许不用殉葬，可以活下来照顾女儿。

　　　　（《今日头条》）

（37） 通往带有仓房的主建筑的通道上满是蟑螂屎、蜘蛛网和尘土，[1]<u>肮脏</u>得<u>无法脱下鞋子行走</u>。虽然感到一种被责怪的感觉，[2]古义人还是<u>穿着鞋便往义兄的书库走去</u>。　　　　（大江健三郎《愁容童子》/BCC）

（38） 他弯腰端起杯子喝了一口水，从椅子上跳到了常委会的会议桌上了。[1]把常委们都<u>吓</u>得<u>将身子朝后仰去了，把椅子朝后挪去了</u>。[2]柳县长是不管<u>这些</u>的，他是一县之长哩，[3]不消去顾了<u>这些</u>的。

　　　　（阎连科《受活》/BCC）

比如，在例（36）中，[3]的"相拥而泣"蕴含了[1]的"（母亲）泪如雨下"和[2]的"（小公主）嗷嗷大哭"，三者有相互照应关系。例（37）也是如此，[1]的补语"无法脱下鞋子行走"和"穿着鞋便往义兄的书库走去"构成相互照应关系。例（38）

中，[2]和[3]的指示代词"这些"回指了[1]中的因果型补语"（常委们）将身子朝后仰去了，把椅子朝后挪去了"，二者构成相互照应关系。

3.2.5　并列关系

并列关系是指补语所述的事态和后续的事态在篇章结构上构成平行关系，它们一起形成局部篇章的主线结构。

（39）　[1]以致不像是一条街道。[2]街面上的铺路石极不平整，[3]早已被蔓延的荒草 挤 得 七零八落。[4]路旁堵塞的臭水沟里淤积着污秽。[5]空气里也充满了颓败凄凉。　（爱伦·坡《人群中的人》/BCC）

（40）　[1]他的一套办公室里静悄悄的，[2]速记员的桌子 收拾 得 干干净净，[3]打字机也盖上了罩子，[4]但灯还亮着。

（阿瑟·黑利《航空港（林肯机场风雪夜）》/BCC）

在例（39）中，[3]的补语"（铺路石）七零八落"，[2]"（铺路石）极不平整"[4]，"（臭水沟里）淤积着污秽"，[5]"（空气里）颓败凄凉"都是用来描写上文[1]中的"一条街道"的各个侧面的情状，他们之间的篇章关系是平行的。在例（40）中，[2]的补语"速记员的桌子干干净净"和[3]以及[4]都是用来描写上文[1]中的"一套办公室"中各种陈设家具所处的状态，在这个局部篇章中他们之间的关系也是平行的。

3.2.6　广义的阐释关系

广义的阐释关系是一种比较抽象的关联现象，主要是指在篇章上下文中对因果型补语所述事态的解释、说明、示例等现象。

（41）　有个颤抖哭泣的女孩，虽然她上了蓝色眼影，穿着牛仔皮靴，[1]此时她却 吓 得 尿湿了裤子，[2]她毕竟还是个孩子。爸爸的口气充满恨意。

（艾丽斯·西伯德《可爱的骨头》/BCC）

（42）　"行，简直是得心应手。"杜·洛瓦对她这没完没了的情况介绍，[1]实在 听 得 不耐烦了，[2]说道："究竟是怎么回事，你倒是快说呀。"

（莫泊桑《漂亮朋友》/BCC）

例（41）中[2]"她毕竟还是个孩子"是对[1]的补语"尿湿了裤子"的解释。例（42）中的[2]"究竟是怎么回事，你倒是快说呀"的不耐烦的语气实际诠释了[1]的补语"不耐烦了"，也可以说是"不耐烦了"的心情在话语上的具体表现。

3.3　篇章凸显补语

"篇章凸显补语"是指因果型补语所述事态不直接参与篇章前景主线结构之中，二者没有直接的关联性，它只是对前后的篇章主线结构起到修饰或者辅助的作用。篇章凸显性补语的篇章关系主要是状语修饰关系和定语修饰关系。

3.3.1　状语修饰关系

因果型补语作状语时，虽然不直接构成篇章故事主线，但是它对故事主线中的某个事态起到修饰润色作用，具体地描述事态的样态情状等，让处于篇章前景地位的故事主线事态的信息更加丰满生动。如下例。

（43）　[1]她把衣服放下来，[2]坐在我身边，[3]像坐马车一样，[4]把嘴抿得小小地[5]说："村长从中作介绍，比人绝对错不了。人挑谁？"

（顾城/英儿《一个村里的吧》/BCC）

在例（43）中，篇章结构中的事态之间的关系既有线性连续体（linear continuity）也有层级组织（hierarchical organization）。这里的线性连续体是指构成篇章前景结构的故事叙事主线的一组在时间上前后连贯的动态事件，它是由[1]→[2]→[5]这三个事态形成的时间序列结构。而事态[3]和[4]不在这个线性的连续体上。事态[3]对主线事态[2]起修饰作用。[4]中的补语"（嘴）小小地"和后续主线事态[5]"说"也是修饰关系，因为"（嘴）小小地"所示情状是伴随"说"的事态而同时存在的，它具体描述了后续主线事态"说"的情状。

（44）　"那么…那个…胜了…就得到…王冠…了吗？"[1]爱丽丝跑得喘不上气地[2]问。[3]"没有的事，亲爱的，怎么想到这个！"国王说。

（刘易斯·卡罗尔《爱丽丝镜中漫游记》/BCC）

例（44）的情况基本一致。例（44）的篇章前景结构的故事主线是由[2]→[3]这两个一问一答的事态形成的时间序列结构。[1]中因果型补语"喘不上气"表示了"爱丽丝问"的动作情状。二者不是时间前后关系，而是前者是伴随后者同时并存的，前者修饰后者。

3.3.2　定语修饰关系

因果型补语作定语时和作状语时的情况基本一样。它虽然不直接构成篇章故事主线，但是它对参与故事主线中的某个论元角色起到了具体描述或润色作用，从而让主线事态信息更加丰满，如例（45）和（46）。在例（45）中，补语"僵麻的"作定语修饰的是宾语"脸腮"，它具体描述主线故事参与者（受事论元），对篇章前景结构有补充信息的作用。在例（46）中，补语"半醉的"作定语修饰的是兼语"人"，此时的补语信息尤其重要甚至是不可或缺。因为倘若没有补语提供的"半醉的"这个信息，就不能和后文的"清醒着的人"形成对比，导致整个句子不知所云。

（45）　脱衣服的窸窸窣窣的响声。唐生法躺下身去时的一声呻唤。他揉一揉捂得僵麻的脸腮，终于松了心，缓缓呼出聚压在胸膛里的闷气，捂着嘴巴。

（陈忠实《地窖》/BCC）

（46）　基比亚德说，这是个好主意，厄律克西马库。但只有你明白，叫一个喝得

半醉的人和一批实际上还清醒着的人较量有什么公平可言。

（柏拉图《柏拉图全集》/BCC）

上文我们提到篇章中各个事态（群）如何排序或者是否应归入前景或者背景结构取决于它对篇章故事主线的贡献度（Becker & Egetenmeyer2018）。就上述作状语和定语的补语来说，很明显它不是故事的主线，它与篇章主线结构是从属性的详述关系而不是协同性关系。当然，对篇章故事主线的贡献度是个程度问题，它和篇章凸显层级（prominence hierarchy）直接相关。根据 Himmelmann & Primus（2013）的篇章凸显层级的观点来看，作状语和定语的因果型补语具有较低的篇章凸显度。但即使如此，该补语作状语时它具体描述了后续故事主线事态的动作情状，增添了新的信息。而该补语作定语时也更加具体描述了前景结构故事主线中的参与者，有时甚至不可或缺（如例（46））。因此这种补语也具有某种程度的篇章凸显性，表"强结果"。

4. 功能表征的动态性

我们通过上文的考察发现，当因果型补语没有篇章凸显性时，其功能可以表述为"强程度"和"弱结果"。只有当补语获得篇章凸显性的时候才有可能具有功能二象性，即篇章凸显性是必要条件但不是充分条件。能否展现功能二象性既跟述语类别和补语的句法地位有关，也同篇章的动态进展等因素有关。

从现阶段我们收集的例句中来看，当补语具有篇章强凸显性且其述语是行为动词时，很少见到明确地表功能二象性的例子，现阶段我们仅仅只发现了一例（见下文例（53））。其绝大多数一般只表"强结果"而不表"强程度（强度）"。下面首先看一个并列关系的例子（重新引用例（40））。

（47）　[1]他的一套办公室里静悄悄的，[2]速记员的桌子收拾得干干净净，[3]打字机也盖上了罩子，[4]但灯还亮着。

（阿瑟·黑利《航空港（林肯机场风雪夜）》/BCC）

抛开篇章结构单独来看，[2]中补语"干干净净"的确可以推导出述语"收拾"所表动作的"时间长"或者"次数多"等高强度的信息。但这个表述语动作高强度的信息在篇章中并不重要，它并没有和上下文产生任何关系，更没有参与在篇章逻辑结构之中，故没有获得篇章凸显性。因此，甚至省略述语结构"收拾（得）"也只是丧失了原因信息，补语"干干净净"和下文[3]的"（打字机）盖上罩子"以及[4]的"（灯）亮着"构成并列关系来共同描述[1]"他的一套办公室"的篇章层面的并列关系并没有任何改变。所以可以认为补语在这个局部篇章中高度凸显，表强结果。然而，在补语表强程度（强度）的句子里，除非补语和述语的搭配高度规约化（如例（26））或补语本身词汇化了表程度的功能（如例（28）和（29）），除此之外其述语一般都是不能省略的或者省略后会改变句子意义或篇章逻辑结构。下面再看一个相互照应的例子（48）。

（48） 农历七月末，低洼的高密东北乡燠热难挨，我从县城通往乡镇的公共汽车里钻出来，汗水已浸透衣服，脖子和脸上落满了黄黄的尘土。[1]洗完脖子和脸，[2]又很想脱得一丝不挂跳进河里去，[3]但看到与石桥连接的褐色田间路上，远远地有人在走动，[4]也就罢了这念头。

（莫言《白狗秋千架》/BCC）

例（48）中[2]的补语"一丝不挂"在篇章中是高度凸显的，因为它本身就是由前后关系和转折关系以及因果关系构成的篇章故事主线（[1]→[2]→[3]→[4]）中的一部分。同时又跟主线[4]"罢"的宾语"这念头"具有照应关系，所以它毫无疑问是篇章前景结构的一部分。在小句层面上，我们可以通过补语"一丝不挂"推导出其述语"（在户外）脱衣服"的非常规的信息，但是该信息和篇章前景主线不发生直接关系。因为即使省略其述语结构"脱（得）"也只是丧失了补语事态的原因信息。但这个原因信息根据上下文通过推论是可以恢复的，而且篇章的前景逻辑结构也不会发生变化。因此可以认为上述的超常规信息在篇章结构中是不凸显的，即这里的补语是表达"强结果"而不表"强程度（强度）"。

下面我们来看篇章凸显补语的情况。如前所述，篇章凸显补语主要指补语做定语（如例（49））或者做状语（如例（50））来修饰篇章前景结构中某个成分从而获得一定程度的篇章凸显性的情况。由于篇章凸显补语作为定语或状语是处于小句（clause）以下的层面，而表述语程度的功能是表征在小句层面上的，所以其句法地位导致其功能被局限为修饰功能，而表程度的功能被抑制。因此，这类补语也不具有功能二象性。

当然，我们可以抛开篇章结构孤立地从例（49）的补语"发白"中推导出"洗的次数多"等强度信息，从例（50）（重新引用例（44））的"喘不上气"推导出"跑的时间长或距离远"等强度信息。但这个信息在篇章结构中并不重要，没有参与篇章逻辑结构的构成，处于非常背景的层次上。即表"弱程度（强度）"。同样，有时甚至省略其述语而篇章逻辑结构也不会发生质变。比如在例（49）中省略述语"洗（得）"而只说"同样一顶发白的旧军帽戴在头上"其意义也不会发生质变。同样在例（50）中省略"跑（得）"而说"爱丽丝喘不上气地问"也成句。

（49） 白洁身穿一身由灰色洗得发白，但清洁、整齐的旧军衣，同样一顶洗得发白的旧军帽戴在头上。她像一颗朝露盈盈的小白杨树，那样丰盈…

（刘白羽《第二个太阳》/BCC）

（50） "那么…那个…胜了…就得到…王冠…了吗？"爱丽丝跑得喘不上气地问。"没有的事，亲爱的，怎么想到这个！"国王说。

（刘易斯·卡罗尔《爱丽丝镜中漫游记》/BCC）

然而篇章的进展是动态的，在篇章主线进展的不同节点或不同阶段里，我们也可以发现既表"强结果"也表"强程度"的例子，即所谓的功能二象性。这种情况绝大部分发生在述语是形容词的句子里，有一部分也发生在述语是心理动词（如：爱、恨、

气、吓、怕）以及感受动词（如：吵、闹、震、呛、噎）句子里。

(51)　[1]然而好景不长，太阳出来了，沙漠里温度越来越高。[2]为避免太阳的曝晒，大家都是身着长衣长裤。[3]很多人<u>热</u>得<u>卷起了袖子，挽起了裤腿</u>，[4]<u>不一会儿，裸露在外的皮肤就被晒得通红</u>。（《人民日报》2000年/LLC）

　　例（51）中[3]的补语"卷起了袖子，挽起了裤腿"在小句[3]的水平上描述了述语"热"的具体程度之高，表"强程度"。这个"强程度"和上文[1]中的"太阳出来了，沙漠里温度越来越高"相互呼应，具有篇章高凸显性。但是随着篇章故事主线的进展，[3]补语"卷起了袖子，挽起了裤腿"和后续的[4]"裸露在外的皮肤就被晒得通红"又构成了因果逻辑关系。此时的补语本身也构成了篇章主线结构的一部分，故补语所述事态本身也获得了高度的篇章凸显性，具有"结果唯一性"表"强结果"。因为如果把它更换成类似的其他补语（如"大汗淋漓/浑身都湿透了"）或者程度补语（如"不得了"）等，则会造成[2]"大家都是身着长衣长裤"和[4]"裸露在外的皮肤就被晒得通红"之间的逻辑矛盾。下面再看一例。

(52)　有一天他去洗澡，[1]全身泡在热水里[2]<u>舒服</u>得<u>眯上了眼睛</u>。[3]<u>谁知眼一闭</u>，脑子便又想开了裱画。突然，他跳出池子，匆匆忙忙穿了衣服赶回家，取了画，又重新回到浴室包了个单间。　（《大陆作家/佳作》/LLC）

　　很明显，在例（52）中可以推知[2]的补语"眯上了眼睛"的原因是"舒服"的程度高。这个程度高的信息和上文[1]的"全身泡在热水里"又构成了因果关系。但随着篇章故事主线的进展，[2]的补语"眯上了眼睛"和后续的篇章[3]的主线前后关系结构中的"谁知一闭眼"产生相互呼应的关系，此时它获得了篇章凸显性。因此可以认为[2]的补语"眯上了眼睛"在不同篇章层次的不同节点上分别实现了表"强程度"和表"强结果"的功能。

　　上文我们提到了述语是<u>行为动词</u>时明确地既表"强程度（强度）"又表"强结果"的实例比较少见。现阶段仅观察到一例，如下面的例（53）（重新引用例（42））。

(53)　"行，简直是得心应手。"[1]杜·洛瓦对她这没完没了的情况介绍，[2]实在<u>听</u>得<u>不耐烦了</u>，[3]说道："究竟是怎么回事，你倒是快说呀。"
　　　　　　　　　　　　　　　　　（莫泊桑《漂亮朋友》/BCC）

　　在例（53）中，我们可以通过[1]"（杜·洛瓦）没完没了的情况介绍"推知并确定造成[2]的因果型补语"（她）不耐烦了"的原因并不是述语　"听"　这一行为本身，而是"听的时间很长"这一隐含的语用信息。它表达了述语行为"听"的高强度。这个表高强度的信息既和上文[1]"没完没了的情况介绍"相互呼应衔接，同时又是补语"不耐烦了"的直接原因，它直接参与了篇章逻辑结构的形成。同时，随着篇章进展，补语本身"不耐烦了"和后文[3]之间构成了广义的阐释关系，具有高度篇章凸显性，故在此篇章节点上它又可表"强结果"。

　　通过以上分析我们可以看出，因果型补语的篇章功能不是静态的或一成不变的，

应该理解为随着篇章前景主线的进展或篇章层面的改变，因果型补语的篇章功能也有可能随之发生动态推移。简言之，表"强程度"的功能是表征在小句层面上的，而表"强结果"的功能是表征在篇章层面上的。

5.　表"程度"和"结果"功能的连续性和排斥性

我们在上面 3.1.2 中提到了在篇章背景补语中存在比较特殊的背景虚拟性补语，如非现实的虚拟表达（例（23））、惯用表达或夸张表达（例（24）、（25）、（26）、（27）、（28））、拟声词（例（29））等。背景虚拟性补语与程度补语的功能比较接近，但也有不同之处。

二者的不同之处在于，程度补语语法化程度高，具有高度的能产性。而背景虚拟性补语能产性很低，甚至有些只限于一个固定的形容词性谓词（例（28）、（29））或者意义相近的谓词群（例（26）、（27））。因此背景虚拟性补语的语法化程度是比较低的，甚至有一部分出现了表程度功能的词汇化现象（例（28）、（29））。

但是，二者在语法功能上是非常接近的。二者都是专门表达述语性状程度的补语，而且二者本身所表示的意义与篇章前景结构的故事主线不可能产生时间关系或者逻辑关系，二者经常可以替换而不影响篇章前景逻辑结构。因此它们在篇章中都是不凸显的，甚至是排斥篇章凸显的。所以二者都只有表"强程度"的功能，而没有表示"强结果"的功能，甚至连表"弱结果"的可能性都没有。

在上文中我们也观察到了背景现实性补语，如例（17）中的"叫人透不过气来"，例（20）中的"它粉碎，血肉模糊"，例（22）中的"她直想吐"。这种补语虽然没有"结果唯一性"，但它和上面提到的特殊一类的补语不同，它还是有一定程度的实在意义，并不是完全非现实的虚拟表达。因此这种补语对篇章背景结构还是增添了某些信息，具有可能获得篇章凸显性的潜质，并不排斥篇章凸显。

跟以上篇章背景补语有明显本质不同的是篇章强凸显补语和篇章凸显补语。二者本身就是篇章前景结构的一部分或者其直接修饰成分，二者都有"结果唯一性"，也不能用程度补语或者表程度（强度）的副词替换。因此可以说这种补语大多都是表"强结果"和"弱程度"的，如例（47）和（48）。但是也有在小句水平上表"强程度"的补语随着篇章的进展在下文中获得篇章凸显性从而表示"强结果"的例子，即所谓的功能二象性。如例（51）、（52）和（53）。

	篇章强凸显补语	篇章凸显补语	背景现实性补语	背景虚拟性补语	程度补语
结果唯一性	有	有	无	无	无
程度表达替换性	无	无	有	有	
表程度功能	弱或强	弱	强	强	强
表结果功能	强	强	弱	排斥	排斥
表强结果 ←――――――――――――――――――――――――――→ 表强程度					

（表2）

我们可以把以上分析归纳为表 2。总的来说，因果型补语所表事态在篇章中越是现实具体，其获得篇章凸显性的可能性就越大。同时，随着篇章凸显性的增强（箭头向左），因果型补语表示"强结果"的可能性也越来越大。同样，因果型补语所表事态在篇章中越虚拟越抽象（高度语法化的程度补语可以看作是极端情况），补语的篇章凸显性就会越低。随着篇章凸显性的降低（箭头向右），补语表示"强程度"的可能性越来越大。不难看出因果型补语表程度的功能和表结果的功能构成一个统一连续体，各个因果型补语由于其篇章凸显程度不同而分布在这个功能连续体的某个位置上。

但同时这两个功能又是相互排斥的。因为同一个补语不可能在同一篇章层面的同一节点上同时表征"（强）程度"和"（强）结果"这两个功能。所以从最严格的意义上来说，真正的功能二象性是不存在的。所谓的功能二象性实际上是在主要由形容词（包括心理动词和感受动词）做述语时，随着篇章的进展，其因果型补语在不同的篇章层面的不同节点上因为篇章凸显度的不同而产生的功能转换现象。

附注

[1] 这里的因果关系我们按照 Shibatani（1976:1-2）对致使事态之间的因果关系的定义来界定，即原因和结果在逻辑上必须同时满足"时间前后连续性（precedence）"和"概念依存性（dependence）"这两个条件。条件 1：说话人认为 V 所表示的事件或状态和 C 所表示的事件或状态之间存在时间上的先后顺序关系。即，在时间轴上 V 一般在 C 之前发生，至少不晚于 C 发生。条件 2：说话人认为如果不（没有）发生 V 事态，就不会（没有）发生 C 事态的逻辑推理条件。其中的述语 V 和补语 C 能够进入[因为 V，所以]或者[C 的原因是 V]这两个语义槽的任意一个（田禾 2015:22）。本文的匿名审稿人指出："'程度'是事物的变化达到的状况，'结果'是在一定阶段事物发展所达到的最后状态。"我们认为这和 Shibatani（1976）的对"结果"的界定很接近，放在篇章结构中来看都是指小句层面的结果。在本文把这种位于小句层面上且没有进入篇章结构中获得凸显状态的结果叫做"弱结果"，在篇章结构中获得了凸显性的叫"强结果"，详见本文章节 3.1.1。

［2］ 此处有一点需要明确，即在本文所调查的文献中有赵元任（1968）、吕叔湘（1980）、李临定（1963,1986）、藤堂·相原（1985）、王邱丕·施建基（1990）、马真（1997）、史彤岚（2001），基本都把表示结果和程度都归结为补语的功能，我们认为这个说法是需要进一步斟酌细化的。本文的立场和吕叔湘（1982（1944））以及蔡丽（2012）基本一致。吕叔湘（1982（1944））没有使用表结果的补语可<u>表示</u>程度的说法而是用了"可以用结果来<u>衬托</u>程度"的表述方式。我们认为因果型补语构式中的补语其单独本身既不表结果也不表程度，其表程度或表结果的功能是在整个构式的句法条件之中和篇章结构相互作用过程中实现的，因此把它完全看作是某个单独构式成分的功能是有欠妥当的。这和 Goldberg（1995）构式语法（Construction Grammar）的思想基本一致。但为了行文表述的方便，本文主要还是使用（[V-得-C]因果型）补语的功能二象性的说法。

［3］ 根据蔡丽（2011:9-10）的调查，"厉害"是各家公认的最典型的 12 个程度补语之一。但是，"厉害"似乎和其他程度补语相比有几分特殊。它除了可以接在形容词等之后表示其性状的程度高之外，还可以接在行为动词之后表示其动作强度大。李临定（1963:194）指出有些表示动作的动词不能出现在"得很"前面，但是能出现在"得厉害"前面。例如，"我的心跳得很厉害"、"敲门敲得厉害"、"炸得厉害"等。同一个程度补语既表性状的"程度高"又表行为的"强度大"，从此可以看出程度和强度的概念是很接近的，二者关系密切。

［4］ 蔡丽（2012:71-83）虽然明文指出了行为动词可以带因果型补语表程度，但是她对该程度含义的界定和认识好像并不十分清晰。比如，她在对"（1）他打球打得两腿发软"的分析中认为只有"打得比较久，比较猛"时才会出现这种结果，由"两腿发软"可知"打"的强度之高（ibid., 72）。但是分析"（2）他插秧插得腰都直不起来了"时又说从"插"的结果"腰都直不起来了"可知"插秧"的辛苦程度（ibid., 83）。很明显对这两个句子的分析采用了不同的标准。即认为（1）中因果型程度是行为动词本身的时量（打得比较久）和情态（力量大）的程度，而（2）的因果型程度是动作"插秧"的结果（辛苦）的程度。我们认为"腰都直不起来了"的是"插秧"的"时间长"或者"秧苗数量多"的直接结果，而不是"辛苦"。因此和同蔡丽（2012:72）对（1）的分析一样，我们认为（2）的因果型程度或强度是指"插秧"动作本身的持续时量长和受事数量多的程度高。

［5］ Becker & Egetenmeyer（2018）对篇章结构中的前景和背景规定如下：(eventualities) are. interpreted as. constituting foreground information -as part of the primary or a secondary story line- or background information(with different degrees of detachedness from the unfolding story line) (ibid.,56)。Becker & Egetenmeyer（2018）虽然没有直接引用和讨论 Hopper & Thompson（1980）的定义，但通过个人邮件交流（2020 年 6 月 23 日），Becker & Egetenmeyer 指出他们和 Hopper & Thompson（1980）的定义具有高度的继承性。

［6］ 这里的"虚拟性"和"现实性"是在具体的篇章故事情节中进行评价的。离开了具体的篇章的故事情节，无所谓"虚拟性"和"现实性"。当然二者也是一个程度问题，没有绝对明确的界限。

［7］ 这种搭配的固定性是有不同程度的，比如"伸手不见五指"仅仅指"黑"的程度高，其述语几乎只能用"黑"。这和专表女性极美的"羞花闭月，沉鱼落雁"很相似。二者都已经词汇化了表特

定述语程度高的功能。但是"五体投地"一般表示尊敬或佩服的程度之高，但它的述语相对来说有一定程度的可变范围，可以用"崇敬（例（26））、佩服（例（27））、敬佩"等语义相类似的词汇作述语。因此，"伸手不见五指"和述语（黑）的搭配固定性要高于"五体投地"和其述语。

[8] 徐采霞（2016:217）指出形容词补语的句子具有评价功能，而对一个事物的评价可能引发新的判断，因此形容词补语句与上下文的分句多存在广义的因果关系，这种因果关系常采用关联词明确标示出来。如"他在这里干得极不开心，于是再度产生了跳槽的想法"（ibid.,217）。显而易见，上例的"于是"都表示补语和下文的广义因果关系，这和本文的观点一致。但是通过观察例（31）就可以得知，和上下文存在因果关系的补语并不仅仅限制于形容词，也包括动词。而且补语与上下文的篇章衔接关系非常复杂，远远不止于广义的因果关系。

参考文献

蔡　丽 2011 现代汉语中程度补语的范围及类别，《宁夏大学学报（人文社会科学版）》第 33 卷第四期，9页-14页。

蔡　丽 2012《程度范畴及其在补语系统中的句法实现》，世界图书出版公司。

方　梅 2018《浮现语法：基于汉语口语和书面语的研究》，商务印书馆。

方　梅 2019《汉语篇章语法研究》，社会科学文献出版社。

Hopper, Paul. J. and S. A Tompson. 1980. Transitivity in grammar and discourse. *LANGUAGE*. Vol.56, pp. 251-299.

胡裕树 1962《现代汉语·增订本》，上海教育出版社。

李临定 1963 带得字的补语句，《中国语文》1963 年第 5 期。再刊于《现代汉语补语研究资料》北京语言学院语言教学研究所编，北京语言学院出版社。

李临定 1986『中国語文法概論』，宮田一郎訳，光生館。

刘月华等 1983《实用现代汉语语法》，外语教学与研究出版社。

刘月华等 2019《实用现代汉语语法（第三版）》，商务印书馆。

吕叔湘 1980《现代汉语八百词·增订本》，商务印书馆。

吕叔湘 1982/1944《中国文法要略》，商务印书馆。

Martin Beckera, Jakob Egetenmeyer. 2018. A prominence-based account of temporal discourse structure, *Lingua* 214（2018）28-58.

Nikolaus P. Himmelmann and Beatrice Primus. 2015. Prominence Beyond Prosody-A First Approximation, *pS-prominenceS: Prominences in Linguistics. Proceedings of the International Conference*, DISUCOM PRESS, Viterbo, Italy, 2015.

马庆株 1988 含程度补语的述补结构，《汉语动词和动词性结构》，北京大学出版社。

马　真 1997《简明实用汉语语法教程》，北京大学出版社。

齐　荣 1954 动词后面用得字连接的补语，《语文学习》1954 年 9 月号。再刊于《现代汉语补语研究资料》北京语言学院语言教学研究所编，北京语言学院出版社，1992 年。

Shibatani, Masayosi. 1976. The Grammar of Causative Constructions, A conspectus, *Syntax and Semantics 6: The Grammar of Causative Constructions*,In Masayoshi Shibatani（ed.）. Academic Press.

史彤岚 2001 V 得 C 構文における "得" の文法機能,『中国語学』248，日本中国語学会。

藤堂明保・相原茂 1985『新訂・中国語概論』，大修館書店。

田　禾 2015 汉语补语构式所表达的因果语义,エクス : 言語文化論集,第 9 号,21-32。

王邱丕・施建基 1990 程度与情状,《中国语文》1990 年第六期总第 219 期，416 页-421 页，社会科学出版社。

徐采霞 2016《现代汉语形容词状补功能比较研究》，中国社会科学出版社。

杨石泉 1985 结果补语与程度补语的纠葛,《逻辑与语言学习》，再刊于《现代汉语补语研究资料》北京语言学院语言教学研究所编，北京语言学院出版社，1992 年。

赵元任 1968《汉语口语语法》，商务印书馆。

朱德熙 1982《语法讲义》，商务印书馆。

语料库

北京语言大学语料库（http://bcc.blcu.edu.cn/）

北京大学语料库（http://ccl.pku.edu.cn:8080/ccl_corpus/）

（杨明 yangm56jp@yahoo.co.jp）

On the "functional duality" of causal complement in [V-DE-C] construction: Observing "degree" and "result" from the dimension of discourse

YANG Ming

Abstract: The causal complement C in [V-DE-C] construction has "functional duality", which can express both the result of the predicate（V） and the degree of the predicate（V）. However, previous studies have not clarified the reasons for functional duality, and there is no objective criterion for functional classification. This paper argues that the functional entanglement of degree and result cannot be clarified only at the level of clauses, and must be examined at the level of discourse structure. This paper introduces the idea of "discourse prominence" from Hopper & Thompson（1980） and Becker & Egetenmeyer（2015）, and divides causal complements into "complements with discourse prominence", "complements with discourse weak prominence" and "complements in discourse background", according to the relationship between the resulting state of affairs expressed by causal complements and the discourse structure. The complements with discourse prominence and the complements with discourse weak prominence are part of or directly related to the textual foreground structure, while the function of the complements in discourse background is only limited to the clause level, and basically do not have a cohesive relationship with the discourse foreground structure. On this basis, this paper further argues that the complements with discourse prominence mainly represent "strong results" or "strong degree", while the complements in discourse background mainly represent "strong degree".

Keywords: discourse prominence; functional duality; causal complement; degree; result

Contemporary Research in Modern Chinese No.25 (October 2023). pp.115-134

受動者主語文 "V 得" 構文の
意味機能について

陳 玥

日本 筑波大学

提要 本文对受事主语句 "V 得" 句的成立条件、语义功能以及是否具有中动句的特征等问题进行了讨论。根据句末形容词的语义指向，"V 得" 句可分为事物性状型、动作行为型、感受表达型三种，三种 "V 得" 句具有统一的句式语义，即用于表示主语 NP 在特定的动作行为 V-NP 作用下获得的性状特征 AP。另外，通过比较中动句与被动句在事态的识解方式上的不同，本文发现在事态的识解方式上 "V 得" 句与中动句相似，即以受事主语为叙述焦点，对受事主语的性状特征进行描述，而并不关注受事主语受到了施事的何种影响。不过，在 "属性与状态"、"动作行为的通指性"、"隐含施事的通指性" 等方面，"V 得" 句并不具备中动句的典型特征。部分表示一时状态的 "V 得" 句在一定条件下通过 "状态叙述的属性化" 获得属性义，但这只是一种由语用推论而获得的属性解读。从根本上来说，"V 得" 句是一种现实性体验句，并不能通过潜在动作行为的可能性用于表示事物的属性。

关键词 受事主语句 "V 得" 句；属性与状态；中动句；通指性与现实性

1. はじめに

　本稿では、受動者主語文の一種[1]である「NP 受動者 +V 得+AP」構文（以下、"V 得" 構文と称す）に対して考察を行う。"V 得" 構文は、受動者を表す名詞句を主語とし、状態補語を表す "得" 構造が述語の部分に位置することによって構成される。また、"V 得" 構文における文末形容詞は(1)-(3)に示されるように、事物性状形容詞、動作行為形容詞、感覚形容詞のいずれから充てられる。本稿では、それぞれの叙述対象（"语义指向"）に基づき、"V 得" 構文を「事物性状型 "V 得" 構文」、「動作行為型 "V 得" 構文」、「感覚表出型 "V 得" 構文」という三つのタイプに分類し、考察を行う。

　(1) 端上来的牛排煎得很老，鸡蛋炒得很焦。（六六《王贵与安娜》）[2]。

　(2) 这种辩论传统在印度保留得很久，特别是在佛教徒中。（《读书》Vol. 182）

　(3) 虫一下锅，怪味冲鼻，眼睛薰得很难受，好像在炒一锅雾。（1994 年《市场报》）

　"得" 構造自体については、朱德熙 1982、刘月华 1982, 2001、Li & Thompson1989、王邱丕・施建基 1990、刘勋宁 2006 などの先行研究において、その分類の基準、"得" 補語の働きや "得" の前後にある V と AP の意味関係などについてこれまで盛んな議論がなされてきた。これに対し、本稿が扱う受動者主語文 "V 得" 構文に関する先行研究は、今もなお、比較的に少ない状況である。陈玥 2018 は、"V 起来" 構文(NP受動者+V 起来+AP) と "V 得" 構文を比較しており、前者は "V 起来" を＜契機＞とし、事物 NP の備える固有の特性 AP を特徴づけるものだとする一方で、後者は事物 NP の動作 V によってもたらされる結果性状 AP を特徴づけるものだと結論づけている。しかし、同論文では、動作行為型 "V 得" 構文に対する考察がなされていない。刘月华 1982 によると、"得" 構造は "得" の前後にある V と AP の間における意味関係に基づき、「結果を表すもの」("表示結果") と「動作を描写するもの」("描写動作") に分けられるという。前述した(1)−(3)の例文を見てみると、(1)の事物性状型 "V 得" 構文("端上来的牛排煎得很老"、"鸡蛋炒得很焦) および(3)の感覚表出型 "V 得" 構文("眼睛熏得很难受") にて、V と AP の間における意味関係は動作によってもたらされる結果という解釈が自然だと考えられる。しかし、動作行為型 "V 得" 構文における "得" 構造("保留得很久") は結果を表すものではなく、動作を描写するものとして捉えるほうが適切であると考えられる。また、例文(4)−(6)における "得" 構造はいずれも動作を描写するものとして捉えられているが、これらすべての文が自然な "V 得" 構文を構成するわけではない。動作行為型 "V 得" 構文の成立条件は何であるのか、三つのタイプの "V 得" 構文は共通する構文的意味を有しているのかという点については、まだ検討の余地があるように思われる。

　(4) 这个屋子打扫得十分彻底。

　(5) *这个问题看得很远。

　(6) *那一箱包裹抱得紧紧的。

　他方で、余光武・司慧文 2008 では、"V 起来" 構文は英語の中間構文に相当するのに対し、"V 得" 構文は中間構文ではないことを主張しているが、次のような用例を列挙し、断片的な観察結果を論じるのみに留まっているため、"V 得" 構文に対する具体的な検討ができているとは言い難い。

　(7) a.这节课讲起来很容易。(余光武・司慧文 2008)

　　　b.The lesson teaches easily.(余光武・司慧文 2008)

　(8) a.这节课讲得很容易。(余光武・司慧文 2008)

　　　b.The lesson is taught easily.(余光武・司慧文 2008)

　以上の問題意識を踏まえ、本稿では、難易形容詞と両構文の共起状況に関する実態を把握するため、"起来很容易/很困难"、"得很容易/很困难" をキーワードとして、CCL コーパスを用いて検索した。検索結果は表 1 のとおりである。

表 1 CCL コーパスにおける難易形容詞と両構文の共起状況について

	容易	困难
"V 起来" 構文	32 例	27 例
"V 得" 構文	2 例	1 例

　表 1 で示されるように、難易形容詞は "V 起来" 構文と馴染みやすい一方、"V 得" 構文に用いられるのは稀であることが確認できた。このことからも、"V 得" 構文の成立を左右する要因について、さらなる考察が必要であると考えられる。

　余光武・司慧文 2008 で言及した中間構文は中間ヴォイス現象[3]の一つであり、以下のような典型的特徴を持つとされている（Van Oosten1977、Lakoff1977、Keyser and Roeper1984、Fellbaum1986、Hale and Keyser1987、Fagan1992、Kemmer1993 など）。

　　ア：形式は能動的であるのに対し、意味は受動的である。

　　イ：主語の指示対象の内的性質や属性を記述する表現として、総称性をもつ状況・状態（generic situation or state）を述べる。

　　ウ：動作者名詞句は文に明示されないが、任意の人（people in general）として解釈される。

　　エ：文末に "easily/well" のような副詞句を義務的に伴う。

　例（9）と例（10）は英語の典型的な中間構文である。

（9）　This book sells well.（Kemmer1993）

　　　这本书卖得/*起来很好。

（10）　This book reads easily.（Van Oosten1977）

　　　这本书读起来/*得很容易。

　（9）、（10）が示すように、中間構文は受動文と同様に受動者名詞句が主語となっている。しかし、述語動詞の部分は受動形ではなく、能動形のままである。ある意味で、能動と受動の中間に位置する存在である。中間構文は特定の時点と結びついた一度限りの状況を叙述するのではなく、特定時点に限定されない習慣的・反復的な状況を記述するものとされる（中右 1991）。例文（11）を見ると、この市長は「賄賂しやすい」という属性は一度限りのものではなく、むしろ時間的限定性を有しない、総称的な性格をもつため、特定の時間詞（yesterday）と共起しないことがわかる。一方、（12）の特定の時間詞（yesterday）は、ステーキ自体の一時的な状態を表しているのではなく、ステーキを購入した時点を強調するために用いられている。そのため、文全体は昨日買ったステーキの「バターを切るかのように簡単に切れる」という内的属性を表し、中間構文の性格に該当する。

（11）a. The mayor bribes easily.

　　　b.? Yesterday, the mayor bribed easily, according to the newspaper. (Keyser and Roeper1984)

（12）The steaks you bought yesterday cut like butter. （Fellbaum 1986）

　次に、例文（9）、（10）の中国語訳に注目されたい。"V 起来" 構文と "V 得" 構文にて、正反対の成立状況が示されている。なぜこのような差異があるのか、また、"V 得" 構文は中間構文として認められるのか、といった疑問を解決することは本稿のもう一つの課題である。

　つづいて、"V 得" 構文は中間構文として認められるのかについて、刘晓海、石晨 2013 では、「NP+V 了/过/得+AP」のような構文は中間構文との類似性を認めつつも、機能的には相違が存在するという立場を示している。その理由として、中間構文と判断される "V 起来" 構文は知覚者(明示されない動作主)が探索する過程において感じた事物の性質や状態（"知觉者在探索活动的进行中感知到事物具有某种性质或状态"）を表すものであるのに対し、"NP+V 了/过/得+AP" 構造は意味的に「知覚者が動詞で表される活動が終了してから獲得した感覚」を表すため、"V 得" 構文を中間構文として捉えることは不可能だと指摘している("知觉者在动词表现的活动结束后才获得感受，而非探索过程中得到的体验，因此他们都不是中动句")。

　ただし、この刘晓海、石晨 2013 の指摘には二つの問題点が存在する。第一は、"V 得" 構文を中間構文として認めない理由である。前述した中間構文の典型的な特徴(ア－エ) により示される通り、中間構文はヴォイス現象の一つであり、その成立条件として、「探索する過程」、「探索した後」という区分要素が存在するわけではない。

　次に挙げる(13)を例として見れば、日本語訳では「心脳血管疾患を患う人にとって、この薬は効果的だ」という意味であるが、薬そのものが効果的であることは、薬を飲んでいる過程において効果的だと自覚するのか、それとも飲んだ後に効果的だと感じるのかという違いによって分別できるものではないと思われる。また、陳玥 2018 の指摘に基づくと、動詞 "吃" は薬の固有の属性（「効果的である」）の現れる契機として捉えることができるが、形容詞 "很有效果" で表される性質は飲むことによってもたらされる結果ではないため、"V 得" 構文が成立しないわけである。そして第二に、"V 得" 構文の構文的意味を「知覚者は動詞で表される活動が終了してから獲得した感覚」とすれば、以下の(14)の不成立を説明することができない。なぜかというと、(14)の "很沉"（重い）は、持ち上げるという行為を経た後に得られた知覚者自身の体感としての解釈は可能であるが、この場合、自然な "V 得" 構文を構成することができない。従って、"V 得" 構文の構文的意味、ヴォイス上の位置付けについて、刘晓海、石晨 2013 では十分な説明が与えられているとは言えない。

（13）对心脑血管疾病的人来说，这个药吃起来/*得很有效果。

（14）*这个球是实心的，拿得很沉。

　古川 2005 は、中間態とされる構文が生起する動因を「動作主の隠退化」（"主体的隐退化"）と「動作対象の顕著化」（"客体(受事、感受起因) 的显著化"）に求

めている。しかし、この特徴づけは中間態とされる構文だけに当てはまるとは限らない。なぜなら、主語となる動作対象が際だち、明示されない動作主が非焦点化されるという生起条件は受動文にも見られるからである。古川 2005 の特徴づけだけでは、"V 得"構文を中間構文として位置付けられるか否かの判断はなお困難である。

　先行研究におけるこれらの問題点を踏まえ、本稿では、"V 得"構文における動詞 V と形容詞 AP の意味関係に基づき、三つのタイプの "V 得"構文に共通する構文的意味及び "V 得"構文の成立条件について分析を試みる。その上で、中間構文の典型的な特徴に基づき、"V 得"構文を中間構文として位置づけることは可能かという問いについて考察を行う。

2.　"V 得"構文の構文的意味

　陈玥 2018 は、"V 得"構文における V と AP は、動作によってもたらされる結果という意味関係であるとしている。例えば、事物性状形容詞を用いる例文（15）のように、動詞「書く」は書籍『猫』の「面白い」という特性を生み出す行為である。一方、動詞「読む」は書籍『猫』の特性を面白くする働きがないため、"V 得"構文には適用されないわけである。言い換えれば、"读–很有意思"という組み合わせで込められる読者の体感としての「読んで面白い」という意味合いを "V 得"構文の形では表せない。前掲した（14）"*这个球是实心的，拿得很沉"も同様に、"V 得"構文が成立しないのは、ボールの「重い」という性状は「持ち上げる」ことによってもたらされた結果的性状ではないためである。

　（15）a. 田先生的《猫》写得很有意思。（《读书》Vol. 173）
　　　　b. *田先生的《猫》读得很有意思。

　（16）虫一下锅，怪味冲鼻，眼睛薰得很难受，好像在炒一锅雾。（1994 年《市场报》）

　（16）は感覚表出型 "V 得"構文の例文である。"得"構造（"薰得很难受"）は「結果を表すもの」として見なされることが可能である。主語にあたる身体部位名詞句"眼睛"は、人間には＜部分–全体＞による近接性があるため、人間の感覚を表す文末形容詞の意味役割が主語としての身体部位名詞を指向するように捉えることが可能であり、事物性状型 "V 得"構文と同様に、主語 NP の動作行為によって生じる結果を表すものであるという解釈が可能である。

　そして、"得"の前後にある V と AP の意味関係が「動作を描写するもの」にあたる動作行為型 "V 得"構文の振る舞いを見てみよう。結論から言えば、動作行為型 "V 得"構文は文末形容詞の意味役割が動詞 V を指向するが、構文全体は動作行為 V–NP を特徴づけるものではなく、事物性状型 "V 得"構文、感覚表出型 "V 得"構文と同様に、主語対象 NP の特徴を中心に叙述するものであると考えられる。このことについては、「NP1+NP2＋V 得＋AP」構造との比較から見て取れる。

（17）11 日一大早，新华社报道组乘坐的 "三峡移民" 号从峡口奉节起锚，前往库
　　　区最大的城市万州……<u>船开得很稳</u>,几乎感觉不到有任何摇晃。
　　　（新华社 2003 年 6 月新闻报道）

（18）64 岁的布朗看来非常健壮，<u>车开得很稳</u>。（2000 年《人民日报》）

　（17）と(18）の下線部に示す文はいずれも "Ⅴ得" 構文の形をとっているが、構
造はそれぞれ異なる。（17）の "Ⅴ得" 構文は本研究の対象であるのに対し、（18）の
"Ⅴ得" 構文は単独では言い切りの文になれず、前方の "64 岁的布朗" と共に構成
される「NP1+NP2+Ⅴ得+AP」構造の一部としてしか成立しないため、本研究の対象
に該当しない。陆俭明 2020 では、「NP1+NP2+Ⅴ得＋AP」を「"施-受-动" 主谓谓
语句」と呼び、NP2 は受動者主語としての性質を有するが、話題としての機能は有
していないとしている。一方、受動者主語文では、受動者主語 NP が話題として前件
文を承けて後件文をつなげるという働きをもつ。この働きの表れとして、受動者主
語は定名詞句として、前件文で言及した名詞句を承けなおし、照応することができ
ることが挙げられている（龚千炎 1980）[4]。これら両構文の差異については、次のテ
ストによって形式的に検証することが可能である。

（17'）11 日一大早，新华社报道组乘坐的 "三峡移民" 号从峡口奉节起锚……<u>那艘
　　　船开得很稳</u>,几乎感觉不到有任何摇晃。

（18'）*64 岁的布朗看来非常健壮，<u>那辆车开得很稳</u>。

　（17）の定名詞句 "船" は(17'）の "那艘船" に置き換えられ、"新华社报道组
乘坐的 '三峡移民' 号" の照応形式として見なされる。一方、（18）は NP1 "64 岁
的布朗" という人物を話題として、「車を運転する」という側面の属性を特徴づけ
るものである。NP2 "车" は "开车" という抽象的な行為を表し、非指示的であるた
め、それを(18'）の "那辆车" に置き換えると非文となる。

　「NP1+NP2+Ⅴ得＋AP」構造は NP2 を利用して行為 Ⅴ-NP2 の特徴を表すものであ
るのに対し、"Ⅴ得" 構文は行為 Ⅴ-NP の特徴により主語対象 NP を特徴づけるもの
であるという差異を確認することができる。

　この考えを支える根拠の一つとして、（19）、（20）のように、"Ⅴ得" 構文は述語
動詞を重複して「VNP＋Ⅴ得＋AP」の形が取れないのに対し、（21）のように、
「NP1+NP2+Ⅴ得＋AP」構造は、「NP1+VNP2+Ⅴ得＋AP」の形(すなわち "重动
句")に変換しても、自然に成立することが挙げられる。

（19）a. 当车子离去时，他竭力瞅了一眼车的牌照号。<u>车开得很快</u>，他在远处只能看
　　　清前面两位数。（比格斯所《没有钥匙的房间》）

　　　b. *当车子离去时，他竭力瞅了一眼车的牌照号。<u>开车开得很快</u>，他在远处只
　　　能看清前面两位数。

（20）a. 基德律师事务所上海办事处律师杨峻介绍,起诉材料有近 170 页,其中<u>证据材</u>

料准备得很充分。（新华社 2003 年 10 月新闻报道）

  b.*基德律师事务所上海办事处律师杨峻介绍,起诉材料有近 170 页,其中准备证据材料准备得很充分。

(21) a. 他课文念得很熟。（杉村 1976）

  b. 他念课文念得很熟。（杉村 1976）

 杉村 1976 では、"他课文念得很熟"は"他念课文念得很熟"から重複された動詞のうち最初の一箇が落ち生じた文体的異体として見なされている。NP2（"课文"）はV NP2（"念课文"）という行為を表し、且つV NP2（"念课文"）という一種の行為に限定されるということができる。

 一方、(19)、(20)のように、"V 得"構文では述語動詞を重複することができない。その理由は、当該構文における特徴づけの対象は主語としての＜もの＞であり、＜もの＞は自立性が高く、それに関わる行為（＜こと＞）は既定の一つだけに限らないからである。(19a)の"车开得很快"を例として説明すれば、主語"车"は定名詞句として＜もの＞を表し、それに関わる動作行為としては、"造车"、"洗车"、"买车"、"开车"、"修车"など、さまざまなタイプの行為を想定することが可能である。＜もの＞としての"车"は、"开车"という特定の行為のみに限定され表現されるものではない。(19a)の"车开得很快"は「車を運転する」（"开车"）のが速いことを用い、"车"の一時的な運転速度が速いという特徴を表すのである。(20a)も同様に、主語対象"证据材料"に関わる行為はさまざま（"发现证据材料"、"寻找证据材料"、"分析证据材料"など）であるが、動詞"准备"を用いることでその行為を"准备证据材料"に限定し、その証拠としての資料を準備するという作業が十分に行われていると示すことで、主語対象である"证据材料"が十分に揃っているという、＜もの＞自体の特徴を表すものであると考えられる。

 つづいて、動作行為型"V 得"構文はV-NP という行為を特徴づけるものではないことを示すもう一つの根拠は、文末形容詞が示す動作行為の特徴は、主語NP の特徴として喚起できなければ文としても成立しない、ということである。

(22) a. 他并不特别用功，也没有丝毫书生气，但书读得很好。（列夫・托尔斯泰《复活》）

  b.*这本书读得很好。

 勉強がよくできるということは、ある人物が有する属性の一種であると理解するのが自然であるが、そのことを書物自体がもつ特徴として想定するのは難しい。(22b)が成立しないのはそのためである。前掲した(5)"*这个问题看得很远"の不成立も(22b)と同様の原因からなる。「問題を遠くまでよく見通している」ことはこの「問題」自体の特徴として喚起することはできないが、問題を見通している人

物の能力としては認められるため、"Ｖ得"構文の形で成立しないのに対し、"他看问题看得很远"のように変えると自然な表現になる。

　以上、「NP1+NP2+Ｖ得＋AP」構造との比較を通して、動作行為型"Ｖ得"構文は動作行為を特徴づけるものではなく、事物性状型"Ｖ得"構文と同様に、主語対象を特徴づけるものであることが明らかとなった。動作行為型"Ｖ得"構文は、事物性状型"Ｖ得"構文および感覚表出型"Ｖ得"構文という二つのタイプとは、ＶとAPの意味関係(＜動作-結果＞という関係ではない)という点においては、相違が存在する一方、構文的意味に関して言えば、「主語の動作行為によって獲得した性状」という共通の意味特徴を有しており、この特徴により、三つのタイプを統一的に捉えることが可能であると考えられる。次の例文をさらに見てみよう。

　(23) 这缸酸菜用盐腌得很久。

　(24) 餐厅小姐来结账，黄老板似乎有些不悦，因为最后一道菜上得很慢。(1994年《报刊精选》)

　(23)は、"这缸酸菜"という漬物を漬ける時間が長いということにより、制作物としての"这缸酸菜"が長時間漬け込んであるという特徴を表す。この特徴は"这缸酸菜"の特性であると同時に"腌这缸酸菜"という一次的な行為Ｖ-NPによって獲得されるものであると見なされることもできる。そして、(24)では、波線部の"黄老板"が不機嫌な様子につづき、後件にて不機嫌な理由である「最後の一品料理が運ばれるのが遅かった(=長時間かかった)」を示している。"黄老板"の不機嫌な様子から、「長時間かかる」という特徴は、料理固有の属性ではなく、"上菜(料理を運ぶ)"という特定の動作によって臨時的に生じるものであることが読み取れる。(23)、(24)は、主語の動作行為によって獲得した特徴を語るという点で一致すると言える。

　本節では、動作行為型"Ｖ得"構文の成立条件、三つのタイプの"Ｖ得"構文における共通の構文的意味について論じた。次節では、事態の捉え方という視点から、"Ｖ得"構文を中間構文として位置づけることが可能か否かということを検討する。

3. 事態の捉え方：中動と受動

　Langacker2008:385によると、中間ヴォイスの構文と受動ヴォイスの構文は、動作対象(主語位置にあるtheme)をトラジェクターとして選択するという点では類似しているが、一方、両者は、受動態の構文(下図d)は「動作主—動作対象」のインタラクション全体(the entire patient-theme interaction)がプロファイルされるのに対し、中間ヴォイスの構文(下図b)は対象がどうなっているかという点だけがプロファイルされるという相違があるとされる。

　【図１：中間ヴォイスと受動ヴォイスについて(Langacker2008:385による)】

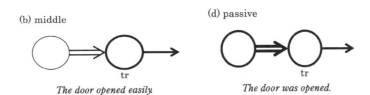

(b) middle

The door opened easily

(d) passive

The door was opened.

　上記の図 1 に示されるように、中間ヴォイスの構文は、エネルギーの動的な伝達（⇒）が背景となり、動作対象(tr) のみ焦点を当てるのに対し、受動ヴォイスの構文は動作対象(tr) および動作主から動作対象へ向けて流れるエネルギーの動的な伝達（⇒）の両方とも際立つ。

　事態の捉え方（力のエネルギー伝達）という点では、"V 得" 構文は中間ヴォイス構文に近似している。(25) を例にとると、"捆得很紧" を述語とする(25a) は、小包が "捆" という動作によって結果的にしっかり束ねられていることを表し、自然に成立する。一方で、"抱得很紧" を述語とする(25b) は "V 得" 構文の形としては成立しないが、"被" を加えた "V 得" 構文(25c) になると自然な文として成立する。に感じられる。その理由として、"抱得很紧" はその小包を抱きしめるという動作行為がしっかりであることを表すが、"抱" という動作は、動作主から動作対象（"那一箱包裹"）への一時的な作用を表すにとどまり、動作対象に何らかの特徴を付与するという作用は有していないためである。一方、(25c) の "被" を伴う "V 得" 構文は動作主から動作対象への働きかけ（影響）を含意しており、これにより "抱得很紧" が用いられることが可能であるわけである。

　(25) a. 那一箱包裹捆得很紧。

　　　 b. *那一箱包裹抱得很紧。

　　　 c. 那一箱包裹被（他）抱得很紧。

　杉村 1995 では次のように類似する例文（26a、b）を挙げている。同論文では（26b）が成立しない理由は「過去において発生した特定の一過性の行為が、人の属性・特性（"弟弟那热烘烘的身躯"）を述べる表現になることが難しいためである」と説明されている。

　(26) a. 我扑上去，紧紧地、紧紧地搂住弟弟那热烘烘的身躯。（杉村 1995）

　　　　 ［私は飛びかかって、ぎゅっと、弟のあったかい体を抱きしめた。］

　　　 b. *弟弟那热烘烘的身躯搂得紧紧的、紧紧的。（杉村 1995）

　　　 c. 弟弟那热烘烘的身躯被我搂得紧紧的、紧紧的。

　しかしながら、前掲の(25c) のように、"捆得很紧" には "捆-那一箱包裹" という既に発生した一過性の行為が含意しても、自然な "V 得" 構文を構成することが可能である。このことを考えれば、特定の一過性の行為であるかどうかという点を "V 得" 構文の成否を決定づける条件として位置づけるのは不適切である。"V 得" 構文の成

立は、構文に含意する行為 V-NP が対象物に対し、何らかの特徴を付与することが可能かどうかで決定する、と考えるほうが妥当であると思われる。前述したように、動作行為型 "V得" 構文は文末形容詞の意味役割が動詞 V を指向するが、構文全体は動作行為 V-NP を特徴づけるものではなく、事物性状型 "V得" 構文、感覚表出型 "V得" 構文と同様に、主語対象 NP の特徴を中心に叙述するものである。(26b) が成立しない要因は(25b)と同様、"搂得紧紧的" は動作者の動作様態として、動作者("我")から動作対象("我弟弟那热烘烘的身躯")への一時的な動的影響しか反映せず、動作対象("我弟弟那热烘烘的身躯")の何らかの特徴づけ(characterization)とはならないからであると考えられる。(25c)と同様に、(26c)は、"被" を伴う受動文の形にすると自然な文として成立する。このことから、"V得" 構文では動作者による動作対象への働きかけが背景化し、動作対象のみが焦点化されるという点では、中間ヴォイスの構文との共通性が見られる。

4. "V得" 構文の叙述タイプ
4.1 属性叙述と事象叙述

本節では、"V得" 構文の叙述タイプについて考察を行う。益岡 2008 によると、叙述の様式は、対象の属性を叙述するタイプ「属性叙述」(property predication)と広義のイベント(出来事・状態)を叙述するタイプ「事象叙述」(event predication) の2タイプに分かれる。属性とは、「日本は島国だ」のように、時間の限定を受けない本質的な性質(「内在的な属性」inherent property)や、「あの人は多忙だ」のような一定の時間的限定のもとで成り立つ可変的なもの(「非内在的属性」non-inherent property)を指す。状態とは、特定の時空間に成立する一時的なものや個別・具体のあり様などを指す。このように、"V得" 構文が表す構文的意味には、属性と状態における差異が存在する。

(27) 这首歌并不好听，但刚才唱得很好听。

(28) *这栋楼并不高，但盖得很高。

(27) は「この曲はいい曲ではないが、さっきは(歌い手がこの曲を歌っているのを聴いて)とてもよかった」といった意味を表す。"唱得很好听" は、"刚才" と共起し、歌手の一度きりのパフォーマンスによって生じた一時的な状態を表すが、この歌の本質的な特性ではない。(27) が成立するのは歌の属性である "不好听"（いい曲ではない）と一回的に上手く歌っていることとは矛盾しないからである。一方、(28) の後件 "盖得很高" では、"盖" という動作によってもたらされた結果の「高い」が、建物自体の恒常的な属性を表す。(28) が成立しないのは建てた結果「ビルが高い」という属性の判断と前件の "这个楼并不高" という判断との矛盾によるものである。

　　また、文末形容詞の特徴から "V 得" 構文の叙述タイプを見てみよう。朱徳熙 1982 によると、中国語の形容詞は "大、红、快、好" のような性質形容詞（裸の形容詞）と状態形容詞（重ね型の形容詞）に分かれるという。形容詞の重ね型は状態形容詞として個別・具象化される状態もしくは様態を描写するものであるとされている。性質形容詞句 "很大" を用いる(29a) は彼の字の属性を表すものであると理解されているのに対し、形容詞の重ね型を用いる "大大的"(29b) は壁にある字の具象的なあり様を描写するものであると理解されている。

(29)　a. 他的字写得很大。

　　　 b. 不远处就能看到，墙上的宣传标语写得大大的，十分清楚。

　　以上に見られるように、"V 得" 構文は主語の内的な属性と具象的・一時的状態の両方を表すことが可能であるが、具象的・一時的状態を表す "V 得" 構文は主語の指示対象の内的性質や属性を記述するという中間構文の特徴にはそぐわない。

4.2 事象叙述述語の属性叙述化

　　"V 得" 構文においては、事物の一時的性状を表す "得" 構造が主語名詞にあたる事物の属性を叙述する表現として用いられることもできる。次の(30)、(31)は一時的性状を表す "V 得" 構文の例である。

(30)　1992 年的一天，在商场看到德州五香脱骨扒鸡卖得很快，她闪念一想，为什么不开发一种与扒鸡有关的糕点呢？（1994 年《报刊精选》）

(31)　祥子认识，并且知道左先生是宅上的好朋友。"祥子，"曹先生的嘴动得很快，"你坐汽车回去。告诉太太我在这儿呢。（老舍《骆驼祥子》）

　　(30) では、"V 得" 構文は知覚動詞句 "看到" の補文として現れている。知覚動詞は特定の場で目撃された出来事・状態・事物を対象とする表現だとされている。Carlson1980 が指摘するように、述語動詞 see を含む「認識報告構文」は、個体の内在的属性を表す個体レベル述語（individual-level predicates）ではなく、個体の一時的な状態や動作行為を表す場面レベル述語（stage-level predicates）と見なされる[5]。"看到" の他、時間詞 "1992 年的一天" からも分かるように、(31) は時間の流れのなかの特定の一つの場面を切り取って、その場で発生した＜卖德州五香脱骨扒鸡＞という特定の出来事を背景とし、"德州五香脱骨扒鸡" の一時的な「よい売れ行き」という状態を示している。また、(31) の直接話法 "祥子，" からも見られるように、"曹先生的嘴动得很快" は曹さんが祥子に話しかける当時、「早口」という一時的状態を表している。

　　以上の(30) –(31) における述語部分の "得" 構造が主語にあたる事物の属性を表す例文はコーパスにも観察された。

(32)　一家商场的售货员告诉记者："这几年电火锅卖得很快，前几天一个单位开业，一下子拉走好几百。"（1994 年《报刊精选》）

(33) 曹先生的嘴动得很快，经常是还没想好呢话就到嘴边了。

(32) では、「売れ行きが良い」という電気ポットがもつ属性が読み取れる。(33) も曹さんの習慣的な行為を通して、「彼は早口だ」という属性を特徴づけるものである。

以上のように、同じ述語をとる "V 得" 構文は一時的な状態を表すことができるのみならず、属性を表すこともできる。益岡 2008 は本来的に事象叙述を表す述語が一定の条件のもとで対象の属性を表すという現象を「事象叙述述語の属性叙述化」[6] と呼んでいる。

時間副詞の特徴から見れば、特定の一時点にある特定の場所で話し手が目撃した状態であれば、偶然なる一時的な状態として理解されやすい。例えば、前掲した (30) の "1992 年的一天" と次の (34) にある "昨天" は特定かつ一次性の出来事における対象物の一時的な状態を提示している。一方、問題となる対象のある状態が複数回の事態において繰り返し生じ得るのであれば、属性として認められる可能性が高くなる。上に挙げた (32) では、これまでの長い時間幅を示す "这几年" と次の (35) における継続性を示す "现在依然" は一定の限定を受ける時間幅の中で成立する属性を提示するものであると言える。つまり、述語 "卖得很好(快)" で表される「売れ行きがよい」ことは一度きりの特定の出来事によって付与される対象物の特徴ではなく、何度も繰り返し、長い間続くがゆえに、対象物の属性として内在化することができるわけである。したがって、「事象叙述」を表す "得" 構造が「属性叙述」のように思われるのは現実的な事態が過去に複数回も生起したことに基づき語用論的に推論されたものであると位置づけることが可能である。

(34) 昨天他们铺子的西红柿卖得很快，库存已经不多了。(《读者》合订本)

(35) 李小龙的电影现在依然卖得很好，关于他的网站越来越多。(张小蛇《李小龙的功夫人生》)

しかし、注意されたいのは、このような一時的な状態を表す "V 得" 構文は動作が複数回生起していれば、それによってもたらされた結果が必ずしも対象に備わる属性として内在化するとは限らないということである。動作者の意志や意図的な制御によって左右されないということも「事象叙述述語の属性叙述化」が生じる重要な条件であると考えられる。"卖得很快" で言えば、売れ行きが良いかどうかは、動作者の意図に左右されないものである。動作者の意志・意図を超えているがゆえに、事物が備える制御不可な属性を表す表現になり得ると考えられる。このことは、以下の対比からも見て取れる。

(36) a. "当时车开得很快, 感觉颠簸得很厉害" 谈起事发经过, 吴忠亮仍心有余悸。

(新华社 2004 年 4 月新闻报道)

b. *这辆车性能稳定，开得很快。

　（36a）の時間副詞“当时”からも、“开得很快”は車のある一時点でのみ成立する、一時的な状態を表していることがわかる。一方、（36b）は、車が有する属性を描写する例である。文として成立しないのは、“开得很快”が運転手のコントロールにより意図的に調整される一時的な状態にすぎず、車の内在的属性を表す属性表現“性能稳定”とは相性が悪いためである。つまり、“开得很快”は現実的に複数回発生していても、車に備わる「速い」という属性にはならないということである。

　以上に見られるように、一時的な状態を表す“V 得”構文が主語にあたる対象物の属性を述べているように思えるのは、あくまで話者が自らの体験（経験）に基づき、対象物の状態が過去に複数回生起したことに依存し語用論的に推論されるものであるためである。

5.　構文に含意する行為の特徴

　中間構文は主語の指示対象の内的性質や属性を記述する表現として、総称性をもつ状況を述べるものであるとされている。構文に含意する行為の総称性という点では、“V 得”構文は中間構文の特徴にそぐわない。“V 得”構文は話し手の現実的体験に依存し特定の出来事によって獲得した性状を語るものであると考えられる。まずは、形容詞“容易”と“顺利”を用いた文の成立状況について検討したい。

　形容詞“容易”と“顺利”は、「行為を遂行するにあたって障害が少ない」という類似の意味を有する[7]が、しかし個別に見ていくと、“容易”は行為遂行の潜在的可能性・難易度を表すことにより主語である対象物の属性を示すことを可能とするのに対し、“顺利”にはこのような意味合いはない。次の（37）、（38）のように、形容詞“容易”は“V 得”構文では使用不可であるが、“V 起来”構文における使用はごく自然だと思われる。

（37）这本书读起来/*得很容易，适合五到六岁的儿童。

（38）这个节目表演起来/*得很容易，但却要做比较复杂的准备工作。（《读者》合订本）

　行為遂行の難易度を表す表現が対象物の内的特性を表示することは、英語の tough 交替現象にも見られる。

（39）a. It is difficult to read this book. （西村 2002）

　　　b.The book is difficult to read.　　（西村 2002）

（39’）a.这本书读起来很难。

　　　b.*这本书读得很难。

　西村 2002 によると、（39a）の difficult（D1）が、この本を読むという行為の特性を焦点化し叙述するのに対し、（39b）の difficult（D2）によって焦点化されているのは、問題の行為を困難にしていると想定されるこの本の特性である。（39a）と（39b）の統

語形式は、D1(「この本を読む」という行為を遂行する難易度)と D2(行為対象「この本」の特性)との間の換喩的な関係に動機づけられると同論文で指摘されている。

(39)に対応する中国語表現である(39')を見ると、(37)、(38)の成否状況と同じように、(39' a)の "V 起来" 構文は自然に成立するのに対し、(39' b)の "V 得" 構文は成立しない。(37)、(38)と(39')の "V 得" 構文が成立しない原因は、過去に個別的に経験した行為遂行による難易度は事物が有する属性自体としての転用ができないことにあると考えられる。Langacker1995 によると、tough 交替現象の成立は対象と行為者(経験者)による相互作用が総称性と潜在性(特定的・アクチュアルなものではない)をもつという。同論文では「A 1934 penny is hard to find」という例文が挙げられているが、この例文は、1934 年製の硬貨探すことが困難であることを用い、1934 年製の硬貨そのものが希少であるという特性を表すものとされており、特定した個別の主体が 1934 年製の硬貨を探すという一回的・個別的な行為が困難であるという意味ではない。

CCL コーパスにおいて、難易形容詞が使用されている "V 得" 構文は非常に稀であり、次の(40)、(41)しか見つからない。

(40) 进军西南,同胡宗南那一仗打得很容易。(邓小平《邓小平文选》)

(41) 丹麦队教练约翰松:这场球踢得很困难。(1998 年《人民日报》)

主語名詞句 "同胡宗南那一仗"、"这场球" は現実的に行われる出来事を表すものである。"V 得" 構文で表されるのは主語対象の潜在的な可能性ではなく、特定の一過性の出来事を遂行する難易度のことである。

その一方、形容詞 "容易" に比べ、形容詞 "顺利" を用いる(44)-(45)は、"V 得" 構文が自然に成立している。

(42) <u>手术进行得/*起来很快、很顺利</u>,不到一个钟头就结束了。

(张洁《世界上最疼我的那个人去了》)

(43) <u>目前,本公司同中国的合作开展得/*起来很顺利</u>,西安和沈阳飞机制造公司为我们生产部分零部件……(1996 年《人民日报》)

(44) 黄松良律师说:"<u>这个案子办得/*起来很顺利</u>,打官司对谁都不好,尤其赵常是个农民,他承受不起马拉松式的官司。(1997 年《作家文摘》)

事物の性質には順調("顺利")か否かという特徴はそもそもなく、その特徴は特定の行為 V-NP が発生した後に獲得されたものだと考えられる。言い換えれば、順調であるかどうかは、事物の備える潜在的な可能性とは関係せず、アクチュアル・個別的な事象が発生した後でないと判断が不可能であるということである。形容詞 "顺利" を用いる(42)-(44)から、"V 得" 構文に含意する行為 V-NP は現実性をもつことが示唆されている。(42)を例に説明すれば、手術の実行前では、それが順

調であるかどうかの予測が難しい。要するに、形容詞"順利"が表しているのは、その手術が現実的に実行されることによって初めて認定される特徴であると言うことができる。そして、(43)の"目前"では、自社と中国側の会社との連携はすでに行われていることが読み取れる。形容詞"順利"が表しているのは、その連携を実際に展開して初めて獲得した特徴だと捉えるほうが自然で、もともと対象 NP に備わる性質ではないため、構文に総称的な状況を含意する、事物の固有の属性を表す"V 起来"構文が成立しないわけである。

また、"合适、准、好"の類の形容詞を用いた"V 得"構文の振る舞いを見てみよう。

(45) 因为初次与生意人打交道，<u>这裤子买得/*起来很不合适</u>：短了，吊在脚踝上。

（《读者》合订本）

(46) 程心看了一下表，<u>航行时间卡得/*起来很准</u>，现在离会面还有十分钟。

（刘慈欣《三体》）

(47) <u>《唐明皇》在海外卖得/*起来很好</u>，新加坡、马亚西亚、泰国、韩国、日本等纷纷购买该片的版权，投资成本早已赚回。　　（1993 年《作家文摘》）

まず、(45)を見ると、サイズが合うかどうかということに関しては、個人の主観的な好みなどを除いて、各個人の体にフィットした状態を前提として捉えれば、これは相対的な概念として理解すべきものであり、特定の購入者を基準にしなければわからないことだと考えられる。言い換えれば、"很不合适"は総称的な状況に対応する特徴ではなく、特定の体験によってズボンに付与される特徴としてしか捉えられない。(46)も同様に、時間通り正確かどうかはまず特定の基準（ここでは、定められていた航行時間を指す）を設けて初めて判断される相対的な性状であり、"卡-航行时间"という事象が現実に発生しないと判断できないものであるため、構文に含意する行為は現実性をもつが、総称的な状況にそぐわない。つづいて(47)では、「よく売れる」かどうかに関しても、実際に売買取引が行われてからでないと把握が難しいため、"V 得"構文のみが成立する。

以上の言語的事実から、"V 得"構文は話し手の現実的・臨場的体験に依存し、特定の出来事(V-NP)によって獲得した性状を表すものであることが見て取れる。"V 得"構文に含意する行為は現実性をもつが、総称性をもつ状況・状態にそぐわないため、中間構文として見なされない。

6. 文に明示されない動作主の特徴

　本節では、明示されない動作主の特徴から、“V 得” 構文は中間構文であるか否か
ということを検証してみる。中間構文の典型的な特徴として、明示されない動作主は
任意の人(people in general)として解釈されている。“V 得” 構文の成立には、構文に
含意する動作行為の現実性と明示されない動作者の特定性とは連動的に関与してお
り、中間構文の典型的な特徴に合わないと考えられる。次の対比を見てみよう。

　　(48) a. 这个套餐买起来/得很划算。

　　　　 b. 这个套餐买得很划算。

　　(48') a.这个套餐两个人买起来很划算。

　　　　 b.*这个套餐两个人买得很划算。

　　(48)の “V 起来” 構文と “V 得” 構文は類似しているが、(48a)はこの料金プラ
ンは誰が買ってもお得であるという恒常的な属性を表すのに対し、(48b)は特定し
た一次的な購買行為において、とある主体が買った料金プランはお得であったとい
う意味を表す。両者の意味上の差異は、(48')の数量名構造 “数+量+(NP)” との
共起状況から見て取れる。(48'a)は、この(携帯)料金プランは 2 人で買うならお
得であるという特徴を表す文である。この場合、“V 起来” 構文は問題なく成立する
が、(48'b)のように、“V 得” 構文は数量名詞構造 “两个人” と共起すると不自然
となる。数量名詞構造 “两个人” は人数を測る(measure)単位であり、特定の具体
的・個別的な主体を表すものではないとされる。李艳惠、陆丙甫 2002 で指摘されて
いるように、“三个步兵可以/能/应该/必须带九斤口粮”、“一张床够睡三个童子
军” における数量名詞構造 “三个步兵”、“一张床” は数量のみを表し、特定の個
体を表さない。数量名詞構造 “两个人” は任意の二人という概念的な主体を指し示
すものであり、現実的な出来事 V-NP に登場する個別的な人物に対応するものではな
いため、“V 得” 構文には使用できない。(48')の “V 得” 構文における “两个
人” は、“那两个人” に置き換えると自然な表現になる。“那两个人” には、個別
的・具体的な主体と特定の出来事が存在することが暗示されるため、“V 得” 構文と
の相性がよくなるということである。

　　(49) 这个套餐那两个人买得很划算。

　　また、次に示す “NP1 的 NP2” を主語とする “V 得” 構文からも、当該構文に明示
されない動作主が任意の人ではないことが観察される。

　　(50) 他的这些意见提得很具体，对我们颇有启发。(1993 年 11 月《人民时报》)

　　(51) 曾仕强教授的这些话讲得太现实了,值得我们所有人深思！

　　　　　　　　　　(腾讯视频标题 https://v.qq.com/x/page/p0798p47kux.html)

　　(52) 林肯的话说得很清楚，为有黑奴，而使我们国家能统一，我们就维持黑奴，如
　　　　　果没有黑奴，也能够维持国家统一，我们就没有黑奴。(李敖《李敖对话录》)

（50）-（52）では、主語として現れる"NP1 的 NP2"構造（"他的这些意见"、"曾仕强教授的这些话"、"林肯的话"）は朱徳熙 1982 におけるいわゆる"真定语"「真性連体修飾語」からなる構造であり、NP1 と NP2 が所有関係にある。NP1 は NP2 の所有者であり、"V 得"構文に明示されない動作主でもある。これらの例文から、"V 得"構文に明示されない動作主が任意の人物ではないことは明白であり、このことは中間構文の性格と相反すると言える。

7. おわりに

　本稿では、"V 得"構文の成立条件、意味機能及び"V 得"構文を中間構文として位置付けることが可能かどうかという問題について考察し、文末形容詞の意味役割の指向性に基づき分類される三つのタイプの"V 得"構文は動作行為（V-NP）によって生じる主語の特徴を語るものであるという点から、統一的な構文的意味を持つことを明らかにした。中間構文は総称的な行為 V-NP の遂行可能性を用い、主語にあたる対象の内的な属性を表すものである。"V 得"構文には、中間構文と共通する特徴を有するが、しかし、相違点も有すると考えられる。事態の捉え方（力のエネルギー伝達）という点から見れば、"V 得"構文では動作者からの動作対象への働きかけが背景化し、動作対象だけ焦点化するということが中間ヴォイスの構文と共通している。その一方、「内在的属性」、「総称的状況」、「任意の動作者」という点では、"V 得"構文は中間構文の性格とは異なる一面も有すると考えられる。"V 得"構文は主語の内的な属性と具象的・一時的状態の両方を表すことが可能であるが、一時的状態を表す"V 得"構文が属性のように思われるのは、現実的な事態が過去に複数回も生起したことに基づき語用論的に推論された結果だからである。"V 得"構文は、事物に備わる潜在的な可能性を叙述するものではなく、リアルな特定の出来事に基づき認定された主語の性状を表すものである。"V 得"構文の成立には、構文に含意する動作行為の現実性と明示されない動作者の特定性が連動的に関与することを条件とするため、明示されない動作主を任意の人としての解釈することは難しい。

注

[1] 受動者主語文とは受動者を表す名詞句が主語の位置に現れる文である。龔千炎 1980 によると、受動者主語文の文構造は、(I) から (III) に示されるように、動作者を導入する受動マーカー"被、叫、让、给"があるかどうか、動作者名詞句 NP 動作者が文中に現れるかどうかによって三つのタイプに分類されるという。本稿の考察対象"V 得"構文（「NP 受動者+V 得+AP」）は (III) に属するものである。

　(I) NP 受動者+被/叫/让/给+(NP 動作者）+V 述語

（II）NP 受動者＋NP 動作者＋V 述語

（III）NP 受動者＋V 述語

[2] 本稿に用いるデータコーパスは北京大学中国語言学研究中心（CCL）の現代漢語コーパス（http://ccl.pku.edu.cn:8080/ccl_corpus/）であり、参照年月日は 2022 年 7 月 19 日である。用例の元の出典（作品名、新聞名）を記載しているが、用例の出典を明記しないものは筆者による作例である。

[3] 中間ヴォイス（中動態/中相/middle voice）という術語は様々な異質的な文法現象を表すとされている（Kemmer1993、Klaiman1992、Manney2000、Xiong2018 などを参照）。Klaiman1992 によると、middle voice という概念には、主として三つの種類のものがあるという。一つ目は動詞の形態変化（屈折範疇 verbal inflectional category）として表される中動態であり、ギリシャ語（Greek）、フラニ語（Fula）、サンスクリット語（Sanskirt）を代表とされている。二つ目は中相再帰（middle reflexive）を指し、再帰構文を出発点として形成される中動態である。例として挙げられているのはスペイン語の再帰接辞 se による中動態である。スペイン語の se は元々再帰代名詞として、再帰の意味と機能をもつ形式であるが、se による中動態は再帰、自発、可能、受動の意味までも拡張されている（Maldonado1992）。現代英語においても、「John shaved himself」のように、再帰代名詞（reflexive pronoun）は再帰マーカーとして認められ、「行為が主語の意志のもとに発生し、その展開が主語の領域に収まっている」という中動の意味を表すのに用いられる（柴谷 1997）。三つ目は generic middle と呼ばれ、英語のような「中間構文」（middle construction）を典型例とするものである。中間構文は動詞の形態変化による中動態や再帰接辞による中動態とは違い、特定の中間マーカーがないことに加え、動詞にも明確な形態変化がないとされる。本稿が扱う中間ヴォイスは「中間構文」のことである。

[4] 龔千炎 1980 では "受事主語句可用来衔接、连贯上下文" という働きがあると指摘されている。例として挙げられているのは、以下のようなものである。下線部の受動者主語は、前件文に言及した名詞句（波線部）を承けなおし照応するものとして見なされている。

（107）大家知道，林彪，"四人帮"是破坏安定团结的祸根，这个祸根已经挖掉了。

（108）你有一个美丽的幻想，这我知道。（欧阳山《苦斗》）

（109）老杨同志……一边舀饭一边说："我也吃吃这饭，这饭好吃！"（赵树理《老杨同志》）

（出典、例文番号は龔千炎 1980 による）

[5] Carlson1980 で挙げたのは以下のようなものである。

Marson saw the policemen nude/*intelligent/running into the car /*be mammals.

[6] 益岡 2008 は「事象叙述述語の属性叙述化」という現象を挙げているが、「事象叙述」から「属性叙述」への変換が起こる条件と課される制限については詳細な分析が見られない。本稿は "V 得" 構文を対象に、このような現象の生起条件と制限を具体的に分析するものである。

[7] 《现代汉语词典》（第 6 版）による解釈は以下のようなものである。

顺利：[形]在事物的发展或工作的进行中没有或很少遇到困难：工作～。（1224 页）

容易：[形]做起来不费事的：说时～做时难。发生某种变化的可能性大：～生病。（1100 页）

参考文献

陈　玥 2018. "V 起来"句与"V 得"句的语义功能研究－从"知识"与"体验"两个视角－，中国语文杂志社编《语法研究和探索》（十九）:349-379 页。北京：商务印书馆。

古川裕 2005. 现代汉语的"中动语态句式"——语态变换的句法实现和词法实现，《汉语学报》第 2 期：22-32 页。

龚千炎 1980（2000）. 现代汉语里的受事主语句，《龚千炎语言学论集》：23-41 页。北京：京华出版社。

李艳惠、陆丙甫 2002. 数目短语，《中国语文》第 4 期：326-382 页。

刘晓海、石晨 2013. 基于生态心理学的汉语中动句生成动因探析，《语言教学与研究》第 4 期:41-48 页。

刘月华 1982. 状语与补语的比较，《语言教学与研究》第 1 期：22-37。

刘月华、潘文娱、故韡 2001.《实用现代汉语语法（增订版）》，北京：商务印书馆。

刘勋宁 2006. "得"的性质及其后所带成分，日中对照言語学会编『中国語の補語』：。東京：白帝社。

陆俭明 2020. "施—受—动"主谓谓语句"功能-认知"探究，《中国语文》第 4 期：387-394 页。

余光武、司惠文 2008. 汉语中间结构的界定——兼论"NP＋V-起来＋AP"句式的分化，『语言研究』第 1 期：69-78 页。

王邱丕、施建基 1990. 程度与情状，《中国语文》第 6 期：416-421 页。

朱德熙 1982.《语法讲义》,北京：商务印书馆。

中右実 1991. 中間態と自発態，『日本語学』(特集：寺村秀夫追悼) 02：52-64, 東京：明治書院。

柴谷方良 1997.言語の機能と構造と類型，『言語研究』112:1-31 頁。

杉村博文 1976.＜他课文念得很熟＞について，『中国語学』223：92-97 頁。

杉村博文 1995. 中国語における動詞句・形容詞句の照応形式，大東文化大学語学教育研究所『語学研究大会論集 3』:51-66 頁。

西村義樹 2002. 換喩と文法現象，西村義樹（編）『認知言語学Ⅰ：事象構造』：285-311 頁。東京：東京大学出版会。

益岡隆志（編）2008. 叙述類型論に向けて，『叙述類型論』：3-18，東京：くろしお出版。

Carlson, G. 1980. *Reference to Kinds in English.* New York: Garland.

Fagan, S. 1992. The Syntax and Semantics of Middle Constructions: A Study with Special Reference to German[M]. Cambridge: Cambridge University Press.

Fellbaum, C. 1986. *On the Middle Construction in English*. Bloomington: Indiana University Linguistics Club.

Hale, K & Keyser, J. 1987. A View from the Middle, *Lexicon Project Working Papers*, No. 10, Center for Cognitive Science, MIT.

Kemmer, Suzanne. 1993. *The Middle Voice*. Amsterdam and Philadelphia: John Benjamins.

Keyser, Samuel Jay & Roeper, Thomas. 1984. On the Middle and Ergative Constructions in English. *Linguistic Inquiry*, 15（3）, 381-416.

Klaiman, M. 1992. Middle Verbs, Reflexive Middle Constructions, and Middle Voice, *Studies in Language*, 16（1）, 35-61.

Lakoff, G. 1977. Linguistic Gestalts. CLS 13: Papers from the Thirteenth Regional Meeting of the Chicago Linguistic Society, 236-287.

Langacker, R. W. 1995. Raising and Transparency, Language, 71, 1-62.

Langacker, R. W. 2008. *Cognitive Grammar: A Basic Introduction*, Oxford: Oxford University Press.

Li, N. Charles & Thompson. 1989. *Mandarin Chinese: A Functional Reference Grammar*. Berkeley and. Los Angeles: University of California Press.

Manney, Linda J. 2000. *Middle Voice in Modern Greek*. Amsterdam/Philadelphia: J. Benjamins.

Van Oosten, J. 1977. Subject and Agenthood in English. *Chicago Linguistic Society*, 12, 459-471.

Xiong, Jiajuan. 2018. *Chinese Middle Constructions: Lexical Middle Formation.* Singapore: Springer.

（陳玥　chen.yue.ka@u.tsukuba.ac.jp）

Contemporary Research in Modern Chinese No.25 (October 2023). pp.135-148

"V 得个 VP" 構文の意味と機能に関する分析

薛　晨

日本　名古屋大学

提要： 本文对现代汉语中的 "V 得个 VP" 句式的语义及其功能进行了考察。根据本文的考察，"V 得 VP" 句与 "V 得个 VP" 句在形式上的差异在于有无 "个" 字上，这一差异也决定了两者在事件语义类型上的区别。"V 得个 VP" 句只能构成有界事件，即达成事件句和完成事件句。而 "V 得 VP" 句除了可以构成上述两种事件外，还可以构成过程句，如 "笑得开心"。此时，"V 得个 VP" 句无法成立。我们认为 "V 得个 VP" 句的这一语义限制和 "个" 的有界化功能有关。另外，通过对实际语料的调查，我们发现在篇章结构中，"V 得个 VP" 句具有标记核心事件的功能，此时，"个" 发生了进一步语法化，在信息的传达中起到了凸显焦点的功能。

关键词： "V 得个 VP"；事件语义；界理论；焦点；语法化

1. はじめに

　現代中国語においては "个" が動作行為と関連する用法が見られ、以下のような "V 个 VP" 構文が存在する。

(1) 他说着自己拿起酒壶，满倒了三杯酒说："来，来，来，咱们喝酒，今天要<u>喝个痛快</u>。"
　　　　　　　　　　　　　　　　　　　　　　　　（李準《黄河东流去》 BCC）

(2) 王如一不停地宣讲他的宏图大业："我们要么不干，要干，就得把对手<u>打个落花流水</u>！"
　　　　　　　　　　　　　　　　　　　　　　　　（张炜《你在高原》 BCC）

　"V 个 VP" 構文は今まで多くの研究者の注目を集めた（朱德熙 1982; 游汝杰 1983; 邵敬敏 1984; 宋玉柱 1993 等）。この構文の意味的側面に関しては、任鷹 2013 では "V 个 VP" 構文における VP は "主观大量[1]" という意味を有する（例（3）を参照）と同時、VP が表す状態は動作の結果を表さなければならない（例（4）を参照）ことが指摘されている。

(3) *玩儿个痛快点儿[2]。（→玩儿个痛痛快快。）

(4) *吃个认真。　　　　　　　(→吃个干净。)

　　実際、現代中国語には次のような "V 得个 VP" 構文も存在する。

(5) 谁知长顺不识相，话不接头，引起了队长的火，<u>弄得个不欢而散</u>。

(沈从文《长河》BCC)

(6) 其实，与其说是贪赃枉法，倒不如说是皇上胡涂，轻信了太监的诬告，以为他
　　参与了皇太后娘家篡位的阴谋，<u>落得个满门抄斩</u>。　　(高行健《灵山》BCC)

　これまで、"V 个 VP" 構文に関する研究が多く見られるものの、"V 得个 VP" 構文については管見の限り、従来の先行研究では詳しく考察されていない。そこで、本稿では、"V 得个 VP" 構文が有する意味を事象構造の観点から考察し、"V 个 VP" との相違点を明らかにする。また、"V 得个 VP" 構文における "个" と "V 个 VP" 構文の "个" は統語面において相違が見られ、統語的に省略されても、文は問題なく成立する。つまり、"V 得个 VP" 構文における "个" は統語上では必須成分ではない。こうした "V 得个 VP" 構文の成立する背景にはどのような動機付けが存在し、この構文における "个" はどういう機能を有しているかという問題についての分析が必要である。

2. "V 得 VP" と "V 个 VP" の相違について

　"V 得个 VP" 構文の事象構造を明らかにする前に、まず、"V 个 VP" 構文と "V 得 VP" 構文について見てみよう。"V 个 VP" 構文と "V 得 VP" 構文の相違に関しては、张谊生 2003:201 では、"V 个 VP" 構文は "了" を伴う場合、完了した事態 (完成相) を表し、事件性と結果性という意味的特徴を有するものである。それに対し、"V 得 VP" 構文は主に未完成相を表すものであると指摘されているが、周知のように、"V 得 VP" における VP には動作行為の結果を表すものと状態を描写するものがある (朱德熙 1982 等)。即ち、結果成分と描写成分という二種類が成立しうる。

(7) a. 吃得津津有味 (描写)

　　b. 吃得精光　　(結果)

　つまり、次の例 (8) に挙げるように、"V 得 VP" 構文も完了した事態を表すことが可能である。

(8) 三两下他就把面<u>吃得精光</u>，拿起碗来，正想把碗里的汤喝光。

(古龙《陆小凤传奇》BCC)

　このことから、両構文を区別するには、事件性と結果性という説明だけでは不十分であると言える。また、もし张谊生 2003 の指摘が妥当であれば、本稿の考察対象となる "V 得个 VP" は何故成立するのであろうか。以上の問題点を踏まえて、本稿では事象構造の観点を導入し、"V 个 VP" 構文と "V 得 VP" 構文の違いを示す。

　事象構造の観点から見れば、全ての文はそれに対応する事象が存在する。文が表す事象タイプは通常動詞のアスペクト的意味と深く関連すると思われるが、目的語、補語や文脈等といった要素との相互作用により決まってくる場合も見られる。Vendler1967 が提唱した活動（activity）、状態（state）、達成（accomplishment）、到達（achievement）という四つの事象タイプに基づき、"V 得 VP" 構文が表す事象タイプを以下のようにまとめることができる。

　(9)　正在<u>看得全神贯注</u>，木兰觉得一只手用力攥住她的胳膊。

（林语堂　《京华烟云》BCC）

　(10)　尽管他已<u>碰得头破血流</u>，却再一次挣扎着迈开脚步，重新踏上了创业的征程。

（路遥　《平凡的世界》BCC）

　(11)　荻兰细细吃着螃蟹，每个壳都<u>吃得干净透明</u>。　　　（孟华　《二度邂逅》BCC）

　活動タイプの事象構造は終結点を伴わない動作や行為を表すものであり、状態の事象タイプとは異なり、継続相を表す "正在" によって修飾されうる（沈家煊 1995）。このことにより、上記の例 (9) が活動タイプに当てはまる。到達タイプの事象構造は物事の状態変化（change of state）を表すのが一般的である。このタイプの事象は瞬時的な変化を表すため、継続相を表す "正在" と共起できない。上記の例 (10) が到達タイプに当てはまる。達成タイプは動作と状態変化を融合した複合的な事象である。陈平 1988 で指摘されたように、このようなタイプが表す事象は動作とその動作の結果からなる意味構造を備えている。つまり、到達タイプを表す文には内的な終結点が含まれる。上記の例 (11) が到達タイプに当てはまると考えられる。

　一方、"V 个 VP" 構文が表す事象タイプは到達と達成に限定され、活動事象を表すことができない。

　(12)　最使他们兴奋的，是他把四大碗面条，一中碗炸酱，和两头大蒜，都<u>吃了个干净</u>。

（老舍　《四世同堂》BCC）

　(13)　一九五九年，彭德怀又赤膊上阵，想砍掉三面红旗，结果<u>碰了个头破血流</u>。

（人民日报 1973 年 10 月 07 日 BCC）

　(14)　*看个全神贯注。

　沈家煊 1995 によれば、有界と非有界の対立は人間の最も基本的な認知概念を反映するものであり、こうした認知上の対立は言語構造の中にも反映される。モノは空間に「有界」と「非有界」の対立があり、性状は程度あるいは量において「有界」と「非有界」の対立があり、動作は時間に「有界」と「非有界」の対立がある。そして、沈家煊 1995 では有界動作は時間軸上に一つの始点と終点を持つものであるのに対し、非有界動作は始点と終点がないもの、あるいは開始点のみがあり、終結点を有していないものであると述べられており、内在の終結点を持つ有界の動作を「事象（event）」、内在の終結点を持たない非有界の動作を「活動（activity）」と定義されている。例 (14)

に挙げたように、"V 个 VP" 構文は "V 得 VP" 構文とは異なり、結果を伴わない活動事象を表すことができない。このことから、"V 个 VP" 構文は到達事象や達成事象といった終結点を持つ有界事象しか表現できないという意味的特徴を有することが分かる。

3. "V 得个 VP" 構文の事象構造

3.1 "V 得个 VP" 構文の有界性

中国語の "得" はアスペクト的意味を有しており、「完了」の意味を表すと思われる（熊仲儒 2014 等）。

(15) a. *吃得了干净。

　　 b. 吃了个干净

宋文輝 2021 では以下の例を用いて "得" は "了" とはほぼ同じ性質を有していると説明されている。

(16) 吃得干净　　　*吃得过干净　　　*吃一吃得干净　　　*吃没吃得干净

(17) 吃了两个包子　*吃了过两个包子　*吃一吃了两个包子　*吃没吃了两个包子

以上のことから、"得" は "了" のような典型的なアスペクトマーカーではないが、これが完了というアスペクト的意味を持つことが否定できないことが窺える。

"个" を伴う "V 得个 VP" 構文と "V 得 VP" 構文は事象構造という点において相違が見られる。

(18) 而就在此时，熊柯为了救球，腹部撞在球台角上，<u>摔得个仰面朝天</u>。

（1996 年人民日报 CCL）

(19) 陆小凤没有回答，端起牛肉汤的牛肉汤来，叽哩哗啦的<u>喝得个碗底朝天</u>。

（古龙《陆小凤传奇》CCL）

(20) 柳月<u>正笑得(*个) 开心，</u>拿眼也看了唐宛儿，唐宛儿却并没对应。

（贾平凹《废都》BCC）

例(18)における "摔得个仰面朝天" は瞬時に完了した事態を表すため、現実的な終結点を表すものである。例(19)における "喝" は活動動詞であり、本来終結点を持たないが、"喝一碗汤" のような数量表現を伴う目的語と共起すると、内在的な終結点を持つ有界事象を表すことができる。例(19)では "喝" は結果補語と共起するため、動作が現実的な終結点を持つようになり、有界の事象として捉えられる。以上のことから、例(18)と例(19)はいずれも現実的な終結点を持つ有界の事象を表すという点で共通していることが分かる。一方、例(20)における "笑得开心" は動作の継続を表し、終結点を持たない活動事象であるため、これが非有界の事象として捉えられるのが適当である[3]。

第 2 章の説明を参照することで、次の表 1 にまとめたように、"V 得个 VP"構文と"V 个 VP"構文は有界の事象しか表せないという点で共通している。

表 1 ― "V 得 VP"、"V 个 VP"、"V 得个 VP"の事象タイプ

	"V 得 VP"	"V 个 VP"	"V 得个 VP"
有界の事象	＋	＋	＋
非有界の事象	＋	－	－

3.2 "个"の有界化機能

"个"を伴う"V 得个 VP"構文と"V 个 VP"構文の意味制限が何に起因するのかということに目を向けなければならない。統語構造から見れば、"个"の存在がこの意味制限が生じることに関連する重要な要因であると推測できる。次は"V 个 VP"構文の例について見てみよう。

(21) 最使他们兴奋的，是他把四大碗面条，一中碗炸酱，和两头大蒜，都吃了个干净。

（老舍 《四世同堂》BCC）

任鹰 2013 は"V 个 VP"構文における"个"は"性状个体化[4]"という機能を有することを指摘している。ここに"个"は何故後続する VP を個体化しなければならないのであろうか。周知のように、数量表現が統語構造に対する制約は実際に有界と非有界の意味構造に関連すると思われる。中国語では"飞进来蜜蜂"、"吃了苹果"等の組み合わせが成立しない。これらの表現が不適格であるのは有界の動作行為を表す"吃了"が後続する非有界の名詞とは整合性に欠けていることに起因する。言い換えれば、有界の動作行為の後ろに有界名詞の目的語をとることで、その動作に実際の終結点が与えられ、組み合わせ全体が整った有界の事象として成立することになる。

(22) ??吃了苹果。（→吃了一个苹果。）

このような界理論の整合原則[5]は次の例(23)によっても裏付けられる。例(23)全体は継続的な活動事象を表すものであり、現実的な終結点を有していないため、数量表現を用いて"苹果"を有界化させると、かえって不適格な文になってしまう。

(23) ??正在吃一个苹果呢。

上記の例(21)について言えば、"吃了个干净"は現実的な終結点を有するため、有界の事象として捉えられる。周知のように、性質形容詞である"干净"には各種程度の差があり、"量幅"を示すものであるため、それが表す性状は非有界であると思われる。界理論の整合原則の働きにより、有界の動作行為となる"吃了"に後続する結果状態を示す"干净"は有界のもことが要求される。この場合における"个"は非有界の"干净"が表す性質状態を有界化させるために使用されると考えられる。即ち、ここの"干净"は"个"の修飾により、有界のものに転換されるのである[6]。次の例

(24) を見てみよう。

(24) a. 吃了个干净/干干净净

b. *吃了个很/非常/比较干净

例(24b) に挙げるように、"干净"がここで程度副詞とは相容れないことは、この場合における"干净"が既に"个"によって有界されることを裏付けるものとなっていると言える。以上のことから、"V 个 VP"構文と"V 得个 VP"構文が"*看个全神贯注/*看得个全神贯注"のような継続的な活動を表す非有界の事象として成立しないことはいずれも"个"の有界化機能に起因すると考えられる[7]。

冒頭でも述べたように、ここで注意すべき点は"V 个 VP"構文における"个"は統語的に省略できないのに対し、"V 得个 VP"構文における"个"は統語上では必須成分ではないということである。また、意味の面においても両構文の相違点が見られる。"了"を伴わない"V 个 VP"構文は已然の事態を表すのではなく、話し手の〈主観的な意志〉を表すと同時、"強調、宣泄"というニュアンスを帯びる表現となっている(任鷹 2013)。それに対し、"V 得个 VP"構文は〈現実(realis)〉〈完了〉という意味で理解される[8]。次は"V 得个 VP"構文において、"个"が生起する動機付けについて分析していく。

4. "V 得个 VP"構文の談話的機能

4.1 統語面から見る"个"の焦点化機能

郭継懋、王红旗 2001 は現実世界において、結果事象の意味的類型は主に概括的なタイプと偶発的なタイプという二種類があると指摘している。郭継懋、王红旗 2001 の指摘によれば、概括的な結果をあらわす事象は一般的な論理関係を含むため、理想化認知モデル[9]として理解される。そして、概括的な結果は原因から導き出されやすいため、こうした結果を際立たせる("凸显")必要がない。中国語では粘着型動補構造[10]を用いて表現するのが普通である("杀死"、"摔碎"等)。それに対し、偶発的な結果は原因から導き出されにくいため、"得"を使う統語型動補構造を用いる必要がある。

(25) a. 喝醉　　　摔碎

b. *喝烂醉　　*摔粉碎 (→喝得烂醉　摔得粉碎)

こうした文の焦点となる偶発的な結果の前に更に"个"が挿入されるという点が興味深いところである。

(26) 飞鸟怒叱："你！"乒"的一声，茶碗摔得个破碎。"(温瑞安《天威》BCC)

(27) 壮起胆子趴下一瞧，竟是明日就要身为少林表率的师父岳翎，喝得个烂醉如泥，正躺在地下好睡。　　　　　　　　　　　　(应天鱼《少林英雄传》BCC)

　　張伯江、方梅 2007 の焦点マーカーの判断基準[11]に従えば、上記の例（26）と例（27）のような“V 得个 VP”構文における“个”は焦点マーカーとして機能すると推測できる。この理由は以下のように考えられる。上記の例（26）と例（27）における“个＋VP”は文末の位置に生起するため、新情報を表す自然焦点[12]として解釈されるのが一般的である。“个”の後ろにつく VP にはストレスが置かれており、“个”自身にはストレスを置くことができない。それに、ここの“个”は実義的な意味を有していないため、省略されても文が問題なく成立する。

　　“得”に後続する偶発的な結果が文の自然焦点として理解されるのが一般的であるが、次の例（28）と例（29）で示したように、実際の発話場面の違いにより、他の成分が焦点の位置を争う可能性もある。

　　（28）他考得怎么样？　—他考得 一塌糊涂

　　（29）谁考得一塌糊涂？—他 考得一塌糊涂。

　　一方、“得”の前に“个”が挿入されると、文の意味的焦点が動作結果を表す VP に当てられ、文の主語が焦点の位置を争う現象は起こらない。

　　（30）他考得个一塌糊涂。—?谁考得个一塌糊涂？（→他考得怎么样？）

　　例（30）に挙げるように、“他考得个一塌糊涂。”という文に対応する疑問文は、“他考得怎么样”という文しか成立しない。つまり、VP の前に“个”を伴うと、主語が文の意味的焦点を表すことができなくなってしまう。これは言い換えれば、VP が“个”によって焦点として際立たせられたということにほかならない。

　　上記では統語面から“V 得个 VP”構文における“个”が VP を焦点化させる機能を有することを論述した。以下では談話面から“V 得个 VP”構文の使用実態を考察し、“个”の焦点化機能を検証する。

4.2 談話面から見る“V 得个 VP”構文の機能

　　事象は物事の存在、状態または変化を表すものである。変化の事象には常に因果関係が含まれる。例えば、“摔得个仰面朝天”という文には V と VP の間に因果関係が存在する。一方で、コーパスの言語資料を観察すると、次の例（31）〜例（33）に挙げるように、その構文全体は複文の文末に位置しており、出来事の結果を表す文が多く観察される。

　　（31）谁知长顺不识相，话不接头，引起了队长的火，弄得个不欢而散。

（沈从文《长河》BCC）

　　（32）仅仅因为说错了几句话，触怒了皇帝，就被勒令“解任候勘”，最后落得个削职还乡。　　　　　　　　　　　　　　　　　　（刘斯奋《白门柳》BCC）

　　（33）一些人财大更兼气粗,被人捧得晕头转向,牵着鼻子进了套,终落得个血本难归;

（1998 年人民日报 CCL）

上記の例(31)～例(33)はいずれも因果複文として理解できる。文の情報は「旧から新へ」という順序になっていることから、焦点が自然に文末の結果を表すところに置かれていると思われる。例(31)について言えば、"弄得个不欢而散"という結果を表す出来事が最も重要な情報として示され、前述した"话不接头"や"引起了队长的火"といった原因を表す内容はすべて背景情報[13]となっていると考えられる。例(32)～例(33)も同様である。BCC コーパスの文学ジャンから"V 得个 VP"構文の用例を110 例抽出した。今回の調査によれば、上記の例(31)～例(33)のように、"V 得个 VP"構文を使う文が複文の文末に位置しており、自然焦点として機能する例は110 例の中、81 例(約74%)観察された。ゆえに、談話構造においては、"V 得个 VP"構文が表す出来事が常に前景情報として示されると言える。

一方、"个"を伴わない"V 得 VP"構文はある出来事を記述するが、その出来事に重点が置かれず、背景情報として述べられる例がよく観察される。

(34) 越南一名政府官员盗用巨额国库资金"赌球",在<u>输得血本无归</u>后,不得已向警方投案自首。　　　　　　　　　　　　(新华社 2002 年 12 月份新闻报道　CCL)

(35) 当下<u>弄得不欢而散</u>,王伯炎愤愤不平,再一打听,还有气人的事,原来福克决意跟胡雪岩保持良好的关系,所以在这笔军火的佣金中,为他保留了一个折扣。
　　　　　　　　　　　　(高阳 《红顶商人胡雪岩》CCL)

例(34)と例(35)ではいずれも"个"が用いられていない。例(34)について言えば、ここで"个"を使わない理由は"输得血本无归"はその後の焦点である"向警方投案自首"が出現する背景となっているからである。例(35)も同様であり、後述する出来事は"弄得不欢而散"という背景で展開したものである。

一方、"V 得个 VP"構文は必ずしも自然焦点として複文の文末に置くわけではない。次の例(36)と例(37)を見てみよう。

(36) 最后,我<u>落得个左右为难</u>,<u>任何事情,做也不成,不做也不成,不是得罪了木匠,便是侮慢了博比。</u>　　　　　(赫尔曼·黑塞 《彼得·卡门青》BCC)

(37) 其实,与其说是贪赃枉法,倒不如说是皇上胡涂,轻信了太监的诬告,以为他参与了皇太后娘家篡位的阴谋,<u>落得个满门抄斩,这偌大的宅子里三百口亲属,除了发配为官婢的妇人外,男子就连未满周岁的小儿也一个未曾留下,那真叫断手绝孙,这一片家宅又怎么能不夷为平地?</u>　　　　(高行健《灵山》BCC)

例(36)は"落得个左右为难"は前節で用いられるものの、統語環境からみると、後節の内容は話し手が板挟みで苦しんでいる状況を具体的に説明するものであるため、"落得个左右为难"をめぐる背景情報として見なすことができる。そのため、この場合においては、"V 得个 VP"構文は依然として文の意味的焦点として捉えられる。例(37)における"落得个满门抄斩"に後続する文はすべて"满门抄斩"の具体的な内

容であり、文の核心的な情報を展開して説明している。このことから、ここの"落得个满门抄斩"も焦点情報として見なすことができる。

　以上の考察から、"V 得个 VP"構文が核心的な出来事を標記するという機能を有することが分かる。つまり、"个"を用いると、その出来事が強調され、その情報が他の情報より前景化される。"个"が文の焦点を際立たせることと関連する事実として、"把个"構文における"个"の機能について考察した叶玉英(2014)は、次の例(38)を用いて、"个"は"対比焦点(contrastive focus)"を表すマーカーとして機能しており、前方の"干女儿"との対比を際立たせるために用いられるものであると指摘している。

　(38) 不想我干女儿没认成，倒把个亲女儿家叫弟夫人拐了去了。(叶玉英 2014:46)

　"把个"構文は主語(仕手)が意識的に行った行為ではなく、事件の意外性を表している文であると従来の先行研究で指摘されている[14](王惠 1997; 杉村 1999 等)。一方、統語面から見れば、"把个"構文における"个"は本稿の考察対象となる"V 得个 VP"構文における"个"とは共通点があり、統語的に省略されても、文は問題なく成立する。ここで"个"を使用することにより、"亲女儿家"という対象が強調され、前方の"干女儿"との対比が際立ってくるため、この文には話し手の意外な気持ちが強く反映されている。つまり、例(38)においては、"个"の焦点化機能が文の意外性という語用論的意味の形成に貢献していると考えられる。このことから、叶玉英 2014 の指摘は"个"が焦点マーカーとして機能することを裏付ける重要な指摘であると言える。

　また、"V 得个 VP"構文を用いる文の意味的特徴としては、VP には話し手が事態に対する認知的な把握が反映されているという点が挙げられる。コーパスの用例を観察してみると、"V 得个 VP"構文は望ましくない事態を表す統語環境で用いられる例が多く見られる。

　(39) 由于因循守旧，脱离群众，钱花了几十万，还落得个半途而废。

　　　　　　　　　　　　　　　　　　　　　（人民日报 1970 年 03 月 29 日 BCC)

　(40) 谁知长顺不识相，话不接头，引起了队长的火，弄得个不欢而散。

　　　　　　　　　　　　　　　　　　　　　　　　　（沈从文《长河》BCC)

　現実世界に起こった出来事を言語化する際に、話し手は事態の中に自分自身の視点を投入し、評価したり、自分の態度を示したりして、事態を主観的に把握する傾向が見られる(沈家煊 2001)。特にマイナス結果が生じる場合、話し手の主観的感情が容易に移入される("移情(empathy)")と思われる。例(38)と例(39)においては、"半途而废"と"不欢而散"はいずれも望ましくない事態を表すと同時に、話し手の残念の気持ちも反映されている。史彤岚 2001:170 は様態補語を用いる"V 得 C"と結果補

語を用いる"VC 了"構文との比較を通して、"V 得 C"は客観的な結果よりもある動作行為の結果に対する主観的認知の表れであると指摘している。

(41) a. 你怎么喝得烂醉，不要命了？

　　　b. ?你怎么喝醉了，不要命了？　　　　　　　　　　（史彤岚 2001:169-170）

　例(41a) の"喝得烂醉"は酔う程度が大変高いという主観的な評価を表すことに重点が置かれるため、後述の"不要命了"とは衝突しない。ここで"喝得烂醉"を客観的に結果を述べる例(41b) の"喝醉了"に書き換えると、"不要命了"との繋がりが悪くなる。このことから、話し手が動作行為の結果を主観的に認知し、評価することこそが、"V 得 C"を用いる動機付けであると考えられる。このように考えれば、本稿の"V 得个 VP"構文も"V 得 C"が有する主観性を受け継ぎ、現実的に起こった出来事の結果について述べると同時に、話し手が事態に対する主観的な認知も表している。こうした意味的特徴を有する"V 得个 VP"構文は情報的価値が高いものとして捉えられるため、容易に焦点情報になるわけである。

5. おわりに

　以上、"个"を伴う"V 得个 VP"構文の使用実態を考察することにより、"V 得个 VP"構文を用いる文の意味的特徴と成立の動機付けをより明らかにすることができた。"V 得个 VP"構文は"个"の有界化機能の制約を受けて、"V 得 VP"とは異なり、終結点を持つ有界事象しか表現できない。また、談話面から見れば、"V 得个 VP"構文は複文の文末に生起する頻度が高く、自然焦点として捉えられるため、"V 得个 VP"構文は核心的な出来事を表し、他の情報より前景化されることが窺える。このことから、ここの"个"は文の焦点を際立たせるマーカーとして機能することが示唆される。

　文法化の観点から見れば、現代中国語における"个"は量詞から脱範疇化（decategorialization）し、主観的な構文（"V 个 VP"、"是（一）个 NP"等）を構成する要素に拡張してきた。つまり、"个"の文法化の過程で主観化(subjectification)が関連していく。主観化された"个"は統語上の必須成分であると同時、意味的に"主観情態义"も有すると言える。それに対し、"V 得个 VP"構文における"个"の文法化程度が更に進んでおり、統語上の必須成分ではなくなり、意味も漂白化(bleaching)され、焦点マーカーとして機能するようになった。

　なお、3.1 で言及したように、"V 得个 VP"構文と"V 了个 VP"構文はいずれも有界の事象しか表せないという共通点が見られる。本研究では主に"V 得个 VP"構文を中心に考察を行ったが、両構文の相違点に関しては、更に詳しく考察する必要があると考える。これを今後の課題としたい。

註

[1] "主观大量"という概念について、"V 个 VP"構文を例として言えば、話し手が動作の結果の程度（VP）を高く表現する意図を読み取れるため、ここには話し手の主観的な認識が含まれており、このような構文は"主观大量"という意味的特徴を有すると考えられる（任鹰 2013 を参照）。

[2] 引用先が明記されていない例文はすべて自作例である。

[3] BCC コーパスで検索したところ、次の例（1）と例（2）のような"笑得个不亦乐乎"や"哭得个天翻地覆"といった終結点が不明である例が検出されました。

 （1）大家又笑了起来，<u>(*正) 笑得个天翻地覆，笑得个不亦乐乎</u>。 （琼瑶 《翦翦风》BCC）

 （2）她<u>(*正) 哭得个天翻地覆</u>，嗓子都哭哑了。 （方方 《风中黄叶》BCC）

例（1）と例（2）における"不亦乐乎"や"稀里哗啦"は動作の結果を表す成分ではないため、こうした例は"吃得个精光"とは異なり、終結点を有する有界事象として捉え難い。一方で、例（1）と例（2）は下記の例（3）のような展開のある動態的な事象を表す場合とも異なる。

 （3）柳月<u>正笑得(*个) 开心</u>，拿眼也看了唐宛儿，唐宛儿却并没对应。 （例（20）を再掲）

上述したように、例（3）は動作の継続を描写するものであり、終結点を有しない非有界事象として捉えられる。それに対し、例（1）と例（2）では、動作の継続を表す"正"と相容れない。そして、VP となる"不亦乐乎"や"天翻地覆"は喜びの程度が非常に高い、変化が激しいことを表す誇張的な表現として用いられるものであるため、ここに話し手の主観的な認識が反映される。このことから、"笑得个不亦乐乎"や"哭得个天翻地覆"のような"V 个 VP"構文は動態的な事象を表す文より、話し手の主観的評価を表す表現と見なすのが適当である。この種類の"V 个 VP"構文は本稿で考察する動作の終結点を有する動態的事象を表すものと比べて、主観化が更に進んだものであると考えられる。

[4] 中国語においては、"中国人"は抽象的な名詞であるのに対し、"一个中国人"は現実世界に存在する具体的な個体を表すことになる。よって、中国語の量詞は個体化機能を有すると思われる（大河内 1985）。本稿で言う"V 个 VP"における"个"の"性状个体化"は個体化機能に由来している。任鹰 2013:373 は"性状个体化"について、"将一种状态个体化的前提应是将其事物化、实体化，是将无形的状态视如有形的事物。而从认知的角度来看 ，有形的事物要比无形的状态更为显著，更容易被认知，也更容易被"聚焦"、被凸显，"V 个 VP"能够"表示程度高"的道理主要就在于此。"即ち、"个"の個体化機能は"V 个 VP"構文の意味形成の基礎となっていると言える。

[5] 有界性は統語構造に対する制約作用は次の例（1）と例（2）にも反映されている。

 （1）a.*小张弄脏衣服。

  b. 小张弄脏了衣服。

 （2）a.*干净一双鞋/干干净净鞋

  b. 干净鞋/干干净净一双鞋

[6] 中国語では、文の成立は有界と非有界に起因するだけでなく、文の情報量にも左右されている。

　　（1）a. *他吃了苹果。

　　　　b. ??她正在吃一个苹果呢。

　　（2）a. 他吃了我刚从园子里摘回来的苹果。

　　　　b. 她正在吃一个又大又圆的红苹果呢。

　この指摘は匿名の査読者によるものである。ここで査読委員の先生に心より感謝を申し上げます。

[7] 匿名の査読者から、有界化という働きを持つ成分は "个" 以外、程度副詞もある。なぜ "*洗了很干净" は不成立となるのに対し、"洗了个干净" は成立するのかという指摘を頂いた。"指称" と "陈述" という言語の表現機能に関連する。これに関しては、任鷹 2013:382 は "'V 个 VP' 的种种句法表现表明，'V 个 VP' 中 '个 VP' 应为含有指称性与结果性的成分，而 "个" 的作用就在于将一个原本表示性状的陈述性成分指称化、结果化。" と説明している。程度副詞は話し手がある性質や状態に対する評価を表す時に使用される成分であるため、「程度副詞＋形容詞」は客観性を有する命題(VP) 以外の主観的部分となる。こうした陈述性が高い主観性を表す成分は動作の結果を強調する表現とは相容れない。よって、"*洗了很干净" は不成立となる。

[8] "V 个 VP" 構文と "V 得 VP" 構文の相違に関しては、別途検討することとする。

[9] ここでいう「理想化認知モデル」という概念は Lakoff(1987) を参照。

[10] 「粘着型補語構造」とは朱徳熙 1982:125 の記述に基づくと、補語が直接動詞の後に付加されている構文を指す。それに対し、「統語型補語構造」とは "得" を伴う動補構造を指す。

[11] 焦点マーカーの判断基準については、张伯江、方梅 2007:106-107 では以下のように説明されている。"①作为标记成分，它自身不负载实在的意义，因此不可能带对比重音。②标记词的作用在于标示其后成分的焦点身份，所以焦点标记后的成分总是在语音上凸显的成分。③标记词不是句子线性结构中的基本要素，因此它被省略以后句子依然可以成立。" 本稿で取り扱う焦点マーカーは张伯江、方梅 2007 の判断基準に従うものである。

[12] 「自然焦点」とは文末に置かれる新情報を焦点とするものであり、"常规焦点" とも呼ばれている。それに対し、文脈や背景情報に関わっており、"预设" と比較することによって、強調されるものを「対比焦点」とされている(张伯江、方梅 2007 等を参照)。

[13] 方梅 2008 では、談話の中で出来事を構成する情報は前景情報であり、出来事をめぐる準備や評価などの情報は背景情報であると定義されている。

[14] 杉村 1999 では "把个" 構文における "个" を社会通念的属性の活性化を意図した「不定化」の "个" であると位置付けられている。詳細は杉村 1999 を参照されたい。

参考文献

Vendler, Zero 1967 Verbs and times. *Linguistics in Philosophy*. Cornell University Press:143-160

陈　平 1988 〈陈平论现代汉语时间系统的三元结构，《中国语文》(6) :401-422

方　梅 2008《由背景化触发的两种句法结构》，《中国语文》(4) :291-303

郭继懋、王红旗 2001〈粘合补语和组合补语表达差异的认知分析〉,《世界汉语教学》
　　(2):14-22

任　鹰 2013〈"个"的主观赋量功能及其语义基础〉,《世界汉语教学》(3):362-375

邵敏敏 1984〈"动+个+形/动"结构分析—兼与游汝杰同志商榷〉,《汉语学习》(2):50-54

沈家煊 1995〈"有界"与"无界"〉,《中国语文》(5):367-380

沈家煊 2001〈语言的主观性和主观化〉,《外语教学与研究》(4):268-275

宋文辉 2021〈现代汉语状态、程度补语结构中"得"的意义、性质与功能〉,《世界汉语教学》(3):306-
　　321

宋玉柱 1993〈量词"个"和助词"个"〉,《逻辑和语言学习》(6)　:44-45

王　惠 1997〈从及物性系统看现代汉语的句式〉,《语言学论丛》第十九辑:193-252,商务
　　印书馆

熊仲儒 2014〈状态补语中的达成"得"〉,《语言科学》(3):242-251

叶玉英 2014《现代汉语"把个"句式探析》,江苏师范大学硕士学位论文

游汝杰 1983〈补语的标志"得"和"个"〉,《汉语学习》(6):18-19

张伯江、方梅 2007《汉语功能与语法研究》,中国社会科学出版社

张谊生 2003〈从量词到助词——量词"个"语法化过程的个案分析〉,《当代语言学》
　　(3):193-205

朱德熙 1982《语法讲义》,北京:商务印书馆

大河内康憲 1985「量詞の個体化機能」,『中国語学』232 号:1-13

史彤岚 2001「V 得 C」構文における"得"の文法機能,『中国語学』248 号:168-181

杉村博文 1999「"把个老汉感动得……"について」『現代中国語研究論集』,中国書店,347-362

用例出典

北京大学中国语言学研究中心语料库(CCL)http://ccl.pku.edu.cn

北京语言大学语料库中心(BCC)http://bcc.blcu.edu.cn

(薛晨　xuechen@soc.shimane-u.ac.jp)

A Study on the Semantic and Function of the "V *de ge* VP" Construction in Modern Chinese

XUE Chen

Abstract: This article examines the semantics and functions of the "V *de ge* VP" construction in modern

Chinese. Based on the investigation conducted in this study, the difference between "V *de* VP" and "V *de ge* VP" lies in the presence or absence of the word "*ge*". This difference also determines the distinction between the two constructions in terms of event semantics. The "V *de ge* VP" construction can only form bounded events, specifically achievement and accomplishment events. On the other hand, the "V *de* VP" construction can form not only the aforementioned event types but also process clauses, such as "*xiao de kai xin*". In such cases, the "V *de ge* VP" construction is not applicable. We propose that this semantic restriction of the "V *de ge* VP" construction is related to the boundedness function of "*ge*". Furthermore, through corpus analysis, we discovered that the "V *de ge* VP" construction serves as a marker of core events in discourse structure. In this context, "*ge*" undergoes further grammaticalization and serves the function of highlighting focal points in information transmission.

Keywords: "V *de ge* VP"; event semantics; boundedness theory; focus; grammaticalization

Contemporary Research in Modern Chinese No.25 (October 2023). pp.149-158

"理性"考

黄河清

中国　香港中国语文学会

摘要：汉语中的"理性"这词，原指本性，而现代意义的"理性"来自日语。1874 年，日本思想家西周在《致知启蒙》中首次使用"理性"。此词是用来翻译英语中的 reason。不久，这个词便在日本流行开来，并慢慢成熟、定型。大约在 20 世纪初，日本使用的这个"理性"传入我国。1902 年，梁启超等人最先使用了这个词。此后我国的一些哲学、心理学著作，以及英汉词典陆续开始使用这个词，就这样，现代意义的"理性"也在中国传播开来。

关键词：理性；词典；传教士

一、西方理性概念的产生及东传

关于理性的概念最早产生于古希腊，在希腊语中理性叫 λόγος（logos）。到了近代，17、18 世纪重新开启了"理性时代"，英语中的 reason 被用来指普遍有效的智性，[1]这种用法最早见于 1794 年美国政论家托马斯·佩因（Thomas Paine，1737—1809）一本著作的书名，这本书就是 *Age of Reason*（《理性时代》）[2]。而 19 世纪的德国古典哲学，则将传统形而上学推向了顶峰。康德哲学对理性进行了更为全面的塑造和理解，把形而上学视为人类理性自身的科学。在黑格尔思辨哲学中把理性主义推向了极致，他认为，哲学是理性的知识，而理性是世界的主宰。也是在这个时候，reason 的概念进入中国。1822 年，英国来华新教传教士马礼逊（Robert Morrison，1782—1834）出版《英华字典》，该词典在 Part Ⅲ中，收录了 reason 这一条目：

REASON. The power of right ratiocination conferred by heaven，*天所赋之正理也*。

（马礼逊，1822：352）

马礼逊把原释文翻译成"天所赋之正理也"，不过原文是说：上天赋予的正确推理的能力。马礼逊的翻译与原意有距离，这是他有意为之，还是确有所失，不得而知。不过，在西方对理性的各种论述中，确有一种说法，认为理性具有先天性，例如在康德哲学中，理性有狭义的理性和广义的理性两种。广义的理性就包括感性、知性的先天形式，所以理性在这种意义上来说是具有先天性的，而马礼逊说 reason 是"天所赋

之正理也"，也是这种意思。另外，理性常被看成是人类的普遍法则，这大概是马礼逊将其称为"正理"的理由。因此我们可以把"正理"看成是英语哲学术语 reason 的第一个汉语译名，自然它还可以作为西方理性概念首次传入我国的一个标志。

二、"理性"这词的产生

马礼逊在《英华字典》中将 reason 译为"正理"，但在他之后 1840-1870 年代出版的英华词典中，我们没有更多的发现。如卫三畏的《英华韵府历阶》（卫三畏，1844：231）、麦都思的《英华字典》（Medhurst，W，1847—1848：1051）、罗存德的《英华字典》（Lobscheid，W，1866—1869：1435）、邝其照的《字典集成》（邝其照，1868：237）、卢公明的《英华萃林韵府》（Doolittle，J，1872：395），这些词典对 reason 的解释只是用简单的词语来对译，如缘故、理由、原由、原因、道理，等等，这些词语在汉语中属于常用词，很普通，一般不会看成是具有特殊含义的词，虽然其中麦都思和罗存德的词典也将 reason 翻译作"正理"，但他们这个"正理"理解成正当的道理也没问题，不一定就是马礼逊用过的那个"正理"。然而，在以上 4 本词典之后出版的麦嘉湖《英厦辞典》（1883）中，我们还是有了新发现。该词典在 Reason 条中分有 4 个义项，其中第 3 个义项是：

a faculty in man 灵性。（Macgowan，J，1883：423）

这就是说 reason 有一种意义是指 a faculty in man（人所具有的一种能力），这种意义就是 reason 的哲学义，所谓一种能力（a faculty），《大英百科全书》有进一步解释，它是一种进行逻辑推理的能力（faculty），其原话是 reason，in philosophy，the faculty or process of drawing logical inferences（Britannica，2022）。由此可见，《英厦辞典》说的 a faculty in man，是哲学意义上所指的人所具有的理性，麦嘉湖将其翻译作"灵性"，这是继马礼逊"正理"之后，reason 哲学义的又一种汉译，也是西方理性概念传入中国的过程中所留下的一个印记。但是，它和"正理"一样，也没有作为 reason 的译名沿袭下来。

现在把目光转向日本。思想家西周（1829—1897）的《百学连环》（1870）被誉为日本近代第一部哲学百科全书。书中也对 reason 进行了翻译，这就值得一说了。西周将 reason 翻译作"理论"或"性の智"（大久保利谦，1981：146，151）。用"性の智"（性之智）来对译，说明已经在挖掘 reason 的哲学内涵。几年之后，柴田昌吉和子安峻共编的《附音插图英和字汇》（1873）出版。这部词典很有名，曾多次重印。该词典收有 reason 条：

Reason, n. 缘故、道理、条理、才智、正理、公平、正直。（柴田昌吉、子安峻，1873：937）

这里虽有 7 个对译词，但跟上述卫三畏、麦都思等人一样，也将 reason 当做普通词语

来处理，只不过对应词多了一点，仍不足论。因此希望仍在西周身上，又过了一年，继"性の智"之后，西周创造了"理性"一词。明治七年（1874）九月，他出版了《致知启蒙》一书。该书在卷一中讨论了哲学、逻辑学上的一些术语，如 intellect、logic、abstract、concrete、proposition、reason，等等，并将 reason 译作"理性"（西周，1874：29 阴面）[3]。在古汉语中，"理性"原有本性之意，如宋陈善《扪虱新话·辨惠洪论东坡》："僧惠洪觉范尝言，东坡言语文字，理性通晓，盖从般若中来。"[4] 西周用这个词来译 reason，这与康德的观点比较接近。康德认为，reason 是先天的。这也表明西周既有古汉语的修养，又深谙西方哲学。哲学家井上哲次郎（1855—1944）在《哲学字汇》中也沿用了西周的译法，将 reason 译作"理性"，同时他还将德语中的 Vernunft 也译作"理性"（井上哲次郎，1881：67，97）[5]。《哲学字汇》后来修订过两次，一次是明治十七年（1884），一次是明治四十五年（1912）。在明治十七年的版本中，Vernunft 条删去了，只留下 reason 条，该条中仍见"理性"这一译名（井上哲次郎、有賀長雄，1884：105）。 在明治四十五年的版本中，我们发现，不但 reason 条仍然保留，而且重又收录了 Vernunft 条。在这一版本中，这两个条目的内容有了新的增加。在 Reason 条里，除"理性"外，我们见到了 4 个新增译名：通理、义理、天理、正理。这说明《哲学字汇》的修订者，除了"理性"外，仍在寻找 reason 的新译名，或者说，在各种候选名词中作选择，马礼逊的"正理"也在被选之列（井上哲次郎、九良勇次郎等，1912：123）。但是，毫无疑问，在所有被选名词中，"理性"是首选的，这不仅仅是因为它被列于众词之首，也因为下面这个事实：在该词典第 169 页中，除了"Vernunft，理性"条外，我们还见到一组德语哲学术语和它们的日语对译：

Absolute vernunft　　绝对理性

Allgemeine vernunft　一般理性

Praktische vernunft　实践理性

Reine vernunft　纯粹理性

……（井上哲次郎、九良勇次郎等，1912：169）

这组术语共有 15 个，其中 vernunft 都被译为"理性"。当只有一个词可以选择时，词典修订者选择的是"理性"，这说明当时"理性"在其他同类译名中已经具有优势。

然而，这种优势的获得并非一开始就有，虽然早在 1870—1880 年代用来指 reason 的"理性"这词就已经产生，但使用它的人并不多。1885 年，小山笃叙纂译的《学校用英和字典》，将 reason 译作"道理，缘故，知觉"，没有译作"理性"（小山笃叙，1885：363）。甚至井上哲次郎自己主持增订的《订增英华字典》（1883），也没有使用。该词典对 reason 是这样翻译的：

Reason，……理，道，道理，正理，情理，厘。（井上哲次郎，1883：874）

这里连马礼逊的"正理"也采用了，就是没有采用井上哲次郎自己的"理性"。可能那时他还在犹豫，在选择更恰当的译名。例如，这里新出现了一个"厘"字，他尝试用

这个字来对译 reason。"厘"在古汉语中是指"事物的条理"，如《文选·扬雄〈剧秦美新〉》："则百工伊凝，庶绩咸喜，荷天衢，提地厘，斯天下之上则已，庶可试哉！"李善注："上荷天道，而下提地理，言则而效之。"吕向注："厘，理也。"（汉语大词典编辑委员会，1992：420）用"厘"来对译 reason 的哲学义，就是用汉语古字来翻译西语中艰深词汇的例子，这是西语东译时会用到的一种方法。这种译法虽然比较古雅，但往往不为后人所接受，严复在《天演论》中的部分译名就是一个例子。所以 reason 翻译成"厘"没有沿袭下来。

　　虽然井上哲次郎在《订增英华字典》（1883）中没有使用"理性"，但正如前文说过的那样，在《哲学字汇》的第二版（1884），也就是在《订增英华字典》出版后的第 2 年编纂的这本词典中，他还是继续使用第一版用过的"理性"。应该说，这为"理性"一词的进一步推广是有作用的。至少在两年后的《新撰英和字典》（1886）中，在该书的 reason 条中，我们就见到了这个词：

　　Reason, n.条理，理趣，道，缘故，正直，才智，正理，公平，（哲）道理，理性。
　　（井波他次郎，1886：539）

　　虽然在《致知启蒙》和《哲学字汇》之后，"理性"这词并没有很快推行开来，但就总体上来说，从 1888 年开始，在英和辞典中，将 reason 译为"理性"的词典多，不译为"理性"的词典少。下面就是当时词典是否使用"理性"一词的调查表：

年　份	不使用"理性"的词典	使用"理性"的词典
1888	丰田千速译《ダイヤモンド英和辞典：插画订译》："Reason，道理，才智（神妙ナル），正直，根原。"（丰田千速译，1888：489）	イーストレーキ、棚桥一郎译《和译字汇：ウェブスター氏新刊大辞书》："Reason, n.原由，由來，缘故，由緣；理，道理，條理，是非ノ性，正理，理性；正義，人倫，天倫，理論，公平，正直，才智。"（イーストレーキ、棚桥一郎译，1888：877）
1892		岛田丰纂译《双解英和大辞典》："Reason, n. ...缘故，由緣，由來，原由，理，道理，正理，情理，合理，正義，正道，是非ノ性，理性，人倫。"（岛田丰纂译，1892：722-723）
1897		中泽澄男等编《英和字典》："Reason, n.①原由，由來，由緣。②理，道理，本心，理性。③正義，人倫，天倫。④理論，證明。"（中泽澄男，1897：534）

1898	岛田丰《学生用英和字典》："Reason, n.原由，由來，由緣；理，道理，是非ノ性；正義，人倫；天倫；理倫。"（岛田丰，1898：853）	
1901		和田垣谦三《新英和辞典》："Reason, n.1.原由，由來，由緣。2.理，道理，本心，理性。3.正義，人倫，天倫。4.理論，證明。"（和田垣谦三，1901：702）
1902		神田乃武、横井时敬等编《新译英和辞典》："Reason, n.①道理，理由。②理性。③理，道理，條理。④理論。"（神田乃武、横井时敬等，1902：802）
1903	长谷川方文编《新英和辞林》："Reason，道理；理由；理解力；正義；天理。"（长谷川方文，1903：368）	
1904	矶部清亮编纂《最近英和辞林》："Reason，道理，才智（神妙ナル），正直，根原。"（矶部清亮，1904：716）	
1907		岛田丰纂译《双解英和大辞典》："Reason, n. ...緣故，由緣，由來，原由，理，道理，正理，情理，合理，正義，正道，是非ノ性，理性，人倫。"（岛田丰纂译，1907：722-723）

从上表中我们看到，将 reason 译作"理性"的有 6 本词典，不译作"理性"是 4 本，比前者少一些。

三、"理性"这词在中国的出现

在中国，最早提出"理性"是来自日语的外来词，是王立达。1958年，他在一篇文章中，将"理性"归入日语外来词的范围（王立达，1958：91）。那么这词是什么时候传入中国的呢？1874年，西周创制了"理性"这词，后来这词是什么时候传入我国的？这就需要考察1874年以后的汉语文献。我们最先想到的便是当时的英汉词典，在这些词典中是什么时候开始用"理性"这词来对应reason的。被调查的有5本词典，即江德的《英华字典》（1882）、邝其照的《华英字典集成》（1899）、颜惠庆和王佐廷的《重订商务书馆华英字典》（1905）、商务印书馆编译所的《商务书馆英华新字典》（商务印书馆编译所，1906）以及颜惠庆等人的《英华大辞典》（1908）。结果是：只有在1905和1908年这两本词典reason条中用"理性"来对译（颜惠庆、王佐廷，1905：225；颜惠庆等，1908：807），其他均非如此（Condit，I M，1882：95；邝其照，1899：281；商务印书馆编译所，1906：420）。这两本词典reason的释文如下：

Reason, n. 缘故，原由，理，道理，辩论，意思，起端，理性，正义，理论，公平，正直，才智。（颜惠庆、王佐廷，1905：225）

Reason, n. 理由，缘故，原由……尾因，道理……理性。（颜惠庆等，1908：807）

由此可见，在20世纪初，"理性"这词已出现在英汉词典中。那么1905年的这个例证是不是最早的，之前还有没有？事实上确实有。梁启超、吴汝纶等人在1905年之前就已经在使用这个词了[6]，例如：

1. 1902年梁启超《地理与文明之关系》："凡天然之景物过于伟大者，使人生恐怖之念，想象力过敏，而理性因以减缩。"（梁启超，1902：113）

2. 1903年张云阁译《心理学教科书》第二篇："理想不外理性所致。"（张云阁译，1903：27页阳面）

3. 1904年王国维《叔本华之哲学及其教育学说》："真理唯存于理性之思索。"（王国维，1904：573）

需要注意的是，以上所论及的"理性"均是名词，其实当时用作形容词的"理性"也已在汉语中出现，例如：

1. 1902年吴汝纶《东游丛录·函札笔谈》："吾人人类要实现理想，以就进修之涂者也，进修而达向上之域，则有所满足也，是应理性之要求故也。"（吕顺长，1999：364）

2. 1904年王国维《叔本华之哲学及其教育学说》："真理唯存于理性之思索。"（王国维，1904：573）

"理性"的这种用法也来自日语[7]。综上所述，至少在20世纪初，日语中的"理性"这词已进入我国。至于是不是还有更早的，现在还不好断言。还有，作为名词的"理

性"在中国出现之后，并非"一统天下"，事实上，还出现了其他译名。例如，我们在赫美玲的词典（1916）中见到"理才"这词：

Reason：faculty distinguishing man from animals，理才，理性。（Hemeling，K，1916：1167）

根据英语原文释文，Reason 是指人区别于动物的一种能力，赫美玲将此译成"理才"，其构词理据大概是人之逻辑推理的才能。不过这个词也就是在赫美玲的词典中昙花一现罢了，没有引起多少人的注意。毕竟在 20 世纪初以后，"理性"这词正在逐渐推行开来，其他译名已经没有竞争之力。

四、结 语

"理性"在汉语中是个常用词，在哲学中更是一个十分重要的术语，因此考证其词源是很有意义的，它对中西哲学交流史研究也很有价值，在相关词语的翻译、使用等方面能提供一些旁证。例如，本文提到的马礼逊词典中的"REASON……天所赋之正理也"一句就是一个例子。而梁启超、王国维等人使用的"理性"例证，则是向我们提出一个问题：西方理性概念向中国传入的过程中，日本在这中间起了什么作用？这是词源考证者，更是文化交流史研究者所要问答的问题。另外，作为词源考证者还需要关心的是梁、吴等人的"理性"例证是不是最早的？更早的例子还有没有？等等，这些还需要继续讨论。

附注

[1] 虽然说英语中的 reason 与希腊语中的 λόγος，都可以表示理性的意思，但前者与后者，没有词源上的联系。Reason 的词语源流为：reason＜中古英语 resoun＜诺曼底时代英国所用的法语 raisun（语言；谈论；思想；观点）＜拉丁语 ratio 的主格 rationem （计算；考虑；理解）＜拉丁语 reri 的过去分词 ratus（计算过；思考过）＜哥特语 rathjo（描述；解释）（Online Etymology Dictionary，2022；Merriam-Webster，2022）。

[2] 托马斯·佩因生于英国，1774 年移居北美。1792 年去法国，并参加法国大革命，*Age of Reason* 就是革命最血腥的时期写的。大革命结束后他返回美国，最后在孤独中死去。（New World Encyclopedia，2022；《辞海》第七版，2021：1681）

[3] "理性"在 1874 年已经出现的时间信息，为史有为先生向我提供，谨此谢忱。

[4] 此例取自《汉语大词典》"理性"条"本性"义项中的第二书证。其实"本性"义项中还有一个书证，就是第一书证，即"《后汉书·党锢传序》：'圣人导人理性，裁抑宕佚，慎其所与，节其所偏。'"《汉语大词典》这个书证选自《后汉书》卷九十七"党锢列传第五十七"中的 "是以圣人导人理性，裁抑宕佚，慎其所与，节其所偏。虽情品万区，质文异数，至于陶物振俗，其道一也。"（见《二十五史》，上海：上海古籍出版社、上海书店，1986 年，第 2 册，第 993 页，第 4 栏.)这里的"理性"并不是指"本性"，而是指"修养性情"，或"涵养性情"。《汉语大词典》"理性"

条有一义项就是指"涵养性情"，所以《后汉书》例应归入这一义项，详见《汉语大词典》第 4 卷第 571 页。

[5] 惣乡正明和飞田良文在《明治のことば辞典》中也提到了这一点，但对《哲学字汇》同时也将 reason 译作"理性"，该辞典没有说，见《明治のことば辞典》第 590 页。

[6]《汉语大词典》给这个日语外来词"理性"所提供的书证取自茅盾、毛泽东在 1920—1930 年代的作品，应该晚了一点。

[7] 最早将"理性"的意义分为名词义和形容词义的辞书是《辞海》（1936）。该书"理性"条全文如下："理性（Reason）：（一）哲学名词，指思考、推理等能力，别于感性而言。（二）通俗或用为形容词，曰理性的（reasonable），与本能的或冲动的相对待，如云'人为理性的动物'是。"见该书合订本第 895 页。

参考文献

辞海编辑委员会，2021. 辞海（第七版）缩印本纪念版，上海：上海辞书出版社。

大久保利谦，1981. 西周全集：4 卷，东京：宗高书店。

汉语大词典编辑委员会、罗竹风，1992. 汉语大词典：10 卷，上海：汉语大词典出版社。

邝其照，1868. 字典集成：1868，大阪：关西大学东亚文化交涉学会。

———，1899. 华英字典集成，香港：循环日报。

梁启超，1902. 地理与文明之关系，饮冰室合集：文集之十，北京：中华书局，1989。

吕顺长，1999. 教育考察记：上册，杭州：杭州大学出版社。

马礼逊，1822. 华英字典，第 6 卷，郑州：大象出版社，2008 年。

王国维，1904. 叔本华之哲学及其教育学说，中国近代教育史资料汇编：教育思想，上海：上海教育出版社，1997。

王立达，1958. 现代汉语中从日语借来的词汇，中国语文，第 2 期。

卫三畏，1844. 英华韵府历阶，澳门：香山书院。

颜惠庆、王佐廷，1905. 重订商务书馆华英字典，上海：商务印书馆。

———等，1908. 英华大辞典，上海：商务印书馆。

张云阁译，1903. 心理学教科书，直隶学务治理学校编译司译行。

柴田昌吉、子安峻，1873. 附音插图英和字汇，横滨：日就社。

长谷川方文，1903. 新英和辞林，东京：六盟馆。

岛田丰纂译，1892. 双解英和大辞典，东京：共益商社书店。

———，1898. 学生用英和字典，东京：博文馆。

———纂译，1907. 双解英和大辞典，东京：共益商社乐器店。

丰田千速译，1888. ダイヤモンド英和辞典：插画订译。

和田垣谦三，1901. 新英和辞典，东京：大仓书店。

矶部清亮，1904. 最近英和辞林，高桥五郎校阅，San Francisco：波多野商会。

井波他次郎，1886. 新撰英和字典，石川：云根堂。

井上哲次郎，1881. 哲学字汇，东京：东洋馆书店。

—————，1883. 订增英华字典（罗布存德原著），东京：J.Fujimoto。

—————、有贺长雄，1884. 改订增补哲学字汇，东京：东洋馆书店。

—————、九良勇次郎等，1912. 英独佛和哲学字汇，东京：九善株式会社。

神田乃武、横井时敬等，1902. 新译英和辞典，东京：三省堂书店。

西周，1874. 致知启蒙，甘寐舍藏梓。

小山笃叙，1885. 学校用英和字典，1885。

イーストレーキ、棚桥一郎译，1888. 和译字汇：ウェブスター氏新刊大辞书，东京：三省堂。

中泽澄男，1897. 英和字典，东京：大仓书店。

Britannica，2022. Britannica. https://www.britannica.com/topic/reason

Condit，I M，1882. English and Chinese Dictionary 英华字典，上海：美华书馆。

Doolittle，J，1872. 英華萃林韻府 Vocabulary and Hand-book of the Chinese Language，Foochow：Rozario, Marcal and Company.

Hemeling, K，1916. English-Chinese Dictionary of the Standrd Chinese Spoken Language（官話） and. Handbook for Translators，Shanghai：Statistical Department of the Inspectorate General of Customs.

Lobscheid，W，1866-1869. 英华字典 English and Chinese Dictionary，Hong Kong：The Daily press. office.

Macgowan，J，1883. English and Chinese Dictionary of the Amoy Dialect，Amoy：A. A. Marcal，London：TRUBNER & Co.

Medhurst，W，1847-1848. English and Chinese Dictionary，Shanghae：Mission Press.

Merriam-Webster，2022. reason. https://www.merriam-webster.com/dictionary/reason.

New World Encyclopedia，2022. Thomas Paine. https://www.newworldencyclopedia.org/entry/Thomas_Paine.

Online Etymology Dictionary，2022. reason. https://www.etymonline.com/search?q=reason.

（黄河清　huang.1958000@163.com）

Traceability of "Lixing"

HUANG Heqing

Abstract: The word "lixing"（reason）in Chinese originally refers to nature, while the modern meaning of the word comes from Japanese. In 1874, the Japanese philosopher Nishi Amane used "risei"（理性）for the first time in 致知启蒙（Formal Logic）. This word is used to translate the *reason* in English. Soon, the word became popular in Japan, and gradually matured and stereotyped. Around the beginning of the 20th century, the "risei" used by Japan was introduced to our country. In 1902, Liang Qichao and others first used the term. Since then, some Chinese philosophical and psychological works, as well as English-Chinese dictionaries began to use this term. In this way, the modern meaning of "lixing" has also spread in China.

Keywords： reason; dictionary; missionary

Contemporary Research in Modern Chinese No.25 (October 2023). pp.159-172

山西吕梁方言曾梗摄开口三四等白读的语音层次及演变[*]

白静茹

中国 山西大学

提要： 本文运用层次分析法分析吕梁方言曾梗摄开口三四等韵的白读音。晋语吕梁方言曾梗摄开口三四等今白读为元音韵母，与音系中的某个阴声韵类合流。研究表明，曾梗开三四等白读在吕梁方言中分为两类，一类是曾梗开三四等与蟹开三四等合流，韵母多为单元音[i]或[ɿ]，方山等地曾梗摄三四等白读有两种不同读音，体现了层次关系，这一类主要分布在汾州小片。另一类是曾梗开三四等与蟹开三四等不同，而与宕摄白读相同，为复元音[iɛ]或[ie]，这一类主要在隰县小片。历史演变方面来看，汾州小片曾梗开三四等白读与蟹开三四等合流的演变同唐五代西北方音相一致，而与宋代西北方音不同。隰县小片则接近宋西北方音，是宋西北方音特征北上推进的结果。

关键词： 吕梁方言；曾梗摄；白读；语音层次；演变

一、引言

　　山西吕梁方言分布于山西省西部，辖 15 个市县，属于晋语吕梁片，根据沈明（2006），这 15 个点分别属于汾州小片和隰县小片（图 1 阴影部分）。吕梁方言中古曾梗两摄有文白异读。文读两摄合并为一套有鼻音韵尾的韵母，读[əŋ iəŋ uəŋ yəŋ]；白读为纯元音韵母，曾梗开三四等韵母合流，曾梗开三四等与蟹开三四等读音相同。关于山西方言曾梗摄的白读，已有王洪君（1991，1992）、侯精一、杨平（1993）、乔全生（2008）、沈明、秋谷裕幸（2018）等的研究，前人研究着眼于曾梗摄内部观察其白读音，未就曾梗开三四等白读与阴声韵类的分合关系展开讨论。本文重点考察山西吕梁方言曾梗摄开口三四等白读与蟹开三四等的韵类分合关系，以及曾梗开三四等白读的历史层次及演变。

---

* 本文初稿承蒙《现代中国语研究》匿名评审专家提出中肯的意见，在此谨致谢忱。文中的错误一概由笔者负责。

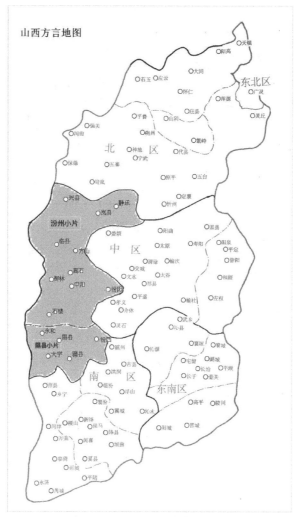

图 1 山西吕梁方言的分布

二、汾州小片曾梗摄三四等字的白读及其与其他韵类的关系

2.1 汾州小片曾梗摄三四等字的白读

吕梁方言汾州小片曾开三与梗开三四合并，有白读音的常用字在各点基本一致。表 1 是汾州小片 10 个点曾梗开三四等白读韵母的读音[1]。

表 1 汾州小片曾梗开口三四等的白读

	曾开三帮组	梗开三四帮组	梗开四端组	曾开三泥组	梗开三四泥组	梗开三四精组	曾梗开三知章	曾梗开三四见
	冰凭	明饼瓶	钉听停	陵凌	领岭铃	井青星	蒸正声	蝇镜赢
兴县	-	i	i	-	i	i	ɿ	i
岚县	-	i	i	-	i	i	ɤ/ʅɚ	i
静乐	-	i	i	-	i	i	ʅ	i
临县	i	i	i	-	ɛɪ	ɛɪ	ɛɪ	i
方山	-	i	i	ei	ei	i/ei	ei	i
离石	-	ʅ	ʅ	-	i	ʅ	ɚ	ʅ
柳林	-	i	i	-	i	i	ɛɜ	i
汾阳	-	ʅ	ʅ	-	ʅ	ʅ	ɿ	ʅ
中阳	-	iɪ	iɪ	-	iɪ	iɪ	ɤ	iɪ
石楼	-	iɛ	iɛ	-	iɛ	iɛ	ə	iɛ

从音类来看，曾开三与梗开三四的白读在吕梁方言中合流。从音值来看，吕梁方言汾州小片曾梗开三四等的白读音都为纯元音韵，元音既不鼻化也无鼻音韵尾。根据曾梗开三四白读在各点的音值大致可以把汾州小片 10 个点分为两类，表 1 中阳之前的八个点为一类，白读音以单元音为主，读[i]或[ʅ]；中阳和石楼两点为一类，白读为复元音[iɛ]或[ie]。

合流后的曾梗开三四等白读以声母为条件分为两类，开口三等知章组声母字读开口呼韵母，其他声母后都读齐齿呼韵母。这一点，各点基本一致。汾阳和离石读舌尖元音是自身音系中的[i]元音高化的结果。只有临县、方山情况有所不同。临县的泥组、精组都和知章组韵母一样，读开口呼；方山只有泥组与知章组同读为开口呼。表 1 还反映曾摄白读远远少于梗摄，曾开三帮组和泥组很多点都没有白读音，只有少数几个点有，而梗摄每组声母都有，各点情况一致。

2.2 兴县等八点曾梗开三四等与蟹止摄的关系

表 1 中的兴县等前八个点曾梗开三四白读与各自音系的蟹开三四等同音，读音见表 2（因声调不影响本文对韵类的讨论，为避免繁复，本文省去声调）。

表2 兴县等八点曾梗开三四与蟹开三四的读音

	迷明	低钉铁~	泥	犁铃	剂净	制正~反	鸡经~线
兴县	mi	ti	ni	li	tɕi	tʂʅ	tɕi
岚县	mi	ti	ni	li	tɕi	tsʅ	tɕi
静乐	mi	ti	ni	li	tɕi	tsʅ	tɕi
临县	mi	ti	ni	leɪ 翎	tseɪ	tʂeɪ	tɕi
方山	mi	ti	ni	lei	tsei/ɕi 西腥	tʂei	tɕi
离石	mʅ	tʅ	mʅ	li	tsʅ	tsər	tsʅ
柳林	mi	ti	ni	li	tɕi	tsɛe	tɕi
汾阳	mʅ	tʅ	mʅ	lʅ	tsʅ	tʂʅ	tsʅ

　　从表 2 可以看到，兴县等八点中，曾梗开口三四等与蟹开三四等完全合流。从音值来看，八个点当中有六个点的曾梗蟹摄在非知系声母后读[i]，在知系声母后舌尖元音[ʅ]或[ʅ]。离石、汾阳两个点在非知系声母后读[ʅ]，在知系声母后读[ər]或[ʅ]，可以推测，离石和汾阳非知系声母后的[ʅ]韵母，其前身就是其他六点的[i]，也就是说汾阳、离石非知系的[ʅ]韵母是由高元音[i]舌尖化而来的。这符合吕梁方言元音高化的大趋势（白静茹 2009）。

　　上述八点中，临县和方山的情况与另外六点稍有不同，主要是来母、精组和知章组的韵母与其他声母字的韵母不同，显示此两点曾梗开三四等白读与蟹开三四等均存在不同读音层次。

　　先看临县。曾梗开三四等与蟹开三四等的韵母以声母为条件分为两类。如：

[eɪ] 例厉励犁黎丽隶礼/睛精挤井祭际济剂净/妻清青齐脐晴/西星腥洗细婿醒/蒸正整滞制正/称秤/升声绳世势誓逝剩

[i] 苾篦蔽币毙闭病/批平凭坪瓶/迷谜糜鸣明名米命/低钉顶帝第定/梯听停堤体亭/泥/鸡稽计继系/溪奚/艺应蝇

　　临县读[eɪ]韵母的包括来母、精组、知章组字；[i]韵母包括帮组、端组、泥母、见系字。知章组与[eɪ]相拼，读[tʂ tʂʰ ʂ]；精组与[eɪ]韵母相配，读[ts tsʰ s]；见组与[i]韵母相配，读[tɕ tɕʰ ɕ]，因而出现了精见组在三四等字里有别的情况。这在吕梁方言里是不多见的。

　　方山大体上与临县相同，但情况要更复杂一些，因为方山曾梗蟹开三四等出现了两个读音层次，三种韵母：

[ei] 来母、精₁、知章白

[i] 帮组、端组、泥母、精₂、见系

[ʅ] 知章文（限于蟹摄）

　　在蟹开三四没有文白异读的字里，韵母以声母为条件分为两类，与临县的情况相同。但精组和知章组韵母都出现了一字两读，举例如下：

　　　精组：　[ei]~[i]　　齐 [tsʰei] ~ [tɕʰi]　　细 [sei]~ [ɕi]

知章组：[ei]~[ʅ]　　　　制 [tʂei]~ [tʂʅ]　　　　世 [ʂei]~ [ʂʅ]

知章组字两个读音，声母都是[tʂ]，精组字则一读声母为[tɕ tɕʰ ɕ]，一读声母为[ts tsʰ s]。单看蟹摄还没什么特别之处。而在曾梗开三四等白读里，情况变得复杂起来。[ei]和[i]两个读音都作为白读音与曾梗开三四的文读[iʌŋ]相对应。知系字里只有[ei]一种白读。如：

精组 1 [ei] ~ [iʌŋ]　晴井净（前一项为白读，后一项为文读，白读为[ts]类声母）；

精组 2 [i] ~[iʌŋ]　　精睛清青星腥（白读为[tɕ]类声母）；

知章组 [ei] ~ [ʌŋ]　蒸称绳秤剩正正月整正盛成

这样就出现了梗摄三四等同韵同组的字，其声母和韵母都无条件地分化为两种读音。如果结合蟹开三四等精组字来看，就可以看出其中读音 1 与蟹开三四精 1 读音一致，读音 2 与蟹开三四精 2 读音一致。值得注意的是，梗开三四精组字的白读音要么是精 1，要么是精 2，没有两个白读同时出现构成层次的情形，也就是说一个字只有一文一白两读，也不存在一文两白的三种读音的情况。蟹开三四等精组一个字可以有[ei]和[i]两读，而梗开三四精组则没有这样的异读。从以上分析可知，蟹摄两个读音[ei]~[i]/[ʅ]是白读和文读的层次区别，而曾梗摄与文读音[iʌŋ]对应的两个音[ei]和[i]都是白读，它们之间不是层次差异，而是同一层次中不同声母条件下演变阶段的差异。

各点曾梗开三四除了与蟹开三合流外，还与止摄开口三等字有纠缠，曾梗开三四与止开三知组字同音，但不一定和止摄章组同音。曾梗开三四等与止开三等的具体关系，见下表（"+"表示同音，"−"表示不同音）。

表 3 曾梗开三四等与止开三等的关系

	明=眉	钉钉鞋=地	铃=梨	井=紫	蒸=知	蒸=支	蝇=移
兴县	+	+	+	−	+	−	+
岚县	+	+	+	−	+	+	+
静乐	+	+	+	−	+	+	+
临县	+	+	+	−	+	−	+
方山	+	+	+	−	+		+
离石	+	+	+	+	+	−	+
柳林	+	+	+		+		+
汾阳	+	+	+	+	+		

这个表反映了汾州小片曾梗开三四等与止开三等的纠葛。止开三帮组大多不止一个读音层次，其中一个与曾梗开三四等白读相同，止摄来母、见系大都也和曾梗开三四相应声母的字同音。从上表可以看出，止摄精组与曾梗开三四精组不同音，表中"井=紫"的两个点离石和汾阳是因为曾梗蟹摄三四等元音全部高化，在每个声母后都读成了[ʅ]以后，才跟止开三精组同音的。其他点的情况大致是，止开三精组读舌尖元音[ʅ]，曾梗蟹开三四

精组读[i]。止摄章组与曾梗开三四等不同音，具体可以分为两种类型。一种是韵母不同，如临县、方山、离石、柳林，"支"为舌尖元音，而"蒸"则和"知"一样是复元音或卷舌央元音；一种是韵母虽然都是舌尖元音，但前后有别，如兴县、汾阳，"支"读舌尖前元音[ɿ]，而"蒸知"读舌尖后元音[ʅ]。岚县和静乐"蒸=支"是因为这两个点没有卷舌声母，止开三韵母全读[ɿ]。"蒸支"不同音实际上是止开三知章组不同音的表现，对于曾梗开三等知系来说，只跟止摄知组同，不跟章组同。

正因如此，我们可以认为兴县八点曾梗开三四等与蟹开三四等合流，但不能说和止摄开口字也合流。因为与止摄偶有的相同都是有原因的，大部分是在各自方言后来的演变过程中出现的。（王洪君1992）不过，止摄开口来母字可以认为与曾梗蟹开的来母字合流，虽然止摄整体不与曾梗蟹合流，但来母字却往往表现出独特的读音，不与止摄其他声母字一致，倒与蟹摄来母一致。

三、隰县小片曾梗开三四的白读及其与其他韵类的关系

3.1 隰县小片曾梗开三四等白读及其与其他韵类的关系

我们把中阳、石楼两点曾梗开三四等与其他韵的关系放在隰县小片讨论。

表4　隰县小片曾梗开口三四等的白读及其与其他韵类的关系

	曾梗开三四白	宕开三白	咸山开三四舒	梗开二白	蟹开二见	假开三文	假开三白	与曾梗开三四读音相同的韵摄
中阳	iɪ/ʅ	iɪ/ʅ	ie/ə	iʌ/ʌ	ie	ie/ʅ	iʌ/ʌ	宕开三白
隰县	iɛ/ə	iɛ/ə	iɛ/æ	iɛ/ə	iɛ	iɛ	ia	宕开三白、假开三文、梗开二白、蟹开二、咸山开三四细音
石楼	iɛ/ə	iɛ/ə	iaŋ/aŋ	ɛi	iɛ	iɛ/ə	ia/a	宕开三白、假开三文、蟹开二白
蒲县	iɛ/ɛ	iɛ/ɛ	iæ̃/æ̃	iɛ/ə	iɛ	iɛ/ɛ	ia/a	宕开三白、梗开二白、假开三文、蟹开二
汾西	i/ei	i/ɯ	ã/ia	ei	i	i/ei	ia/a	宕开三白知系除外、梗开二白、假开三文、蟹开二

永和	ie/ʔə	ie/ʔə	iɪ/εi	ia/ʔə	iɪ	ie/ʔə	ia/a	宕开三白、假开三文
大宁	ie/ɤ	ie/ɤ	ĩ/ε̃	ie	ie	ie/ɤ	iɑ/ɑ	宕开三白、假开三文、梗开二白、蟹开二

上表显示，隰县小片与曾梗开三四白读关系最为密切的韵摄是宕摄开口三等白读，其次是假开三文读。中阳等七个点的曾梗开三四与宕开三基本都同音。除此之外，这七点的曾梗开三四等白读还与蟹开二等读音相同；有些点也与梗开二白读相同，如隰县、蒲县、汾西、大宁等。隰县的曾梗开三四等细音还读同咸山摄开口细音字。

相对比较简单的是中阳，曾梗开三四等白读的读音只与宕开三白读相同，在整个音系中不与其他韵相混，显示出独特的一面。事实上，这个方言的一个特点就是前元音比较丰富，音值差别细微，特别是齐齿呼韵母，音类对立分明。如：

　　i 迷细姨意寄/ iɪ 明像蝇样镜/ ie 棉线盐燕介

与其他点的音系相比较，中阳方言多了个处在[i]和[ie]之音的[iɪ]韵母，似乎是过渡地带，也正因为存在这样一个音，韵类才没有象其他点那样合并，而只辖曾梗开三四等白读和宕开三白读。

以上七点的蟹开三四读音非知章组为[i]，知章组读[ʅ]或[ɿ]。只有汾西的非知系比较特别，读 ʐ̩，是一个强摩擦音，可作韵母，也可自成音节。如：迷[mʐ̩]、鸡[tʐ̩]、西[ɕʐ̩]。

3.2 吕梁周边地区曾梗摄的白读

山西其他地区方言的曾梗白读的情况侯精一、杨平（1993）和王洪君（1992）都有研究，后文将详细讨论，先看一下陕北晋语的情况。

清涧（刘勋宁 1998b）：

[i] 冰平明病名命精睛晴赢轻清饼井净性听钉听青铃翎星腥另（曾梗开三四非知）/变面天年离尖前肝看安（咸山开一三非知）

[ei] 声整正（曾梗开三四知系）/非尾美（蟹止三四帮系）/沾占缠然染（咸山三知系）

清涧话的曾梗白读与咸山开口一三等舒声白读合流，这一点与隰县相同，但不与宕江白读相同，这又与隰县小片不同。清涧话的曾梗白读为[i]韵母，音值上似乎与汾州小片一样，但它并不意味着和汾州小片一样与蟹开三合流，它的蟹开三四读[ʅ]韵。曾梗白读知系字的 ei 韵母虽与蟹止摄合口三四等帮系字读音相同，实际这代表了蟹止摄合口的文读音，所以，清涧仍是曾梗开三四等与咸山摄细音字合流的。

陕北晋语曾梗摄并不都有文白异读，有异读的点其白读的整体情况基本与吕梁汾州小片相当。具体有三种情况（李建校 2006）：

A. 曾梗白读韵母与蟹开三四、止开三合流，音值为[ʅ]、[i]。如贺家川神木、万镇神木、

佳芦_{佳县}、乌镇_{佳县}。

B. 曾梗白读韵母不仅与蟹止开三四等合流，还与假开三合流。如坑镇_{佳县}、宋家川_{吴堡}、枣林坪_{绥德}、石盘_{清涧}等。其中宋家川的白读见系与非见系有别，前者为[i]韵母，后者为[ei]韵母。今韵母的洪细与声母的发音部位相对应。洪音韵母对舌尖声母，如"清[tsʰei]"，细音韵母对舌面声母，如"镜[tɕi]"。当然[ei]韵母所对应的声母不止精组，还包括了帮、端、泥、知等所有非见系声母。这种类型与吕梁方言汾州小片的方山、临县类似。

C. 曾梗白读不与别的韵类合流。如宽洲_{清涧}、延川_{延川}，曾梗白读为[i]韵母，但不与蟹止开三四合流，因为蟹止开三四读[ʅ]韵母。这和上面的清涧话一样，与吕梁汾州小片并不相同。

陕北晋语的曾梗白读大体来看，前两种与吕梁汾州小片相同，后一类与汾州小片和隰县小片都不同。

在这里，我们回过头来讨论一下前面临县、方山曾梗蟹开口四等韵母有条件分化的情况。现在我们多了一个可资比较的点，那就是陕北吴堡的宋家川。李建校（2006）列举了宋家川曾梗开三四白读字音。

见系：蝇[i]|影[i]|镜[tɕi]

非见系：蒸[tʂei] |绳[ʂei] |升[ʂei] |秤[tʂʰei] |剩[ʂei] |平[pʰei]|明[mei]|病[pei]|命[mei]|名[mei]|清[tsʰei]|正[tʂei]|声[ʂei]|饼[pei]|领[lei]|井[tsei]|整[tsei]|净[tsei]|瓶[pʰei]|钉[tei]|听[tʰei]|铃[lei]|青[tsʰei]|星[sei]|顶[tei]|醒[sei]|另[lei]

这些字音以声母为条件分为见系字与非见系字两类。如果我们把宋家川、临县、方山和柳林的曾梗蟹开三四等白读列在同一表上，可以清楚地看出两类读音渐变的过程。

表 5 宋家川、临县、方山和柳林四点[i]韵、[ei]韵的比较

	见	帮	端	泥	精	来	知章
宋家川	i	ei	ei	ei	ei	ei	ei
临县	i	i	i	i	eɪ	eɪ	eɪ
方山	i	i	i	i	ei/i	ei	ei
柳林	i	i	i	i	i	i	ɛe

表中在黑线下方显示[i]所拼声母向右递增，黑线上方显示[ei]所拼声母向左递减。与[i]相拼的声母可以向左推知，与[ei]相拼的声母可以向右推知，即如果来母读[i]，那么它左面的精、泥、端、帮、见一定都读[i]；反过来，如果帮组读[ei]，那么它右面的端、泥、精、来、知章也一定读[ei]。临县目前有精组、来母和知章组读[ei]韵，而方山的精组则出现了两读，表明方山精组的韵母正在发生变化。

我们认为，这一系列的变化反映了高元音[i]裂化为[ei]的过程，即[i]→[ei]这种变化从

知章组开始，逐渐向左扩展，来母和精组是高发地段，因为从发音角度看，精组的舌尖音声母与[i]的搭配很不稳定，可能的演变有两种，一是声母舌面化从而保持与韵母的和谐；另一种是声母不变，韵母变化达到与声母的和谐。秋谷裕幸（2021）也指出，临县、吴堡能区分"祭"类和"鸡"类，"[tsi]里的[i]长度更长。所以，与介音的[i]相比，舌尖自上齿龈至下齿龈的移动过程中有更多的时间增生出[ɿ]这样的过度音。"相对[i]而言，ts 声母与[ei]相拼要稳定得多，因此，可以说精组并未在高元音[i]前舌面化为[tɕ]声母，而是走了元音进一步裂化的道路，因而也并未与见系字合流。目前来看，裂化在宋家川几近完成，临县、方山还在进行中，柳林似刚起步。各点见系没有发生高元音裂化是因为见系字声母在韵母读[i]时已经舌面化了，[tɕ]类声母与[i]的稳定搭配使它的元音最不易由细音变为洪音。蟹开三四等字读[ei]韵母的现象，也见于某些南方方言，如南部吴语的温州"洗[sei]"；文成"洗[sei]、喜[sei]"，曹志耘（2002）也认为这是高元音破裂化现象。

四、吕梁方言曾梗开三四等白读的形成和演变

4.1 山西方言曾梗摄白读的已有研究

侯精一、杨平（1993）、王洪君（1992）、乔全生（2008）都曾研究过山西方言曾梗摄的白读情况。侯文根据梗摄白读与其他韵摄的关系分五种情况讨论梗摄的白读，除了（2）和（3）是专门讨论梗开二的白读，第（1）、（4）和（5）条都涉及了梗开三的白读。其中第 4 条"梗开三四白读韵母与曾开三白读、止蟹摄韵母合流"这一类型，提到了吕梁临县方言。从文章可知，属于这一类型的不只吕梁的临县，还包括中区太原、太谷、平遥等 11 点和北区的忻州。上文已经说过，止摄开口三等不能算是与梗开三四白读合流，比如临县，止摄精组和章组就不与梗摄合流。不过，如果不考虑止摄的话，吕梁方言汾州小片基本可以概括为这个类型。第 1 条和第 5 条讲到南区洪洞、临汾等 6 点和吉县、乡宁等 5 个点梗开三四白读与曾开三白读、假开三、咸山开三四等入声韵母合流。（后 5 个点的万荣、临猗和运城梗开三四不与曾开三合流）以上分类概括起来为两种类型，一种是晋中吕梁等地曾梗摄同蟹摄，一种是南区曾梗摄同咸山入声韵。这和王洪君（1992）所分的 A、B 型基本一致。以下是王文的分类：

A. 梗开三四_白=蟹开三四，梗开二_白≠梗开三_白；

B. 梗开三四_白=山（咸）开三四入，梗二_白=梗二入。

A 型分布在晋中、吕梁、忻州州南部，B 型分布在晋南，其地理分界与有无入声的同言线大致重合。（王洪君 1992）

上述两篇文章讨论范围都是整个山西方言。王文以三四等音类合并的不同方向为依据，为 A、B 两类拟出了不同出发点。A 类为*e，B 类为*ɛ。后来各自经历的演变过程不同，导致了两类目前读音上的分歧。再看吕梁方言 15 点的情况，汾州小片属于 A 类应该没有问题，而隰县小片似乎很难归入 B 类。因为晋南地区是没有入声的，山咸入声韵是

没有塞韵尾的韵母，梗摄白读与之同音；而隰县小片有入声韵，韵母有喉塞音韵尾。从前文的表 1 我们也看到，吕梁方言的曾梗摄全都是无韵尾的，显然隰县小片的曾梗开三四等不可能象晋南那样与山咸入声韵合流。于是，在这一问题上，吕梁方言的隰县小片成了既不属于 A 类，又不属于 B 类的一种类型。从这些点的各自音系来看，除了都和宕开三白读合流外，很难找到共同的合流韵类。

隰县小片的特殊之处在于从音类的分合关系上，它不同于 A 类的梗蟹合流，也不同于 B 类的梗咸山入合流，但从音值上看，它与晋南梗开三四白读音较为相近。

表 6 晋南五点的曾梗开三四白读

	病	明	听	铃	井	星	剩	镜	蝇
吉县	pʰiɛ	miɛ	tʰiɛ	liɛ	tɕiɛ	-	ʂɛ	-	iɛ
新绛	pʰie	mie	tʰie	lie	tɕie	ɕie	ʂe	tɕie	ie
洪洞	pʰie	mie	tʰie	lie	tɕie	ɕie	ʂe	tɕie	ie
万荣	pʰiE	miE	tʰiE	liE	tɕiE	ɕiE	ʂei	tɕiE	iei
运城	pʰiE	miE	tʰiE	liE	tɕiE	ɕiE	ʂE	tɕiE	-

从表 6 可以看出，隰县小片曾梗开三四在音值上很接近晋南，而与汾州小片差别较大。这种现象提示我们，隰县小片曾梗白读音的音值很可能是晋南的音向北扩散而来的，或者可以说，隰县小片曾梗白读的形成走的是晋南的路子，而不是汾州小片的路子。从地理位置看，隰县小片地处吕梁汾州小片与晋南之间，它的南面就是临汾地区的洪洞、吉县、临汾等地，隰县小片的汾西、永和、大宁、蒲县等在行政上属于临汾地区，受同地区的方言影响可能性也较大。因此，我们把隰县小片看成是 A 类和 B 类的过渡地带倒是很符合它的表现。正因如此，对于曾梗白读的形成，需要把汾州小片与隰县小片分开来讨论。

4.2 吕梁方言曾梗摄白读的演变

从文献研究的成果看，曾梗摄白读为阴声韵的现象始于唐五代西北方音。罗常培（1933）讲到《千字文》的汉藏对音显示梗摄字与齐韵对转。比如，在罗先生所分的 e 摄第三里，"（7）e 韵皆祭齐开（大阿），庚清青开（千），（8）ye 韵齐庚清青开（千）"，（罗常培 1933：p31）反映出在《千字文》里齐清庚青开始混同，而且从藏音的注音上看都是注为元音韵的。罗先生认为梗摄同宕摄一样，都还没有完全失去鼻音尾，只是消变为 ỹ 音。《开蒙要训》里这一情况更加明显，首先是有庚青互注、庚清互注、清青互注，还有一例是庚耕互注。这至少说明梗摄三四等已经合流，至于是否与二等合流，只有一例，暂不确定。其次是梗摄与祭齐韵互注。例如：

以庚注齐的：以敬注髻，以映注翳，以迎注鲵；

以庚注祭的：以庆注憩；

以清注齐的：以令注犁，以精注荠；

青齐互注的：以亭注提，以听注啼，以听注梯，以帝注𬤊。

罗先生认为"据此可知庚耕清青四韵的-ṅ 收声当然也消变成[ɣ̃]了。"（罗常培 1933：p99）而龚煌城（1989/2005）则认为，"依我们看，这些例子显示-ŋ 韵尾消失，元音不鼻化，梗摄字已丢掉鼻化成分，情形与《掌中珠》对音相同。"（龚煌城 2005：p564）

我们认为龚煌城的说法可能更有道理。理由有二：

1.《千字文》等四种对音材料与《开蒙要训》的差别或许有时间和方言的不同，但单看后者也可以说明问题。《开蒙要训》里明确出现蟹摄与梗摄互注的例子，不仅有以梗注蟹的，还有以蟹注梗的，而宕模互注的例子一个也没有。显然在这份材料里同为中古阳声韵的宕梗两摄，它们与阴声韵的关系是有差异的。如果我们承认宕摄韵尾没有完全消失，而是弱化成[ɣ̃]，故而没有宕模互注的例子，那么在同一份材料里的宕梗摄与阴声韵互注方面的差别应该可以说明梗摄字连这个弱化的鼻音也没有了，成了纯元音。

2.四种对音材料都显示梗摄韵尾的消变比宕摄更快，涉及的字数更多。比如，《千字文》里有宕摄与模韵对转，而另外三种与《千字文》相差很远。"宕摄字在《大乘中宗见解》里虽然大部分变成 o，而-ṅ 收声却还一律保存着；在《阿弥陀经》跟《金刚经》里，除去一个'庄'字有 tsaṅ、tsa 两读，其余的不单-ṅ 收声保存得很好，就是主要元音也没有丝毫改变。"（罗常培 1933：p41）"梗摄字的-ṅ 收声比宕摄字消变的较多。"（同上）在四种对音材料中，除了《千字文》，还有《大乘中宗见解》"明"、"命"和"名"三字藏音注成元音韵的，《阿弥陀经》也有"明"和"经"注作元音韵，《金刚经》有"名"注为元音韵。后三种材料都没有宕摄字注为元音韵，而梗摄字则有相当数量的例子，至少说明在当时梗摄韵尾消变比宕摄快，这几字既然能注为元音韵，说明当时已经读成了无鼻韵尾的字。如果梗摄和宕摄一样都是有[ɣ̃]尾的，在后三种材料中既然梗摄可以用元音韵去注，为什么宕摄却连一个用元音韵注的字都没有呢？结合《开蒙要训》里梗与蟹互注的例子，把梗摄处理成鼻韵尾完全丢失应该没有问题。

以上的讨论说明一个问题：梗摄字在唐五代时就已经开始了韵尾消变，甚至有可能当时已经完全脱落了韵尾，连鼻化元音也不存在了。唐五代西北方音还显示了一个重要现象，梗摄字韵尾消变后是与蟹摄字混同，这从《开蒙要训》的注音里看得很清楚，而宋西北方音似乎不完全是这样。

龚煌城（2005）在《十二世纪末汉语的西北方音》（韵尾问题）中讨论了-ŋ 韵尾丢失的情况，结论是"鼻音韵尾-m -n -ŋ 在引起其前面的元音鼻化后消失，宕、梗、江三摄的鼻化元音随后也失去其鼻化成分，成为普通元音。"（龚煌城 2005：p567）而且鼻音韵尾消失的过程是"首先发生变化的是-ŋ 韵尾，特别是在梗、宕二摄中先开始。"（同上）。除此之外，在这篇文章中，我们还看到了以西夏字注汉字时，同一个西夏字可以注不同韵的汉字，这里面除了反映韵尾的变化外，是否也包含了主元音的某种联系？例如：

62."丙、饼、并、鞭、边、变"用同一个西夏字来注音；65"爹、丁、顶、鼎、典"用同一个西夏字来注音；66"清、情、净、前"也是用同一个西夏字来注音。（龚煌城2005：p541-542）

如果确如作者所说："如果汉语-n韵尾也像-ŋ韵尾一样已经消失了，则上面62到69的例子便表示在中古时代，不同的汉语音节，在此时已经变成同音节字，所以才以同一个西夏字来注音，而不是由于汉语中的区别无法以西夏字来表示。"（龚煌城2005：p543）这是作者在证明-n韵尾存否时所说的话。这段话的意思是说，如果能证明-n韵尾消失了，那么就可以说上面用同一西夏字所注的汉字就是同音字了。而我们在文章末尾看到，作者已经通过大量事实证明了-n尾的消失及韵母的鼻化，（即前面引用的结论）那么回来再看这些材料，似乎说明梗摄三四等韵尾消失后与山摄三四等同音了，或者，假如山摄三四等舒声字尚有鼻化元音，梗摄三四等似乎就与之主要元音相同或相近了。

《十二世纪末汉语的西北方音韵母系统的构拟》中，作者给出各韵的当时拟音。这里边有一个现象引起了我们的注意，那就是在"元音*i的中古韵来源"的*ji韵中，我们看到了大量支脂之齐祭等韵，却只有两例清韵和青韵。根据作者解释，"名"和"宁"两例之所以会出现在*ji韵里，是因为它们都是鼻音韵尾字，而当时只有在鼻音韵尾字里才会保存纯鼻音声母，（非鼻音韵尾字里，这些纯鼻音声母就会变成带有同部位塞音的声母，如m-→mb-,n-→nd-等）所以用它们注音只是出于声母一致的目的，权衡之下，才选择了这两字。

也就是说，本来清韵和青韵字是不应该出现在*ji韵里的，那么这些丢失鼻音韵尾的梗摄字到底读什么音呢？作者的拟音是*jij。拟为什么音值并不重要，重要的是和哪些韵一起读了这个音。我们看到，*jij韵里主要有三类中古韵，即清韵、庚韵和青韵。除了这三类之外，还有若干例外，如仙韵、先韵、屑韵、月韵、添韵、贴韵、盐韵、严韵、麻三韵、戈韵和祭韵。由于作者此处略去了例字，我们无从知道这些例外占多大比例。不过，就这些材料，大致可以推断出，宋代西北方音里梗摄的读音绝不与蟹摄同，而很可能是独立的一类，或者同某些咸山摄入声或开口三四等舒声混同。需要指出的是，龚的拟音*ji韵和*jij韵都放在"元音*i的中古韵来源"下，只是所属的类不同，这表示的应当是不同的韵母。

至此，可以得出一个结论，即唐五代西北方音中，梗摄韵尾弱化或脱落，并且与蟹摄混同；而宋西北方音里，梗摄完全丢失韵尾，但并不与蟹摄合流，有可能是独立的一类或与咸山摄一些字混同。至于曾开三，很可能在梗摄完全丢失鼻音韵尾前就已经合到梗开三里了。如此看来，唐五代时期西北方音梗摄字失去韵尾后的去向与十二世纪宋西北方音的梗摄失去韵尾后的去向并不一致。这种差别很有可能反映了两种材料所代表的方言的差异，今吕梁方言汾州小片和隰县小片在与其他韵类合流问题上的不同正是这种差异的历史映射。

吕梁方言汾州小片的梗摄白读是沿唐五代西北方音的路子走下来的，可以说是唐五

代西北方音的继承者（乔全生 2008）。隰县小片则是沿宋西北方音的路子过来的，梗摄是独立为一类韵，如中阳；而那些与宕摄合流或与咸山细音合流的现象则是较为晚近的演变，是在以后的发展中，各韵类自身在介音的作用下高化或前化、从而导致元音渐趋一致的结果。

晋南梗摄三四等白读与咸山入合流也是入声韵尾失落之后的变化，与吕梁隰县小片一样，是从宋西北方音发展的一类。汾州小片的梗开三四等白读始终与蟹开三四等同步发展，二者一起经历元音高化，离石、汾阳的[ʅ]是舌面元音[i]的进一步高化。关于蟹梗摄早期音值，王洪君（1992）将 A 类拟为*ie，这基本可以解释晋中、吕梁等的语音，不过，对于方山、临县等地的[ei]音似乎不大好解释。秋谷裕幸（2021）提出吕梁方言汾州小片止摄演变的路径*tsi > *tsĩi > *tsɿi > *tsei > tseɪ（临县）> tsɛɛ（吴堡）给了我们很好的启发，因此，我们认为临县、方山等地的读音演变依旧可以用*ie 为出发点来解释。即：

a.*ie→i→ʅ（兴县、岚县、离石等）

b.*ei→i→i/ei（宋家川、临县、方山、柳林）

曾梗三四等与蟹开三四等合流后一起经历高化，在临县、方山等点根据声母不同进一步裂化。因此，a、b 可以统一为：

$$*ie→i \begin{cases} ʅ（汾阳、离石） \\ （兴县、岚县等） \\ i/ei（宋家川、临县、方山、柳林） \end{cases}$$

五、小结

本文以中古曾梗摄开口三四等舒声韵的白读音为切入点，考察吕梁方言白读音的层次和演变。吕梁方言汾州小片曾梗开三四等与蟹开三四等合流，隰县小片曾梗开三四等与蟹开三四等不合流，而与宕开三四合流。从语音历史演变方面来看，汾州小片与晋语并州片接近，具有唐五代西北方音的特征；而隰县小片接近中原官话汾河片，具有宋西北方音的特征，是宋西北方音特征北上推进的结果。除曾梗开三四等白读外，隰县小片在古全浊声母的演变、假摄开口三等的读音、古次浊入声的演变等方面也与中原官话汾河片有相近的语音特点，可以说吕梁方言隰县小片体现了山西晋语与中原官话的过渡地带的语音特点。

附注

[1] 本文材料来源：温端政主编《山西方言志丛书》系列：《临县方言志》（李小平 1991）、《汾西方言志》（乔全生 1990）、《蒲县方言志》（蔡权 1994）；乔全生主编《山西方言重点研究丛书》系列：《静乐方言研究》（李建校 2005）、《大宁方言研究》（崔容等 2009）、《永和方言研究》（李建校等 2009）、《汾西方言研究》（乔全生、程丽萍 2009）。单行的公开发表材料：《山西岚县方

言》（沈明 2014），《山西离石方言音系》（曹瑞芳 2004）。汾阳、兴县、柳林、中阳、隰县、石楼系笔者调查所得。此外，还参考了北京大学中文系 1987 年兴县、方山、石楼、柳林的调查材料。

参考文献

白静茹　2009　山西吕梁方言咸山一等今白读及元音高化，《方言》2009（1），34-39。

曹志耘　2002　《南部吴语语音研究》，北京：商务印书馆。

龚煌城　2005　十二世纪末汉语的西北方音（韵尾问题），西夏语言文字研究论集，北京：民族出版社。

侯精一、杨平　1993　山西方言的文白异读，《中国语文》1993（1），1-16。

李建校　2006　《陕北晋语语音研究》，北京语言大学博士学位论文。

刘勋宁　1998a　陕北清涧话的单字音，《现代汉语研究》。北京：北京语言文化大学出版社。

刘勋宁　1998b　陕北清涧方言的文白异读，《现代汉语研究》。北京：北京语言文化大学出版社。

罗常培　1933　《唐五代西北方音》，国立中央研究院历史语言研究所单刊甲种之十二。

乔全生　2008　《晋方言语音史研究》，北京：中华书局。

秋谷裕幸　2021　晋语吕梁片汾州小片中止摄开口三等知组和蟹摄开口三等知章组读音的形成过程，《中国语学》268 号，76-89。

沈　明　2006　晋语的分区（稿），《方言》2006（4），343-356。

沈明、秋谷裕幸　2018　吕梁片晋语的过度性特征，《中国语文》2018（4），422-434。

王洪君　1991　阳声韵山西方言中的演变（上），《语文研究》1991（4），40-47。

王洪君　1992　阳声韵山西方言中的演变（下），《语文研究》1992（1），39-50。

（白静茹　b-j-r@126.com）

The Phonological Strata and Evolutions in Colloquial Pronunciation of the 3rd and 4th grade of zeng-geng groups in Lüliang Dialect

BAI Jingru

Abstract: Lüliang dialect, used in 15 counties, belong to Lüliang cluster of Jin group. This article focuses on the phonological strata and evolution of Lüliang dialect in zeng（曾）and geng（梗）group. On the colloquial pronunciation, the 3rd and the 4th grade of zeng and geng group have merged with the 3rd and the 4th grade of xie（蟹）group or with the 3rd grade of dang（宕）group. Based on the synchronic description, the article discusses the diachronic evolution of these rhymes and the sound changes, by relating with the Northwestern dialects during the Tang and the Fifth Dynasties（唐五代）and the Song Dynasty.

Keywords: Lüliang dialect; zeng-geng groups; Colloquial Pronunciation; phonological strata; evolution